JN296602

許斐 有

子どもの権利と児童福祉法

社会的子育てシステムを考える

増補版

Yu KONOMI
Children's Rights and the Child Welfare Law

信山社

子どもの権利と児童福祉法

増補版　はしがき

　ついに21世紀を迎えることになった。
　時代はまさに転換期であるが，子どもの権利あるいは児童福祉（法）の分野も，今大きく変貌しようとしている。しかし，その方向性については，まだ誰もはっきりとは指し示していない。展望が開けないと言った方が正しいのかもしれない。
　本増補版では，本書出版後の児童福祉施策をめぐる動向を簡単に追加したが，私が当初指摘した問題状況は基本的にはほとんど変わっていないように思える。もちろん政府レベルや各自治体，そして民間の中でさまざまな努力が積み重ねられている。そのことは高く評価したいと思う。しかしまだ胎動の段階で，大きな流れとはなっていない。そういう意味では，我田引水になるが，本書の価値はまだそれほど薄れていないのではないかと考えている。
　なお，児童福祉法改正および児童虐待防止法成立にともなう内容上の補正は，一部しか行わなかった。本書の基本的な論点やものの考え方については，重大な変更を及ぼすようなものではないと考えたからである。補章およびその註にあげた参考文献等で補っていただければ幸いである。

　本書（第1刷）の校正や内容上の誤りなどについては，親しい友人である，前橋信和さん（元大阪府子ども家庭センター児童福祉司，現在厚生省児童家庭局児童福祉専門官），桜井智恵子さん（当時大阪市立大学大学院博士後期課程在学中，現在頌栄短期大学教員），農野寛治さん

子どもの権利と児童福祉法

（当時児童養護施設清心寮児童指導員，現在神戸常盤短期大学教員）に貴重なご指摘等をいただいた。私は校正当時はカナダに在住していたので，それぞれ職種の違うお三方のご意見は本当に参考になった。今回の増補版については，大和田叙奈さんに全体を読み直してもらい，さまざまなアドバイスをいただいた。また巻末のインタビューでは，私のいい面を引き出してくださったように思う。4人の方に，心からの謝意を表するとともに，十分にご期待に沿えなかったことをお詫びしておきたい。

本書の挿絵は，私が以前よく通っていた児童養護施設の卒園生，原麻由美さんにお願いした。彼女のカットが，私の本の堅苦しさ，退屈さを和らげてくれていると確信している。原さんと，原さんとの間を取り持ってくださった児童養護施設清心寮副寮長の阪本博寿さんにもお礼を申し述べたい。

本を出版するということは，たしかに苦労も多いが，著者として読者との出会いがあるというのは楽しいものである。見知らぬ方から，読みましたよと声をかけていただくことほど幸せなことはない。そのことが新たな出会いとなり，おつきあいが始まった方もいる。

著者としてはいいことばかりだが，そのための苦労を一手に引き受けていただいた編集者の村岡俞衛さんに，この場を借りて最大の謝辞を送りたい。村岡さんというパートナーがいなければ，私の本づくりは無味乾燥なものになっていたであろう。

多くの方々との「出会い」に恵まれ，多くの方々の支えがあってはじめてこのささやかな本が生まれたことに，あらためて感謝の気持ちを表したい。

ほんとうにありがとうございました。

［2000年9月11日］

子どもの権利と児童福祉法

はしがき

「児童福祉法50年ぶり改正へ」
「児童福祉を抜本見直し」
　1996年3月6日の朝刊各紙を，このような見出しが飾った。朝日新聞によれば，「厚生省は5日，戦後間もなくできた現行の児童福祉制度が社会環境の変化によって『制度疲労を起こしている』として，抜本的に見直すことを決めた」とのことである。
　だが，これは，新しい児童福祉システム構築に向けての予鈴にすぎない。新しい時代の幕はやっと開こうとしている。《子どもの権利を尊重する》，《子どもを1個の独立した人格と捉える》……，そんな子ども観に立った新しい児童福祉サービスは，やっと検討段階に入ったのである。児童福祉法50年目の法改正では，その夢はかなえられそうにないのだが……。

　私はこの十数年，「児童福祉法の基本理念——とくに子どもを養育する責任主体について」，「子どもの権利条約からみた児童福祉の課題」，「児童福祉法上の親権問題」をテーマにささやかながら研究を続けてきた。私がこれらのテーマに関心をもったころには，世間でも研究者の世界でも，このような問題にはほとんど関心が払われなかった。しかし，子どもの権利条約の採択や出生率の急激な低下などにより，風向きが変わってきた。徐々に社会的な関心事となってきたのだ。私の研究そのものは遅々として進まず，なかなか前進できないでいるが，それでも発表する機会は与えられた。本書は，これらのうち，主とし

て前2者のテーマに関する論稿を集めたものである。第3のテーマについては，法社会学的視点からさらに深めて，次の機会に公刊したいと思っている。

この本は，大きくは2つの部分からなっている。

第1部は，児童福祉法と子どもの権利条約の基本的な理念を私なりに整理し，現行法・制度の問題点と今後の課題および展望について著したものである。第1部については，これまで書きためてきたものを再構成し，全面的に加筆・修正するという作業を行った。ただ，在外研究に出発する直前の数か月で終わらせなければならなかったので，十分な推敲ができなかった。そのため，重複している箇所や必ずしも論理的に展開できていない部分もある。読者の皆様にあらかじめお断りしておく次第である。

第1部の元になっている論稿は，次のとおりである。

> 第1章 「戦後初期の児童政策と子ども法の成立」『ソキエタス』7号（駒澤大学大学院社会学研究会，1980年3月），「児童憲章の制定と児童福祉法第五次改正」『千葉県社会事業史研究』15号（千葉県社会事業史研究会，1988年8月）
>
> 第2章 「子どもの権利条約と児童福祉の課題 —— 子どもの権利を保障する親の責任と国の責任」『社会問題研究』41巻1＝2号（大阪府立大学社会福祉学部，1991年3月），「子どもの権利条約の現代的意義 —— 親の責任とそれを支える国の責任」『世界の児童と母性』30号（資生堂社会福祉事業財団，1991年4月），「児童福祉における『子どもの権利』再考 —— 子どもの権利条約の視点から」『社会福祉研究』52号（鉄道弘済会，1991年10月），「子どもの権利条約と家庭支援政策」『大阪府児童相談所紀要』4号（大阪府

児童相談所，1994年3月）
第3章 「子どもを養育する親の法的責任」山根常男監修『家族と福祉の未来──現代家族と社会福祉への提言』（全国社会福祉協議会，1987年9月　＊鈴木博人・薮本知二両氏との共著論文），「子どもの権利条約と国内法制──児童福祉法研究の課題」『日本教育法学会年報』20号（日本教育法学会・有斐閣，1991年3月），「子どもと家族に対する公的・社会的支援システムの課題──児童福祉法2条の今日的意義」右田紀久惠編『地域福祉総合化への途──家族・国際化の視点をふまえて』（ミネルヴァ書房，1995年11月）
第4章　前掲「子どもを養育する親の法的責任」，「親権法制における子どもの権利とは──児童虐待問題を手がかりとして」『法学セミナー』1994年8月号（日本評論社，1994年8月），「児童福祉法28条による施設入所措置の承認──児童相談所長の申立により容認された事例の考察（3）」『社会問題研究』45巻2号（1996年3月　＊白石孝氏との共著論文），「『子どもの虐待』問題への視点」『月刊保団連』511号（全国保険医団体連合会，1996年7月）
第5章 「子どもの権利条約と日本の子ども家庭サービス」高橋重宏他編『ハイライト子ども家庭白書』（川島書店，1996年5月）

　子どもの権利条約の研究をいち早く手がけたおかげで，私にも雑誌原稿や講演の依頼がときどき来るようになった。子どもの権利や児童福祉（法）について，児童福祉の現場で実践に携わっておられる方々や必ずしも専門家ではない方々のために，原稿を書いたり話したりすることは，私にとってはとてもやりがいのある仕事だった。そこから学ぶことも多かったように思う（私には，このような仕事は向いている

ようだ)。第2部は，これらの論稿や講演記録の一部を収録したものである（初出については，各稿の末尾に記している）。

　第2部については，書いたときの思いや意気ごみがあるので，できるかぎり原文のまま掲載することにした。当初は重複している部分を削除することも考えたが，それでは原文の味をそこねてしまいそうである。同じことを何度も書いたり話したりしているが，やむを得ないと考えた。ぜひご容赦いただきたい。そのかわり，それぞれが独立しているので，どこから読んでいただいてもかまわない。たとえば，第8章から読み始めるのも1つの方法ではないかと思う。とくに一般の読者には，論文調ではない第2部から先に目を通していただきたい。

　私はときおり，この分野の第一人者だと言っていただくことがある。それは，残念ながら私が優れた研究者だからではなく，この分野の法研究者が皆無に等しいことによる。本書が，在野の児童福祉法研究に一石を投じ，児童福祉実践の現場も巻き込んだ法研究の発展にほんのわずかでも寄与することができるとすれば，望外の喜びである。とくに，新鮮な発想をもった若い方々や現状を打開していきたいと考えている実践家の方々との相互啓発・意見交換の出発点になればと思っている。忌憚のないご意見・ご批判をお待ちしている。

〔1996年6月21日〕

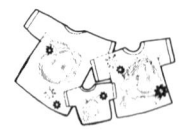

子どもの権利と児童福祉法

目　次

増補版はしがき / はしがき

序章　「児童福祉」が変わる …………………………… *1*
　　1　日本の「児童福祉」をめぐる背景的状況　*(1)*
　　2　国際家族年の理念　*(4)*
　　3　「子どもの未来21プラン研究会報告書」　*(5)*
　　4　大阪府の「子ども総合ビジョン」　*(8)*
　　5　子ども家庭サービスのめざすべき方向
　　　　——2つのポイント　*(10)*

第Ⅰ部　児童福祉法の基礎理論
　　　　——子どもの権利条約と社会的子育てシステム

第1章　児童福祉法の成立と子ども観の総合化 … *14*
　　1　戦後初期の児童政策と児童福祉法の成立　*(15)*
　　　1）敗戦直後の児童対策と占領政策　*(15)*
　　　2）新憲法の制定と子ども観の転換　*(18)*
　　　3）児童福祉法の成立過程　*(20)*
　　　4）児童福祉法における立法者意思　*(23)*
　　2　児童憲章の制定と児童福祉法第5次改正　*(28)*
　　　1）児童福祉法第5次改正　*(29)*

vii

2）児童憲章の制定　（33）

3　若干の考察
　　――行政的児童観の分裂と総合化　（41）
　1）行政的児童観の分裂　（41）
　2）児童観総合化の試み　（42）
　3）児童観総合化の視点　（44）

第2章　子どもの権利条約と児童福祉 ………… 48

1　児童福祉と子どもの権利　（48）
　1）「児童福祉」とは何か　（49）
　2）子どもの権利の考え方　（51）

2　子どもの権利条約と児童福祉の課題　（54）
　1）条約が規定する子どもの権利　（54）
　2）親との関係における子どもの権利　（60）
　3）意見表明権と日本の児童福祉　（62）

3　子どもの権利保障の責任主体　（66）
　1）子どもの権利条約における親の責任　（66）
　2）親の養育責任を援助すべき国の責任　（69）
　3）親に代わって子どもを保護する国の責任　（70）
　4）親の意思に反する親と子の分離　（73）

第3章　子どもを養育する責任主体
　　――児童福祉法2条の今日的意義 ………… 80

1　子どもを養育する責任

　　　　　──社会的子育ての考え方 *(82)*
　1）「子どもの養育」の性格 *(82)*
　2）子どもを養育する法的責任主体 *(83)*

　2　児童福祉法 2 条の解釈をめぐって *(85)*
　1）子どもの権利条約の基本構造 *(85)*
　2）厚生省による児童福祉法 2 条の解釈 *(86)*
　3）児童福祉法の「保護者」の意義 *(89)*

　3　児童福祉法上の公的責任の範囲 *(92)*
　1）子どもを養育する家庭の条件整備 *(93)*
　2）子どもの養育についての公的支援・援助サービス *(94)*
　3）養育補完・代替サービスの整備・拡充 *(95)*
　4）親権の制限と親子の強制的分離 *(97)*

第 4 章　親権法制と子どもの権利擁護
　　　　　──「子どもの虐待」問題を手がかりとして … 107

　1　「子どもの虐待」問題への視点 *(107)*
　1）社会問題としての児童虐待 *(107)*
　2）児童虐待への法的対応 *(113)*

　2　子どもの権利と親権の制限 *(116)*
　1）親権制限の必要性 *(116)*
　2）親権の法的制限システム *(121)*

　3　「子のための親権法」をめざして *(125)*
　1）子どもの権利を擁護するための親権制度 *(125)*
　2）親権制度改革への提言 *(127)*

3）子どもの視点で考える　(130)

第5章　子ども家庭サービスシステムの構築に向けて ── 子どもの権利擁護の視点から……… 143

1　子どもの権利擁護システム　(144)
1）児童福祉における人権擁護機能　(144)
2）児童福祉法上の人権擁護サービス　(147)

2　児童福祉法の健全育成サービス　(150)
1）児童福祉法と健全育成　(150)
2）児童健全育成施策の現状と問題点　(151)

3　子どもの権利保障をめざす子ども家庭サービスの方向　(153)
1）子ども家庭サービス法の基本理念　(153)
2）子ども家庭サービスの種類と内容　(155)

おわりに　(157)

第II部　子どもの権利と社会的子育てを考える

第6章　子どもの権利をどう受けとめるか……… 164

1　子どもの権利条約を活かすために　(164)
1）ひとりの父親として　(164)
2）コルチャック先生　(167)
3）子どもの人権は侵害されている　(168)
4）子どもの権利行使を援助する　(169)
5）問われる大人の感性　(171)

2 家庭崩壊と子どもの権利
――子どもの「親を選ぶ権利」とは (173)
1) 子どもと家庭崩壊 (173)
2) 養護施設入所児童と親の離婚 (174)
3) 家庭崩壊に際しての子どもの権利保障 (179)

3 子どもの権利と施設養護
――社会的子育ての視点 (184)
1) 社会的子育ての視点 (186)
2) 親と離れて生活する子どもの権利 (187)
3) 児童福祉法制の具体的課題 (188)

第7章 子どもの権利を読む …………… 192

1 中澤弘幸著『常識福祉のウソ』から学ぶこと
――養護施設湘南学園の先駆的実践 (192)

2 児童養護研究会編『養護施設と子どもたち』に寄せて (205)

3 ほんの紹介 (211)
1) 少年事件に思う ―― 2冊の本を読んで (211)
2) 稲子宣子著『ソ連における子どもの権利』 (214)
3) 神田ふみよ編『春の歌うたえば ―― 養護施設からの旅立ち』 (218)

第8章 子どもの権利を語る …………… 220

1 講演記録1 「子どもの権利を保障するということ」1994年6月10日・大阪 (220)

2　講演記録2「子どもの権利を擁護するシステムづくり」1995年7月21日・大阪　*(234)*
　　　3　カナダ・オンタリオ州の子どもの権利擁護システム　*(247)*

補　章　その後の児童福祉施策の動向………………… *250*
　　　1　児童福祉改革の背景的要因　*(251)*
　　　2　児童福祉法第50次改正　*(253)*
　　　3　児童福祉施設における体罰の禁止　*(255)*
　　　4　児童虐待防止法の成立　*(256)*
　　　5　児童福祉施策を読み解く視点　*(258)*
　　　結びにかえて　*(261)*

付　録
　　　1　書評「子どもの権利の実現のために」［安藤博執筆］
　　　　　(265)
　　　2　読者との対話［インタビュアー：大和田叙奈］
　　　　　(271)

カット　原　麻由美

序　章　「児童福祉」が変わる

1　日本の「児童福祉」をめぐる背景的状況

　戦後50年を経過した今，日本の「児童福祉」は最大の転換期を迎えている。

　児童福祉法が最初の「福祉法」として制定されたのが敗戦直後の1947年12月だから，1997年は制定50周年となる。この50年の間に，児童福祉をめぐる状況は大きく変化した。

　50歳を迎えた児童福祉法／制度のもっとも根本的な問題点は何だろうか。それは，戦後の児童福祉が一貫して「要保護児童の保護」に終始してきたということである。しかも，児童福祉は今日に至るまで劣等処遇の考え方を克服することができなかった。それは，「児童福祉

序　章　「児童福祉」が変わる

施設最低基準」を見れば直ちに明らかとなる。

　児童福祉の性格については，児童福祉法制定当時からさまざまな議論があった。「児童福祉」というからには，一般の子どもをも対象とし，積極的に子どもの福祉を図るものでなくてはならないという認識は，少なくとも一部の関係者や官僚の中にあったことは疑いない[1]。しかし，実際にとられた児童福祉施策は，ほとんどが要保護児童のみを対象とするものであったし，その大部分が親から分離をして児童福祉施設に収容・保護するという内容のものであった。つまり，特別の保護を必要としている子どもを，国や地方自治体が親に代わって保護する，という考え方から脱却することができなかったのである（⇒本書第3章2）。

　しかし，児童福祉は今，大きくその姿を変えようとしている。それは，児童福祉制度それ自体の問題――厚生省のいう「制度疲労」――もさることながら，児童福祉をめぐる背景的状況が，「児童福祉」の変容を促しているのである。

　背景的状況の第1は，社会福祉の制度改革という大きなうねりが，徐々に児童福祉の分野にも及んできたということである。日本の社会福祉制度は，いわゆる「臨調・行革」の進行にともない，大規模な改編を迫られてきた。ここ数年は高齢者福祉を中心に「福祉改革」が進められてきたが，その波はいよいよ児童福祉にも押し寄せてきたといえる。保育制度の改革が1つの論点となっているが，いずれ児童福祉制度全般が俎上に上げられることになるだろう。この流れは，財政の側面，つまり財政削減が強調される制度改革といっても間違いではないだろう。

　しかし，それとともに，あるいはそれ以上に深刻な影響を及ぼしたのは，出生率の大幅な低下である。1989年（平成元年）の「1.57ショック」[2]に象徴的にみられるように，高齢社会を支えるべき子どもた

ちの数の急激な減少は，日本全体に大きな波紋を投げかけた。日本の児童福祉政策は，これにより方向転換を余儀なくさせられたのである。政府としても，少子化対策，すなわち「健やかに子どもを生み育てる環境づくり」政策に，いやおうなしに取り組まざるを得なくなった。つまり，家族が子どもを生み育てることをより促進するような政策づくりが，政府全体の緊急の課題となったのである。これが，第1の背景とはうまくかみ合わない第2の背景である。

このような国内の事情とは別に，国際的には子どもの権利を積極的に擁護し，子どもの権利実現を推し進めようとする機運が盛り上がっている。1979年の国際児童年以降10年にわたる国連人権委員会での審議の結果，1989年11月に「児童の権利に関する条約」(Convention on the Rights of the Child 以下，「子どもの権利条約」と略称する)[3]が採択された。日本政府は，1994年4月に批准の手続きをとり，同5月から日本でもその効力が発生した。政府は，表向きは，条約の批准により日本の子ども政策が大きく変わることはないといっているが，現実にはすでにさまざまな影響が出始めている。これから子どもに関わる政策を立案する際には，この子どもの権利条約の基本的な考え方を取り込むことが重要な課題となる。これが，第3の背景である。

日本の児童福祉は，このような背景のもとに，未だはっきりした進路を確定することができないでいる。それは，多種多様な考え方があり，明確な指針をもちえないからであろう。だから，今後，児童福祉がどういう方向に向かうかは，これからの政策決定にかかっているともいえる。児童福祉は今，かつてないほどおもしろい時期に差しかかっているのかもしれない。

序章 「児童福祉」が変わる

2 国際家族年の理念

1994年は,「国際家族年（International Year of the Family)」であった。この「国際家族年」というのは，1989年12月に開かれた第44会期の国連総会で決議されたものであるが，その決議では,「国際年遵守のための主要活動は，家族が社会の自然かつ基礎的な単位であることにつき政府，政策決定者及び国民に更に認識を高めてもらうことを目的と」する，とされている[4]。そして,「家族からはじまる小さなデモクラシー」（日本政府）が標語として掲げられていた。この「社会の核心［である家族］にもっとも小さな［単位の］デモクラシーを築こう（英文標語 Building the smallest democracy at the heart of society の訳)」というスローガンには，家族の中に民主主義を確立すること，いいかえれば家族の中での各人の自立と平等を前提とした連帯（扶け合い）が表現されている。

国連は，国際家族年を準備するにあたっての7つの原則と6つの目的を定めている[5]。その原則の第1では,「社会は，家族がコミュニティの中で家族の責任を完全に果たせるように幅広い可能な保護と援助を，……実施しなければならない」として，家族に対する社会的支援の必要性を，また，原則の第6では,「プログラムは，家庭の機能そのものを代替することよりも，むしろ家庭の機能の遂行を援助すべきである」として，家庭機能遂行への公的援助の必要性を，指摘している。また，原則の第2では,「家族は，国や社会によって多様な形態や機能がある」ので,「国際家族年は，多様な家族のニーズのすべてに応じるものでなければならない」と述べている。

さらに，原則の第3では,「すべての個人は同等であり，たとえ家

序　章　「児童福祉」が変わる

族内のいかなる地位にあっても，その家族がいかなる形と条件下にあっても，個人の基本的人権と基礎的な自由の促進を求めなければならない」とし，目的の第1においては，「家族のメンバー1人ひとりの権利と義務に焦点をあてる」ことが強調されている。

　このように「国際家族年」は，ただ単に家族を大切にするとか，家族の機能を強化するというようなことを目ざしているのではなく，家族の中で子どもを含む家族員1人ひとりが「1人の人間」として大切にされなければならないこと，そして家族に対する社会的・公的支援が必要であることを指摘しているといえる。

　子どもと家族の問題に限定していえば，この「国際家族年」の基本的な考え方は，国連の子どもの権利条約の延長線上にあり，子どもの権利の実現と子どもを養育する責任のある親に対する公的・社会的支援の重要性を再確認しているといってもけっして間違いではない。だから，この「国際家族年」の理念は，今後も継承されなければならないのである。

3　「子供の未来21プラン研究会報告書」

　児童福祉の新しい考え方にかかわる国レベルの提言としては，「子供の未来21プラン研究会報告書」がある。正確には「『たくましい子供・明るい家庭・活力とやさしさに満ちた地域社会をめざす21プラン研究会』報告書」といい，1993年7月29日づけで公表されたものである。この研究会は，厚生省児童家庭局長の私的諮問機関（研究会）として作られたもので，法律にもとづいた審議会ではないが，これからの児童福祉政策，いいかえれば子ども家庭政策（報告書では「児童家

序　章　「児童福祉」が変わる

庭施策」)の方向性を積極的に指し示そうとしたものといえるであろう。

　この報告書は，冒頭で出生率の低下の問題に触れ，国際家族年と子どもの権利条約に言及したのちに，「今こそ，『伸びやかで生き生きとした子供と家庭を中心とする社会』の再生を目指すべきときであり，『安心して子供を生み育てられる社会』，『育児と就労が両立できる社会』を築き上げていくことが求められている」と述べている。

　この報告書の特徴のいくつかについて，ここで紹介しておきたい。

(1)　子どもの権利とウェルビーイングの視点

　私なりの視点からこの報告書の特徴を述べると，まず第1には，子ども(「児童」)が権利の主体であることを明確に打ち出している点を挙げることができる。厚生省が積極的にかかわった研究会で，子どもの権利擁護の視点，それも意見表明権などを踏まえて子どもが「権利行使の主体」であることをはっきりと承認したということは，画期的なことである。子どもの権利条約が行政に対してすでに一定の影響力を及ぼし始めていることの証左といえるであろう(⇒本書第2章2)。

　また，このこととも関連するが，「ウェルビーイング」(well-being)という新しい視点を提唱している点も，興味深いところである。報告書は，国際的には，従来の「救貧的あるいは慈恵的イメージを伴う『ウェルフェア(福祉)』に代えて，『よりよく生きること』，『自己実現の保障』という意味合いを持つ『ウェルビーイング』という言葉が用いられつつあ」ると指摘している(同報告書5-6頁)。これまでの「福祉」という概念では，新しい政策展開がむつかしいということかもしれない。

(2)　児童福祉法2条の解釈の変更

　次に，児童福祉法2条の解釈の変更を唱えている点も，重要なポイントの1つである。日本の「児童福祉」は，報告書自体が指摘してい

序　章　「児童福祉」が変わる

るように、「従来、児童の養育は専ら家庭の責任であり、国及び地方公共団体は、家庭の養育機能が欠けた場合にはじめて事後的に責任を負う形で対応されてき」た（同報告書6頁）。

しかし報告書は、「子育てに関する家庭と社会のパートナーシップ」という表題のもとに、「子育てに関しては、保護者（家庭）を中心としつつも、家庭のみにまかせることなく、国や地方自治体をはじめとする社会全体で責任を持って支援していくこと、言い換えれば、家庭と社会のパートナーシップのもとに子育てを行っていくという視点が重要である」（同報告書6頁）と指摘している。子育てにおける社会の責任を重視するというこの考え方は、児童福祉法の本来の理念でもあり、きわめて重要な視点だと思われる。問題は、基本的な考え方はそうであっても、それをいかに具体化するかにある。とくに社会の責任の大きな部分を実行に移す公的責任の内容と範囲を明らかにすることが求められてくるであろう（⇒本書第3章3）。

(3)　子育て家庭への多様なサービスの提供

さらに報告書は、「特定の価値観や家庭像を前提にして『サービスに子供や家庭を合わせる』のではなく、多様な子育ての姿を認めた上で、『子供や家庭のニーズにサービスを合わせる』ことが求められている」として、「子育て家庭への多様なサービス」のあり方を具体的に提言している（同報告書7頁）。これまでの政府の政策提言が、暗黙のうちに一定の「価値観や家庭像」を前提にしていたことを考えれば、これも大きな変更点といえるであろう。

このように、「子供の未来21プラン研究会報告書」は、従来の日本の児童福祉政策とは少しばかり違った観点からまとめられているといっても過言ではない。本報告書は、各論に問題はあるにしても、少なくとも今後の子ども家庭政策の1つの方向を指し示したものとして評価することはできるであろう。

序章　「児童福祉」が変わる

4　大阪府の「子ども総合ビジョン」

　大阪府では，これからの子ども家庭施策の基本的な方向性を示すため，全国に先駆けて総合的な子ども施策の基本的な考え方のとりまとめに入り，1995年9月に「大阪府子ども総合ビジョン」を公表した。この「子ども総合ビジョン」の「背景」としても，「少子高齢社会の到来」，「子どもの権利条約の批准」，「国際家族年の理念の継承」が語られているのが興味深い。

　このビジョンの最大の特徴は，なんといっても「子どもの権利の尊重」を基本方向の第1にもってきたことである。少子社会に対応するための「子育て支援」という基本方向の前に，子どもの権利尊重の考え方をもってきたことは，このビジョンの基本的性格を端的に表している。「子どもの権利」が行政計画の基本に据えられるということ自体が，時代が大きく変わりつつあることを示唆している。

　このビジョンは，「基本理念」を「子どもたちが豊かな夢を育むことができる都市（まち）大阪」とし，次の2点を「基本方向」に定めている。

　　① すべての子どもたちの成長を支え，権利を尊重する社会づくり —— 子どもと大人の新しいパートナーシップの実現
　　② 安心して子どもを生み育てることができる社会づくり —— 子育ての社会的支援

　子どもの権利の考え方については，次のような説明がついている。

　　「豊かな遊びや学びの中で，また，子ども同士あるいは家族や社会との交流の中で，子どもたちが，個性や創造性と，主体的に判断し，行動できる力を養い，思いやりと支え合いの心を学ぶこ

序　章　「児童福祉」が変わる

とによって，健やかに成長していける環境が今求められている。そのため，すべての子どもたちが，性別，国籍，障害の有無，生まれた環境等にかかわらず，自らをかけがえのない存在だと実感でき，子どもが権利の主体として大人と新しいパートナーシップを築いていける社会づくりを進める。」

「子どもと大人のパートナーシップ」とは，政策の基本的な考え方としては，かなり大胆な発想の転換である。大阪府では，一方で子どもたちの健やかな成長を支援しながら，他方で子ども参加型の社会をつくることが目指されているのである。

7つの具体的な「施策目標」の1つに，この「子ども参加型の社会づくり」がうたわれている。これについては，「子どもたちも府民の一人であり，また，社会の一員として役割を果たすことができる存在であるとの観点から，子どもたち一人ひとりの意見や権利が尊重され，子どもが主体的に社会参加できる子ども参加型の社会づくりを推進する」と解説されている（⇒本書第2章2）。

子どもが主体的に社会に参加できるようにするためには，2つの観点でのシステムづくりが必要であると，私は考えている。①まず第1には，できるだけ多くの子どもたちの声を政策や行政の運営に反映させるために，子どもたちの本当の意見を吸い上げるシステムが必要となる。形式的にではなく，子どもたちの生の声を聴くことができるかどうかが，問われることになる。大阪府では，ビジョンを推進するために「子ども協議会」を設置して，子どもたちの意見を子ども施策に積極的に取り入れていくことなどが検討されている。②次に，何らかの困難を抱えている子どもたちのSOSや不平・不満などを直接受けとめるシステムが不可欠である（⇒本書第8章3）。子どもに何か困ったことが起きたときや，子どもが苛酷な状況に立たされたときに，安心して相談したり，不服を申し立てたりする制度を是非ともつくらなけ

序章　「児童福祉」が変わる

ればならない。児童福祉の分野では，相談支援態勢の充実・整備とともに，第三者機関としての「子どものアドボケイト（権利擁護）委員会（仮称）」の設置が予定されている[6]。

　また，大阪府ではこれに先立ち，1994年4月より児童相談所と府の福祉事務所を統合・整理して，「子ども家庭センター」を設置した。このネーミングにも，新しい発想が反映されているように思われる。

5　子ども家庭サービスのめざすべき方向
——2つのポイント

　以上，国際家族年の考え方や児童福祉政策の動向などについて簡単に述べてきた。私は，これらの中にすでに，これからの「新しい児童福祉」がめざすべき方向が示されていると考える。重要なポイントは，次の2点である。

　まず第1は，子どもの権利条約が提示した「子どもの権利保障の視点」を，日本の児童福祉システムに積極的に取り入れることである（⇒本書第2章2）。日本の「児童福祉」においては，これまで「権利を保障する」という考え方が希薄であった。それだけに，あらゆる努力をして，子どもの権利を実現しうるような「児童福祉」へと変えていかなければならない。「子どもの権利保障」が，「新しい児童福祉」のもっとも基本的な原理であることは，もはや誰も否定することはできないであろう。

　第2には，従来「児童」福祉ということで，親から切り離して子どもだけを保護するという考え方が強かった。しかし，諸外国（とくに先進諸国）の経験を踏まえて，子どもだけでなく，その親・家族に対

序　章　「児童福祉」が変わる

する公的・社会的支援・援助が必要であることが，やっと承認されるようになった。何らかの問題を抱えている子どもと親に対する援助のみならず，予防的に子どものいる家族を支援することも必要であろうし，子どものよりよい生活を保障するために一般の子どもと家族に対する支援も重要な政策課題となってきている。こうした方向は，児童福祉法の基本理念である「社会の責任」の考え方とも合致する（⇒本書第3章1・2）。親・家族を通して子どもの権利を保障すること，あるいは親がその責任を遂行できるように支援することも，子どもの権利条約が締約国に求めていることなのである（⇒本書第2章3）。

　私は，これら2点が，「これからの児童福祉」のもっとも基本的な指針となるべきだと考えている。
　本書では，この2点を基本的な視点として，これまでの「児童福祉」の考え方や児童福祉法／制度のあり方を検証し，それと同時に，「これからの児童福祉」——それを私たちは「子ども家庭サービス」と呼ぶ——の基本理念や方向性を提示したいと思う。新しい児童福祉システム（社会的子育てシステム）構築に向けての1つの問題提起となれば幸いである。

(1) たとえば，松崎芳伸「児童福祉の進路」厚生省児童局監修『児童福祉』東洋書館，1948年，川島三郎『児童福祉法の解説』中央社会福祉協議会，1951年，13-21頁，など。
(2) 「1.57ショック」の「1.57」とは，1989年（平成元年）の合計特殊出生率（その年の女子の各年齢ごとの生涯出生児数を合計したもの）の数字で，それが史上最低となり，社会問題化したことをいう。合計特殊出生率は，その後も低下し，1992年（平成4年）には1.50，1999年には1.34となっている。また，『国民生活白書』平成4年版は，そのテーマを「少子社会の到来，その影響と対応」としている。
(3) 本書では，子どもの権利条約の訳文は，国際教育法研究会訳を使用する

序　章　「児童福祉」が変わる

　（『入門・子どもの権利条約』子どもの人権連，1994年，による——永井憲一・寺脇隆夫編・許斐有共著『解説・子どもの権利条約』［日本評論社，1990年］も，同じ訳を使用している）。政府訳と対照しながら読んでいただければ，おもしろいと思う。なお，筆者も一時期，国際教育法研究会のメンバーであったが，同研究会は現在活動を停止している。
(4)　内閣官房「国際家族年に向けての政府の取組」『時の動き——政府の窓』総理府編集，大蔵省印刷局発行，1994年1月1日号，18-25頁。
(5)　訳文は，高橋重宏「国連・国際家族年の理念と子ども家庭サービス構築の課題」高橋重宏他編『ハイライト子ども家庭白書』川島書店，1996年，18-19頁，による。
(6)　大阪府社会福祉審議会答申「今後の児童福祉施策のあり方について」1995年9月。

第Ⅰ部　児童福祉法の基礎理論
―― 子どもの権利条約と社会的子育てシステム

第1章　児童福祉法の成立と子ども観の総合化
第2章　子どもの権利条約と児童福祉
第3章　子どもを養育する責任主体
第4章　親権法制と子どもの権利擁護
第5章　子ども家庭サービスシステムの構築に向けて

第 I 部　児童福祉法の基礎理論

第 1 章
児童福祉法の成立と子ども観の総合化

　今，子どもの権利は尊重されているかというと，「そうではない」といわざるをえない現実がある。子どもたちは，学校で，家庭で，地域社会で，そして児童福祉施設で，その人権を侵害されている。昔に比べて一般的に不幸であるとはいえないにしても，実際には，少なくない子どもたちが，「福祉」（ウェルビーイング）を享受しえないでいるのである。

　こうした現状を考えるとき，戦後成立した児童福祉法や児童憲章の理念はどうなったのだろうかという疑問が湧く。児童福祉法1条2項には，「すべて児童は，ひとしくその生活を保障され，愛護されなければならない」と定められている。また，児童憲章にも子どもの幸福を図ろうとする規定が並べられている。しかし，現実を直視すればするほど，もう一度当時の基本理念を思い起こす必要に迫られるのである。

第1章　児童福祉法の成立と子ども観の総合化

　このことは，実は児童福祉法の研究にも重要な意味をもつ。児童福祉法の基本原理（総則3か条）や児童憲章の条文には，戦後の子ども観の転換にともなう児童福祉法の基本理念が，未成熟な形ではあるが明文化されている。児童福祉法の基本的性格を今日的に捉えなおすためには，これらの理念の意味するところを十分に理解しておく必要がある。そのためにも，われわれは児童福祉法および児童憲章成立当時の理念に立ち返らなければならないのである。

　本章では，児童福祉法の成立過程および児童福祉法の全面改正を企図した第5次改正の過程，そして，それとほぼ同時期に進行した児童憲章の制定過程を考察する。これらの考察を通じて，児童福祉法の立法者意思と児童福祉法成立当初の行政的児童観を浮き彫りにしてみたいと思う。

1　戦後初期の児童政策と児童福祉法の成立

　まず最初に，敗戦直後の応急的児童対策とGHQの占領政策，新憲法と児童関連諸法における子ども観，児童福祉法の法案作成過程および国会での審議過程を，振り返ってみよう。

1）敗戦直後の児童対策と占領政策

　敗戦後の児童対策は，戦災孤児・浮浪児対策から始まった。
　1945年8月に，悲惨な太平洋戦争が敗戦という結末を迎え，それにともなう社会的混乱の中で，国民

第Ⅰ部 児童福祉法の基礎理論

表1-1 戦後初期の子ども関連政策年表（1945年8月～1951年9月）

年・月	児童保護・児童福祉関係施策	児童関連法等，その他
1945		8 ポツダム宣言受諾，敗戦
9	「戦災孤児等保護対策要綱」（次官会議決定）	
12	「生活困窮者緊急生活援護要綱」（閣議決定）	12 GHQ「救済並福祉計画の件」
1946・4	「浮浪児その他の児童保護等の応急措置実施に関する件」（厚生省社会局長通達）	3 アメリカ教育使節団報告書
9	「主要地方浮浪児等保護要綱」（厚生次官通達）	9 （旧）生活保護法公布
10	GHQ公衆衛生福祉部覚書「監督保護を要する児童の件」	11 日本国憲法公布
12	厚生大臣，中央社会事業委員会へ諮問〔「児童保護法要綱案」（11月30日付）添付〕	
1947・1	中央社会事業委員会答申〔「児童福祉法要綱案」（1月25日付）添付〕	
2	「児童福祉法案」（2月3日付）	
3	児童局設置	3 教育基本法，学校教育法公布
4	フラナガン神父来日	4 労働基準法公布，地方自治法公布
		5 日本国憲法施行
6	「児童福祉法案」（6月2日付）	
8	「児童福祉法案」（8月11日付）を第1回国会へ提出	
		12 児童福祉法公布，民法改正公布
1948・9	「浮浪児根絶緊急対策要綱」（閣議決定）	7 少年法改正，少年院法公布，「こどもの日」制定
12	「児童福祉施設最低基準」施行	
1949・4	衆議院「青少年犯罪化防止に関する決議」，「青少年指導及び不良化防止対策基本要綱」（閣議決定）	
5	参議院「青少年の不良化防止に関する決議」	
6	「青少年問題対策協議会設置」（閣議決定），第14回中央児童福祉審議会，児童憲章制定準備委員会を設置	6 児童福祉法第3次改正
9	「青少年対策について」（内閣官房長官通知）	
		12 身体障害者福祉法公布
1950・4	中央青少年問題協議会令公布	5 （新）生活保護法公布
		6 朝鮮戦争勃発
1951・3	総理府内に児童憲章草案準備会を設置	3 社会福祉事業法公布
5	児童憲章制定会議開催（4～5日），児童憲章制定宣言（5日）	5 政令改正諮問委員会設置
		6 児童福祉法第5次改正
		9 サンフランシスコ平和条約・日米安全保障条約調印

第1章 児童福祉法の成立と子ども観の総合化

生活は著しく窮乏化していた。なかでも孤児——戦災で両親を失った孤児，引揚孤児，戦没軍人の孤児等——は苛酷な状況にあった。彼らの多くは浮浪児となり，街頭でその日その日を死にものぐるいで暮していたのである。

このような子どもの危機的状況が，児童保護対策を緊急な政策的課題とした。当時緊急に保護することが必要であると認められた孤児は，全国で約1万2700人と推計された[1]。1945年9月に政府は次官会議において「戦災孤児等保護対策要綱」を決定し，施設による収容保護をその対策の1つとした。同12月には「生活困窮者緊急生活援護要綱」が閣議決定された。

翌1946年4月には，厚生省社会局長通達「浮浪児其の他児童保護等の応急措置実施に関する件」が出され，①浮浪児等の発見と収容，②児童保護相談所の設置，③浮浪児の台帳記入と保護指導，などの措置がとられることになった[2]。同年9月には，厚生省次官通達「主要地方浮浪児等保護要綱」が出され，浮浪児がとくに多く集まる地域で一斉発見が奨励され，発見された児童のため一時保護所，児童鑑別所が設けられた[3]。

これらの児童対策は，要保護児童に対する応急措置の域を出るものではなく，いわゆる「浮浪児狩り」という強制措置をともなう一種の治安対策であった。したがって，深刻化した児童問題を抜本的に解決するにはいたらず，問題を後に残すことになるのである。

敗戦時には教育の現場も崩壊の危機に瀕していた。この停止された学校教育の機能を回復することから戦後の文教施策は始まった。その後のいくつかの緊急措置に続いて，文部省の機構改革・人事刷新と新しい教育方針の提示が試みられたが，本当の意味での教育政策は占領軍の指導による戦後教育改革というかたちで行われることになる。

第 I 部　児童福祉法の基礎理論

　1945年のうちに「総司令部覚書」としていわゆる「教育についての四大指令」が出され，軍国主義教育の禁止，民主主義教育の確立という方針が打ち出された。だが，占領教育政策が「禁止的措置」から「積極的措置」といわれる教育改革へ移行するには，アメリカ教育使節団の報告書を待たねばならなかった。アメリカ教育使節団は，1946年3月に来日し，各地の視察を行い，3月30日付で「報告書」を提出した。同報告書は，「我々の最大の希望は子供たちのうちにある」として子どもの地位を高く位置づけ，「個人の価値と尊厳」を承認し，個人のもつ能力を最大限に伸ばすことを基本原理とする民主主義教育の必要性を説いた[4]。

　また，同1946年10月のGHQ公衆衛生福祉部覚書「監督保護を要する児童の件」においては，「民主日本を実現するための如何なる希望も現代の児童達によるのであるから，至急力強い計画樹立の必要性は，過大評価になることはない」として，広範囲にわたる児童福祉の重要性が強調されている[5]。

　このように，民主化・非軍事化という占領政策の下で，教育と児童福祉の政策はGHQの力によって推進されていった。これは，支配のための政策という側面を持つにもかかわらず，国民の期待に合致するものであり，「日本の児童諸政策の民主的発展の礎石」[6]を形づくるものであった。さらにまた，日本における政策の，そして国民の子ども観の転換を迫るものでもあった。

2)　新憲法の制定と子ども観の転換

　戦後改革の一大事業は，1946年11月の日本国憲法の制定であった。
　この憲法は，子どもの地位にとっても大きな意味を持つものである。つまり，国民の基本的人権の尊重を基本原理の1つとする新憲法の下

第1章　児童福祉法の成立と子ども観の総合化

では，子どももまた日本国民の構成員として基本的人権の主体たる地位を獲得することになる。人権保障のための憲法の個別規定は，当然子どもの人権をも保障したものと読むことができるからである。

まず，家庭生活については，憲法24条が，家父長制的「家」制度を全面的に否定した。そして，「個人の尊厳と両性の本質的平等」を広義の家庭生活に関する立法の原理としている。忠孝一体の天皇制家族国家に組み入れられていた戦前の子どもは，家にあっても家長や父親に服従させられていた。これに対し，新憲法のこの原理は，家庭内にも個人主義と民主主義を確立することを標榜し，夫婦の平等のみならず，子どもも1個の人格として家庭内で尊重されることを明らかにした。家族制度イデオロギーの下で子どもの権利が阻害されていたことを考えれば，憲法24条が子どもの地位を大きく向上させたことの意味は大きい。本条の原理に従って，1947年12月に民法が改正された。

次に，憲法26条で教育の権利性が高くうたわれた。戦前には教育は天皇制教学体制の下に臣民の義務であったが，新憲法では「権利」としての教育が保障されることになった。つまり，子どもの「権利」が，ここで明確に打ち出されたのである。「教育を受ける権利」を具体化するものとして，1947年3月に教育基本法と学校教育法が制定された。

第3に，憲法25条は，基本的人権としての生存権の保障を高らかに宣言した。第1項では「健康で文化的な最低限度の生活」を国民の権利として保障し，第2項で「社会福祉，社会保障及び公衆衛生の向上及び増進」に対する国の責任を明文化している。

子どももまた1人の国民としてこの生存権が保障されるということは，当然ではあるが確認されておく必要があろう。児童福祉法は，この生存権の理念を前提として，1947年12月に制定された。

憲法27条3項は，児童の酷使を禁止した。これを受けて，児童福祉法は児童の虐待禁止の条文を設け，また，1947年4月に制定された労

働基準法は「年少者」を保護するための規定を置いた。

　最後に，刑事手続上の人権保障については，憲法は31条以下の一連の条文で，適正手続きの保障および被疑者・刑事被告人の権利保障を規定している。そして，子どもの権利を特別に保護するために，改正少年法が少年院法とともに1948年7月に制定された。

　以上のように，戦前は「子どもの権利」という考え方がまったく意識されなかったのに比べ，新憲法の成立により，子どもの権利は理念的には確立されたといえる。これは，「服従する存在としての子どもから，権利の主体としての子どもへ」ともいうべき子ども観の歴史的大転換であった。

　しかし，子どもも権利の主体であるという「法の理念」は確立したとはいえ，それによってすぐさま現実の子どもをめぐる状況が好転したわけではないことは多言を要さないであろう。このような子どもたちの現実が，児童福祉法の成立過程に反映し，後には児童憲章を生み出すきっかけとなっていくのである。

3） 児童福祉法の成立過程

(1) 児童福祉法案の作成過程

　GHQ覚書以後，児童局設置とともに児童保護法制の整備が厚生省の重要課題となる。1946年12月に，厚生大臣が中央社会事業委員会に対し児童保護事業を強化徹底するための具体策について諮問し，その際「児童保護法要綱案」（11月30日付）を添付した。これは旧来の少年教護法・児童虐待防止法等を統合一本化しようとするものであり，要保護児童の保護のみに重点をおいた消極的なものであった[7]。これに対し，中央社会事業委員会は，こういう「暗い」面の児童だけに限定しないで，児童全般の問題を1つの法律体系の中にもりこむべきだと

第1章　児童福祉法の成立と子ども観の総合化

する主張を支持し、「児童福祉法とも称すべき児童福祉の基本法を制定することが喫緊の要務である」との答申を「児童福祉法要綱案」（1947年1月25日付）とともに提出した。これを受けて「児童福祉法案」（2月3日付）が作成されたが、両案ともに、①「普通児童」対策を前面に出したこと、②前文で「児童福祉の原理」を明らかにしたこと（討議用試案である1月6日案には、前文として「児童憲章」3か条が掲げられていた）、③生活・教育・愛護の三位一体的な権利保障を強調したこと、などが注目される[8]。

ところが、この2月3日案は、当時開会中の国会（第92帝国議会）には提案されず、その後再検討が加えられることになった。その間、新たな法制的整備に対応するという名目で、1947年3月に厚生省の中に児童局が設置された。

厚生省は、1947年6月になって児童局の手による初めての「児童福祉法案」（6月2日付）を公表した。これは、2月3日案と比べると内容・構成について大幅な変更が加えられていた。その後さらに手直しが行われ、国会提出法案である「児童福祉法案」（8月11日付）が成立する。

(2) 児童福祉法案に現れた「児童憲章」

児童福祉法の成立過程に、一度だけ「児童憲章」という名称が登場する。ここでは、この点について少し触れておこう。

「児童福祉法要綱案」（1月6日付）には、「前文」として次のような「児童憲章」が掲げられていた[9]。

児 童 憲 章

第1　すべて児童は、歴史の希望として、心身ともに健やかに育成されなければならないこと。

第2　児童の保護者は、その児童を心身ともに健やかに育成する

第 I 部　児童福祉法の基礎理論

　　　第 1 次の責任を負うこと。
　　第 3　国及び公共団体は，保護者が第 2 の責任を遂行するのにさまたげとなる因子を排除し，この保護者の責任遂行を積極的に助長し又は必要があるときは，保護者に代り児童を心身ともに健やかに育成する責任を負うこと。
　また，条文の最初には，次のような規定が置かれていた。
　　第 1　この法律は，児童に関する他の法律とあいまって，児童憲章を具現することを目的とすること。
　　　　他の法律もまた，児童に関しては，児童憲章を具現するため施行されなければならないこと。
　この「児童憲章」は，中央社会事業協会常設委員会の「児童保護に関する意見書」が，「法の構成例示」の中で冒頭に「児童保護憲章」を置いていた[10]ことに由来すると思われる。法案の作成に携わった松崎芳伸によると，1946年12月に「灘尾弘吉氏から憲法と法律の中間的な『児童憲章』をつくるべしとアドヴァイス」があったとのことである[11]。しかし，「結局後で法制局でこりゃだめだとけずられて，そして今の児童憲章ができたのは，私が厚生省をやめてからの話です」と，松崎は述べている[12]。
　この「児童憲章」 3 か条は，その後文言を改めて，一時期児童福祉法案の前文となり[13]，結局は成立法の総則 3 か条として結実する。厚生省によれば，この総則 3 か条も「児童憲章としての形式を保持せしめた」ものと理解されている[14]。

(3)　児童福祉法案前文からの「教育」の保障の脱落

　次に，児童福祉法成立過程の重要なポイントをもう 1 点だけ指摘しておきたい。それは，先に述べた前文（総則 3 か条）からの「教育」条項の脱落である。「児童憲章」が後に前文となったことはすでに述

べたが，この前文の中には，国会提出法案の前までは，教育の保障が規定されていた。たとえば，6月2日案の前文の冒頭には，次のような規定があった(15)。

　　すべて児童は，心身ともに健やかに育成されるために必要な生活を保障され，その資質及び環境に応じてひとしく教育をほどこされ，愛護されなければならない。
　　すべて国民は，児童が心身ともに健やかに生れ，且つ，育成されるように努めなければならない。[以下略]

ところが，国会提出法案である8月11日案では前文が廃止され，それと同時に，その内容を引き継いでいる総則3か条から「教育」保障の文言が削除されている(16)。

　　第1条　すべて国民は，児童が心身ともに健やかに生まれ，且つ，育成されるように努めなければならない。
　　　　すべて児童は，ひとしくその生活を保障され，愛護されなければならない。[第2・3条略]

その経緯の詳細は不明であるが，これは単に「教育」という用語が消滅したというだけのことではなく，児童福祉法の性格づけに深くかかわるといえる。すなわち，児童福祉法は総合的な「児童福祉の基本法」をめざしながら，現実には官僚のセクショナリズム（縄張り行政）の故に，結局は厚生省児童局管轄の児童保護行政法という性格を色濃くすることになる。「教育」保障の脱落は，このことを象徴的に表しているといえる。

4）児童福祉法における立法者意思

「児童福祉法案」（8月11日付）は，1947年8月11日に，政府提出法案として第1回国会に提出された。参議院厚生委員会では8月19日から，

第Ⅰ部　児童福祉法の基礎理論

衆議院厚生委員会では9月18日から審議に入り，いくつかの修正の後，11月21日に国会を通過し，12月12日に法律第164号として公布された。

本節では，国会での政府答弁をもとに，児童福祉法の「立法者意思」——児童福祉法の性格を政府・厚生省がどう考えていたか——を検討してみたい。

(1) 提案理由

まず，提案理由については，厚生大臣（一松定吉／当時——以下同じ）によって次のように説明されている[17]（傍点引用者——以下同じ）。

> 「現在児童保護に関する法律は，わずかに少年教護法及び児童虐待防止法があるのみで，現行法律によっては保護に漏れる児童も少くないので，この際児童全般の福祉を増進しようとする総合的法律が必要であり……児童福祉の問題を大きく取上げる必要を痛感いたしましたので，今回この法案を提案するに至った次第であります。」

(2) 一般児童対策

「児童全般の福祉」を目的とする以上，一般児童（当時は「普通児童」と呼ばれていた）対策を積極的に打ち出す必要がある。この点については，山崎道子委員の「この法律はどうも施設法というような感じがするのでありますが，政府では今転落しつつある子供，一般の子供を温かく包容して，その福祉を増進していかれるお考えであるのか，転落した特殊な子供を保護するために立案された法律であるか」[18]という質問に対し，政府委員（米沢厚生事務官）は，次のように答えている[19]。

> 「決して施設のみに重点をおいたのではないのでありまして」，児童相談所，児童委員等が「実際の運動とそれぞれの使命に応じ

第1章　児童福祉法の成立と子ども観の総合化

て活動することができますれば，〔転落への——引用者〕予防という方面に，相当大きな効果を期待することができると考えておるのであります。」「この法律の運営にあたっては，暗い面のみを取上げるというのではなくして，積極的な面，すなわち保健指導，健康診察とか，あるいは施設の点におきましても，保育所でありますとか，その他の厚生施設でありますとか，こういう方面と一連の関係をもちまして，一般の児童に対しても積極的に働きかけていきたいと考えているのであります。」

特殊児童に重点を置いていることは否定しているが，一般児童に対しては運用の面で不備を補うという趣旨に受けとることも可能な答弁である。少なくとも，一般児童対策は運用に期待するといわざるをえないほど消極的なものであったことは，以上の答弁からも明らかであろう。

(3) 他省との調整

次に，児童福祉の「総合的法律」であれば，文部省，司法省等の他省庁と関連する問題がクローズアップされてくるはずである。この点を各省の関係者はどう考えていたのだろうか。

厚生省の政府委員（米沢事務官）は，「われわれといたしましては，ぜひ現行の制度においてそれぞれ専門的な立場からこの問題を取上げていくという方が，むしろ効果的であるというふうにも考えられますので……やはりそれぞれの立場から児童を保護教導していきたい」と述べている[20]。

文部大臣（森戸辰雄）は，「児童福祉法は社会政策的な立場を根拠として児童に及ぶものであり学校教育法は文化教育という心を育てるという側面で児童に及んでおるものと理解されるのであります。しかしこれが別々に動いては困るので……統一的な取扱いを受けるような

形になることが望ましいと思っておりますが，２つの法律の主として立っておる根拠は，そういう形でそれぞれの立場があるものと考えられるのであります」と発言している[21]。さらに，幼稚園と保育所の一元化の問題については，同大臣が「この問題には，いわゆる双方で歩み寄って，施設の側からも一面では教育的なものを望んでおり，また他面ではそれぞれの何と言いますか立場から，独立的な存在であることも希望されておるような次第でありまして，さしあたりこれをむりに統一するということにはいろいろな困難と弊害が伴いますので……」と，消極的な姿勢を見せている[22]。

また，厚生省と司法省との関係については，司法大臣（鈴木義男）が「いろいろ考慮いたしました結果，一般的に言う不良少年はこの児童福祉法で救済をし，教育をし監護をしていこう，そして虞犯少年と申しておりますが，犯罪を犯すおそれのある少年と，現実に犯罪を犯した犯罪少年，この２つの類型に属するものは少年法に規定をし，司法省の所管とするということに相なったのであります。深い理論的根拠があるわけではありませんが，結局そういう段階的な差別があるということは現実の問題として認めざるをえないのであります……それを統一的に規定することは立法技術的にかなりむずかしい。実際の行政面における取扱いとしてもむずかしい」と言っている[23]。

このように，「総合的法律」といいながら厚生省と他省とに関連する問題は何ひとつ解決されず，厚生省所管の児童福祉法に終ってしまっていることは明らかである。この法制定を契機に各省が歩み寄って，子どもの福祉実現のために協力するという姿勢は，まったく見られなかったといっても間違いではない。

(4) 総則３か条

冒頭３か条の「児童福祉の原理」については，あまり熱心な議論は

第1章　児童福祉法の成立と子ども観の総合化

かわされていない。

　厚生大臣の提案理由の中で，「法案の冒頭に児童を心身ともに健やかに育成するために，国民は挙って協力しなければならぬという道義的な規定を設けまして，さらに国及び地方公共団体は，児童の保護者とともに児童育成の責任を負うという児童福祉の原理を宣明いたしたのでございます」と説明している[24]。

　また政府委員（米沢厚生事務官）は，答弁として「この第1条，第2条，第3条に関しまする原理に関しまして，現実と非常な開きがあるということについて御指摘があったのでありますが，誠にその通りであると考えるのであります。併しこれは原理でありまして，我々は一種のここに理想を掲げたものであります……勿論原理そのものにおきまして，現実と相当開きがあるということは，お尋ねの通りの点もあると考えるのであります」と述べている[25]。

　さらに，「児童の積極的な精神的な教化指導ということに対しましても，肉体の指導教化同様に関心をもっていただきたい」とする福田昌子委員の意見[26]に対し，「特にそのことは……児童福祉法の第1条並びに第2条第3条に重きをおいてそのことを規定してあることは，御承知の通りであります。つまり児童が心身ともに健やかに生れるのみならず，また心も，からだも最もりっぱにそれが育成されるようにしなければならぬ。しかもそのことは国民全部が責任をもたなければならぬ。またそれらの施設を預かるところの国の機関，地方公共団体等の機関ももちろんその考えでやらなければならぬということが，第1章の総則に規定してありますので，問題はこれらの運用いかんにあるのであります」と答弁している[27]。

　これらの答弁からわかるのは，子どもの福祉を保障するのは国民全体の道義的責任であるが，理想と現実がくい違うことはままあることである，国にも責任はあるが問題は「運用する人」がどうするかにか

かっている，というような厚生省の考え方である。政府の説明では，子どもの権利保障とか国の具体的な責任についてはなんら語られていないのである。

　以上の政府答弁からうかがえる政府の基本的姿勢は，きわめて「消極的」な面ばかりである。一般児童対策は「飾り物」のように内実がなく，長年にわたる他省との懸案事項の一挙解決にも失敗し，子どもの生活権の国家的保障も裏づけを持たないままに終っている。
　第1回国会で一部修正して可決された児童福祉法は，1947年12月12日に公布され，1948年1月1日に一部施行，4月1日に全部施行された。

2　児童憲章の制定と児童福祉法第5次改正

　次に，児童福祉法が制定されてから2年ほど経過した1950年前後に目を移してみよう。このころすでに，児童憲章制定の動きがみられ，一方では児童福祉法の全面改正に向けた検討が始まる。
　児童憲章は，1949年6月ごろから厚生省および中央児童福祉審議会で制定の準備が進められ，1951年5月5日に制定された。この時期には，厚生省児童局では，児童福祉法の全面改正が企図され，すでに作業が進行していた。児童福祉法の全面改正は，1950年8月ごろから内部的検討が始まり，11月には児童憲章の草案とともに「児童福祉法改正試案」が児童福祉関係者に提示され，12月には「児童福祉法第1次改正試案」が作成されている。
　この児童憲章制定と児童福祉法全面改正の企図は，同じ児童局で同

第 1 章　児童福祉法の成立と子ども観の総合化

じ時期に進められていたにもかかわらず，その関係は未だに明らかにされていない。ここでは，当時の資料を並列に並べてみることにより，その関連を探る手がかりをつかんでみたい。なお，これらに関しては貴重な資料が多いので，本節では，必要な範囲において可能なかぎり多くの資料を引用しておきたい（ただし，旧字体は新字体で表記することにする）。

1 ）　児童福祉法第 5 次改正

(1)　児童福祉法第 5 次改正の経緯 ── 全面改正構想の挫折

　児童福祉法第 5 次改正が国会に上程されるのは，1951年 5 月18日であり， 6 月 6 日には法律第202号として公布されている。しかし，この第 5 次改正は，その過程に重要な問題を含んでいたのである。
　というのも，この改正は，当初，児童福祉法の全面改正として構想されていた。それが，「諸種の事情」により比較的小規模の部分改正という形に終ったのであった。この間の経緯を，当時改正にかかわった厚生事務官の網野智は次のように書いている[28]。

　　「現行法規に対する全面的な検討は昨年［1950年──引用者注］の 8 月頃から始められ，10月には地方の児童福祉事業関係者の意見を聞いて，12月にやっと第 1 次改正私案というものが作成された。この案の構想は相当広範なもので，形式も全文改正という形をとっていた。
　　しかしながら，年が明けてから，諸種の事情により児童福祉法の改正は全文改正をやめるということが厚生省の方針として決定されて，法案はとりいそいで一部改正という形に切り換えられた。これによって法案内容をできるだけ整理し，必要己むをえないもののみを規定することになったのであるが，切り捨てるべき事項

第Ⅰ部　児童福祉法の基礎理論

がそれほどなかったため出来あがった一部改正案は依然として相当の量を含んでいた。

　かくして新しく制定される予定の社会福祉事業法案と一緒に3月の第10国会に提出すべく，社会福祉事業法案と平行してその準備を進め，関係各機関と接衝〔ママ〕を行ってきたのであるが，社会福祉事業法案が時間ぎりぎりで国会に提出されることになったので，それとの調整を必要とする児童福祉法の一部を改正する法律案は遂に時間切れとなって次の時機を待たなければならないという悲運に陥った。

　その間に社会福祉事業法は法律第45号として輝かしい制定をみ，一方，第10国会は5月上旬から再び開会されることになって，右の社会福祉事業法の具体的施行と緊密な関係を有する生活保護法，児童福祉法，身体障害者福祉法のいわゆる社会福祉三法の一部改正案がそれぞれくつわを並べて提出されることとなった。」

　しかし，「内閣において再開国会に提出する法案はできるだけ整理するという方針がとられ……これに伴い厚生省関係の法案はできるだけ社会福祉事業法の制定に伴い必然的に行う改正事項にすることとされて，児童福祉法の一部を改正する法律案は極度に内容を整理するということになった。これがこのたびの改正において遭遇した第2の悲運であった。

　かくして児童福祉法の一部を改正する法律案は，一般の期待に反して大幅に整理された法律案として，5月18日衆議院に上程された。ときあたかも児童憲章制定記念第5回全国児童福祉大会が東京の地で華々しく催されている日でもあった。」

　また，高田正巳厚生省児童局長は，第10国会で，全面改正が実現できなかった事情について次のように説明している[29]。

　「事情を申上げますと，最初は全文改正のつもりでさような

第1章　児童福祉法の成立と子ども観の総合化

点を整理をした案を準備をいたして参つたのでありますが，御承知のように各省との関係が非常に多い法律でございますので，各省となかなか話がまとまらないという問題でありますとか，或いはいろいろ事務的に時日が切迫をいたしてうまく参らないというようなことからかような本当に集約された関係の面だけの小さな改正案になつて参りましたわけでございます。」

このように，児童福祉法施行4年目に法の全面改正を試みつつも，またしても他省との調整がうまくいかず，水泡に帰したのである。

(2) 児童福祉法改正案における「学校」問題

他の省庁との関係といっても，とくに主として児童を守備範囲とする文部省との関係は，熾烈をきわめたようである。全面改正案である「児童福祉法改正試案」には，第3章に「学校」という節（第7節）があり，次のような条文が用意されていた[30]。

（学校児童福祉員）

第30条　学校教育法（昭和22年法律第26条^{ママ}）の趣旨に基く小学校，中学校及び高等学校の校長は，その職員のうちから少くとも1名以上の者を学校児童福祉員に指定し，児童の不良化防止その他児童の福祉増進に努めさせなければならない。

2　前項の規定により指定された学校児童福祉員が，正当な理由なく，長期にわたつて欠席し，又はしばしば欠席する児童若しくは不良化した児童を発見したときは，直ちに児童相談所又は社会福祉事務所に通報し，その援助を求めるとともに，自ら当該児童の指導に当らなければならない。

3　第1項の規定により指定された学校児童福祉員は，児童の校外指導につき，児童委員に，必要な協力を求めることができる。

第Ⅰ部　児童福祉法の基礎理論

（就学猶予又は，免除及び出席停止の意見及び通報）
　第31条　学校教育法第23条（同法第40条の規定により準用する場合を含む。）の規定により児童の保護者に対してその児童の就学する義務を猶予又は免除するとき又は同法第26条の規定により児童の出席停止を命ずるときは，市町村立の小学校の管理機関は児童相談所長の意見を聞かなければならない。
　2　前項により就学の猶予又は免除をしたとき若しくは出席停止を命じたときは，市町村立小学校の管理機関は，その旨を児童相談所長に通報しなけれがならない。

この条文案は，国会に提出されたものではないが，後の国会でちょっとした論議が交わされている。すなわち，第10国会の衆議院厚生委員会で，松谷天光光委員から次のような質問が出されている[31]。

　「この児童福祉法の対象となります中に，学童の数が相当あることは当然でございますが，この場合に，学校側の協力ということが，児童福祉法を完全に実施して行く場合の重要なポイントになるのではないかと思うのでございます。そういう点から，聞くところによりますと，この改正がまだ草案の当初において，学校には各専任の指導員の設置を見るようにしたいというような希望が相当にあつたと了承するのでございますが，そういう点について，どうもまだ文部当局の協力が得られていないような点がうかがわれるのでありますが，局長はどういうふうなお考えをお持ちになつて，その点の十分な充実をはかられないままの改正案とされたか，そういう点について何か経過がおありになるならば，経過を伺わせていただきたいのであります。」

これに対して，高田児童局長は次のように答弁している[32]。

　「児童福祉の仕事を進めて参りますために，学校側の協力を必要とすることは，まさしく御意見の通りでございます。従いまし

第1章　児童福祉法の成立と子ども観の総合化

て，私どもも文部省と十分な協力をいたして，この仕事を進めて参つておるわけでございます。今具体的に御指摘の，学校に児童福祉関係専任職員を設置することを法律の中に盛り込むというようなことにつきましては，その実態につきましては，文部省側も別に異存はないわけでございますけれども，これを児童福祉法の中に書くのがいいか，あるいは別途他の法律に書くか，あるいは法律等に書かないで，実際上進めて行くかというようなことについての意見の食い違いも若干ございまして，今回の児童福祉法の改正は，全面改正を避けまして，一部の改正ということでお願い申し上げましたので，さような規定が今回の改正案の中には入つておらないわけでございます。」

この答弁から，学校あるいは教育の問題に厚生省を立ち入らせないという文部省の強い姿勢を推察することができる。厚生省が少しでも教育の問題に触れようとすると，常に文部省との軋轢が生ずる。児童福祉法を学校をも射程に入れた「児童に関する総合的社会立法」[33]に近づけようとする試みは，ここでもセクショナリズムという壁に阻まれて，うまくいかないのである。

2）　児童憲章の制定

(1)　児童憲章制定の経緯[34]

①　厚生省主導の時期

児童憲章の制定は，GHQ公衆衛生福祉部課長補佐のマーカソンが，厚生省児童局に「個人的な思いつき」を伝えたことから始まるといわれている[35]。

児童憲章制定の作業は，当初厚生省児童局を中心に進められていた。ただ，児童局には，「官制憲章」として制定するよりも「国民からの

第Ⅰ部　児童福祉法の基礎理論

表1-2　児童憲章制定・児童

時期区分	年	月・日	児童憲章制定の経緯	月・日	児童福祉法の改正経緯・その他
第1期　厚生省（中央児童福祉審議会）主導の時期	1949	5・	GHQ公衆衛生福祉局課長補佐マーカソン，厚生省児童局に海外児童福祉資料を提示		
		6・28	第14回中央児童福祉審議会，児童憲章制定準備委員会を設置，同委員会は児童憲章に関する研究を開始	6・15 11・5	児童福祉法第3次改正 国連技術顧問A・キャロール女史来日（1950年8月まで）
	1950	4・	児童憲章制定準備委員会，児童憲章試案を作成		
		5・	児童憲章制定準備委員会，第4回全国児童福祉大会（神戸市）に児童憲章試案提出 第4回全国児童福祉大会，児童憲章特別部会を設置し，憲章制定の基本方針を決定	5・4 8・	新「生活保護法」公布 児童福祉法の全面的検討の開始
		9・26	中央関係官庁（厚生省・文部省・労働省など）連絡打合会議開催		
		9・27	中央児童福祉審議会，中央児童福祉審議会案を発表	10・	児童福祉法の全文改正について地方の児童福祉事業関係者の意見を聞く（「児童福祉法改正試案」配付）
		11・	全国社会事業大会（東京），児童憲章の特別部会を設け，制定会議についてなど7項目の要望事項を中央児童福祉審議会に具申	12・ 12・20	「児童福祉法第1次改正試案」 川嶋三郎（児童局企画課長）編『児童福祉の諸問題』出版
	1951	1・	中央児童福祉審議会，全国社会事業大会の具申に基づき，パンフレット「児童憲章制定のために」5万部を資料として全国に配付，これをもとに都道府県・市町村の児童福祉審議会も案を練り，中央に連絡	※	児童福祉法は全文改正せず一部改正をすることに決定
		3・12 3・	全国児童福祉審議会委員長会議（東京），中央児童福祉審議会案について意見の発表・交換 中央児童福祉審議会，児童憲章に関する5項目の質問を各界の有識者約2000名に送付し，意見を求める	※	「社会福祉事業法案」と同時に国会提出の予定だった「児童福祉法の一部を改正する法律案」時間切れで国会に提出されず
		3・19	中央児童福祉審議会，児童憲章試案（最終案）を決定		
		3・24	中央関係官庁連絡打合会議開催，制定会議に至るまでの制定手続について協議（3・27にも開催）		

(注)　① 時期区分は，児童憲章の制定過程を3期に分けたものである。
　　② ※印は，月日が不明であることを示す。
　　③ 本年表は，田代不二男・神田修編『児童憲章』北樹出版・1980年，216-218頁の「児童憲章制定過程年表」（岩崎和彦他作成）に加筆して作成したものである。

第1章　児童福祉法の成立と子ども観の総合化

福祉法第5次改正関連年表

時期区分	年	月・日	児童憲章制定の経緯	月・日	児童福祉法の改正経緯・その他
第2期　総理府（児童憲章草案準備会）主導の時期	1951	3・	総理府、内閣総理大臣官房審議室に児童憲章制定会議事務局を設け、同審議室に児童憲章草案準備会（関係各官庁から推薦された55名の委員で構成、議長金森徳次郎）を設置	3・29	「社会福祉事業法」公布（法律第45号）
		4・11	第1回児童憲章草案準備会、東京都児童福祉審議会案提出される、草案をまとめるための小委員会（18名）を設置		
		4・14	第1回児童憲章草案準備会小委員会、児童憲章草案（高島私案、石山私案、神奈川県児童福祉審議会案、東京都第2案、長野県児童福祉審議会案）が提出され、地方案が参考にされる		
		4・17	第2回児童憲章草案準備小委員会、第1回小委員会の審議結果に基づいて作成された石山委員案（前文と総則がつけられる）提出される、第2回小委員会案作成		
		4・24	第3回児童憲章草案準備小委員会、第2回小委員会での意見を参考にして作成された高島・石山両委員会委員案（前文の「児童の人権を尊重し」が削除される）、法務府試案が提出される、第3回小委員会案決定		
		4・25	第2回児童憲章草案準備会、児童憲章案（草案準備会案）決議		
第3期　制定会議		5・4	児童憲章制定会議、総会（衆参両議院議員30名、中央官庁推薦協議員68名、都道府県知事推薦者138名、計236名）での協議のあと小委員会(国会関係2名、中央から8名、各地方ブロック選出の者14名、議長・副議長3名、計27名)で意見調整、その結果2箇所の仮名を漢字に訂正することで草案準備会案を承認	5・1	「児童福祉法の一部を改正する法律案」法制局に持ち込まれる
		5・5	児童憲章制定会議、小委員会の報告及び満場一致による草案の承認、児童憲章宣言式、金森議長挨拶、中川望副議長朗読によって制定・宣言される、吉田茂首相他の祝辞を受ける		
				5・18	「児童福祉法の一部を改正する法律案」（国会提出法案）内容を極度に整理して国会に上呈される
				6・6	「児童福祉法の一部を改正する法律」（児童福祉法第5次改正・法律第202号）公布

35

要望」により制定したということにした方がよいとの判断があり，形式的には中央児童福祉審議会からの発議によるということになっている[36]。

まず，1949年6月の第14回中央児童福祉審議会で，審議会の中に児童憲章草案準備委員会を発足させ，およそ1年間の検討の後，1950年5月の第4回全国児童福祉大会に15か条の児童憲章試案を提出した。同大会は，児童憲章特別部会を置いて協議し，児童憲章制定の基本方針を決議した。

その後厚生省は，同年9月26日に児童局において関係各省庁の連絡打合会議を催し，文部省をはじめとする関係各省庁に協力を要請した。ところが，制定そのものの賛同は得たが，文部省が非協力の態度を明らかにし，他の省庁もこれに追随した。

この文部省と厚生省との対立については，『時事通信・内外教育版』に次のような記事が載っている[37]。

> 「この憲章の制定にいたる経過は，厚生者（ママ）だけではできず，文部，労働，法務，農林，国警の協力によつたもので，昨年9月はじめて関係各省の連絡協議会がもたれた。しかしこのとき厚生省は中央児童福祉協議会（ママ）の原案を示して意見を求めたため，文部省がまつ先に非協力の態度を明らかにし，他省もこれに追従したため一時行悩み状態となつたものである。もともとこの憲章制定の要望は，24年の中央児童福祉審議会いらい児童福祉，社会事業方面で強かつたので，厚生省がこれに着手したが，教育や職業指導，生活についてはひろく教育上の立場から文部省と協同作業するほうがよいという意見があつた。」

② 総理府主導の時期

しかし，1951年3月に再び児童局で開かれた関係各省庁の連絡打合会議では，制定時期についての反対論は出たものの，5月制定ととも

第1章　児童福祉法の成立と子ども観の総合化

に内閣総理大臣が制定会議を招集することが決定された。また，総理府の内閣総理大臣官房審議室には児童憲章制定会議事務局が設置され，4月より児童憲章草案準備会が草案の作成に着手することとなった。こうして，文部省も含めた関係各省庁の協力によって児童憲章制定が実現することとなったが，この間の事情を神崎清は次のように書いている[38]。

> 「調停にはいった最高裁判所と国家地方警察本部（警察庁の前身）が，『教育条項をふやして，全体をつくりなおしたら』という妥協案を示したために，文部省も譲歩して，話がすらすら進むようになりました。」

その後は，児童憲章草案準備会で草案の具体的な検討がなされることになるが，それまでの憲章案（中央児童福祉審議会案）が児童福祉憲章的色彩が濃いものであったため，関係各省庁の推薦する委員によって構成される児童憲章草案準備会の第1回会議（4月11日）では，それに対する不信・批判が出された。たとえば，「教育的な面が足りない」，「もっと教育の面を強調して欲しい」，「教育基本法と児童福祉法の両者の立場よりかいて欲しい」，「憲章の性格及び内容については教育と福祉の両面を入れて一本にすべき」である，などである[39]。これらの意見によって，これまでの中央児童福祉審議会での経緯は白紙に戻されることとなった。

この後は，児童憲章草案準備会での審議は順調に行われ，4月25日に最終案が決定する。そして，その案は，5月4日と5日に開催された児童憲章制定会議に諮られ，若干の修正があっただけで決定，同5日に児童憲章宣言式が執り行われた。

(2) 児童憲章案の内容の変遷

ここでは,まず第1に,子どもの人権尊重という考え方とそれを保障する社会の責任について,第2には,教育の保障について,児童憲章の審議過程においてその内容がどのように変わってきたかを概観しておきたい[40]。

① 人権の尊重と社会の責任

子どもの人権(権利)の尊重およびそれを保障する社会の責任については,当初の中央児童福祉審議会の案では,児童福祉法1条の条文を若干書き改めただけのものになっている。児童憲章が児童福祉法を具体化するものであるとの趣旨はわかるものの,二番煎じの感はまぬがれない。

　　　　中央児童福祉審議会(1951年3月19日決定・最終案)
　1　すべての児童は,ひとしく一人格として尊重せられ,その生活を保障せられ,愛護されなければならない。
　　　すべての国民は,児童が心身ともに健やかに生れ,且つ育成されるよう努めなければならない。

ところが,総理府主導のもとに関係各省庁が参加するようになると,かなり積極的な憲章案が提出されるようになる。なかでも,制定憲章の総則3か条の原型となった東京都児童福祉審議会案と文部省推薦委員石山修平の私案は,現時点からみてもすぐれた内容をもっていた。

　　　　東京都児童福祉審議会案(1951年4月11日提出)
　1　すべてのこどもは人としてとうとばれる。
　　　こどもの人としての権利は何人もおかしてはならない。[後略]
　2　すべてのこどもは次の社会をになうものである。
　　　こどもの幸福は社会が責任をもって守らなければならない。
　　　[後略]

第1章　児童福祉法の成立と子ども観の総合化

　　　　　石山私案（1951年4月14日提出）
　　子どもへの誓い
　　私たちは，すべての子どもを人としてとうとび，その権利をお
　もんじ幸福をまもることが，私たちの義務であると考え，次の時
　代をになう子どもを，心身ともに健やかに育てあげて，世界の平
　和と文化に貢献させることが私たちの責任であると信じ，ここに
　国民の総意をもって子どもへの誓いを立てる。［後略］
4月14日に開催された第1回児童憲章草案準備会小委員会では，さまざまな憲章案が提出され，それにもとづいて審議が行われた。そして，その審議の結果を踏まえてとりまとめられたのが次の石山委員案である。この案では，簡潔ではあるが，前文で子どもの人権の尊重と社会の責任についてはっきりとうたっている。

　　　　　石山委員案（1951年4月17日提出）
　　われらは，日本国憲法の精神にしたがい，すべての，児童の人
　権を尊重し，その心身を健全に愛護育成して，平和と文化の根基
　に培うことは，われらの責任であることを信じここに国民の総意
　をもって，児童の福祉と教育に関する憲章を定める。
石山委員案をたたき台に作成された第2回児童憲章草案準備会小委員会案（4月17日決定）は，石山委員案とそれほど大きな違いはない。ところがどういうわけか，4月24日に提出された高島・石山両成文委員の案の前文からは，人権尊重規定も，社会の責任の宣言も，そして「福祉と教育に関する」という文言もなくなってしまう[41]。

　　　　　高島・石山両委員会委員案（1951年4月24日提出）
　　われらは，日本国憲法の精神にしたがい，児童に対する正しい
　観念を確立し，すべての児童の幸福をはかるために，この憲章を
　定める。
以上のことは，児童憲章を「児童福祉の基本法」あるいは児童福祉

の基本理念を定めたものとみる観点からは，大きな後退と評価せざるをえない。

② 教育条項

児童福祉法の成立過程で削除された「教育」条項が，児童憲章においてどのように扱われたかは，興味深い問題である。

まず，当初の中央児童福祉審議会の案には，憲法26条および教育基本法を意識したと思われる次のような条文が用意されていた。

　　　　　中央児童福祉審議会案（1950年9月27日決定・第2案）
　　　8　すべての児童に，個性と能力に応じた教育が施され，生業指
　　　　　導の機会が与えられなければならない。

ところが，児童憲章の制定に文部省が非協力の態度を示すと，ここでも「教育」の文言が消えてしまう。

　　　　　中央児童福祉審議会（1951年3月19日決定・最終案）
　　　4　すべての児童は，個性と能力に応じて育てられ，社会の，一
　　　　　員として自主的に考え行動することができるよう導かれなけ
　　　　　ればならない。

その後，文部省をも含めて関係各省庁の協力態勢のもとに審議が進むようになると，「教育」条項が復活する。次の石山委員案5条は，文言が若干訂正されて制定憲章の4条となる。

　　　　　石山委員案（1951年4月17日提出）
　　　5　すべての児童は個性と能力に応じて教育せられ，社会の一員
　　　　　として自主的にその責任を果たすよう導かれる。

先にみたように，この石山委員案とそれにもとづいて作成された第2回児童憲章草案準備会小委員会案の前文に「児童の福祉と教育に関する憲章を定める」という文言がみられることは，この憲章の基本的な性格をよく表していると思われる。だが，厚生省が主導する一時期に「教育」という用語が消えてしまうことは，文部省と厚生省との関

係を示唆しているようで興味深い。

3　若干の考察 ── 行政的児童観の分裂と総合化

1）　行政的児童観の分裂

　以上，児童福祉法の成立過程，児童福祉法第5次改正，そして児童憲章制定当時の資料を並べることによって，そこでの問題を検討するための素材を提供した。それでは，これらの問題を分析する視点はどこに求められるであろうか。ここでは，留岡清男の「行政的児童観の分裂」という指摘を手がかりとしたい[42]。

　留岡清男は，1940年にすでに，わが国の行政上の児童観が3つに分裂していることを指摘している[43]。すなわち，わが国では「行政の管轄の分岐によつて，同じ事柄でも，同じ問題でも，別々に分散されて処理されて来た」と一般論を述べたあとで，「同じ日本の児童の問題を取り上げるにしても，文部省が取り上げる児童の教育問題と，厚生省が取り上げる児童の保護問題と，司法省が取り上げる児童の行刑問題とは，それぞれ異つた生ひ立ちをもち，それぞれ異つた歴史をもつてゐるのであつて，そこにおのづから児童観の分岐と分裂とがみられるのである」と。そこで留岡は，それぞれの行政の根底にある児童観をそれぞれ「文政型の児童観」，「恤救型の児童観」，「行刑型の児童観」と呼んでいる。そしてさらに次のように言っている[44]。

　「ここで注意すべきことは，従来の行政の伝

第Ⅰ部　児童福祉法の基礎理論

統や児童観の分岐が如何にあらうとも，それに頓着なく，今日の客観的な事態と問題とは，急テンポを以て大きく盛り上がり，最早従来の如く児童及び青年の問題を分散的に取扱ふことを許さず，必然的に綜合的に之を処理すべきことを要請してゐるのである。そこで，児童観の綜合は，今日の客観的事態が強く之を要求する所であ」る。

2）　児童観総合化の試み

　留岡の指摘する「児童観の分裂」という事実と「児童観の総合」化の必要性は，戦後の児童福祉行政を検討する際の重要な視点となる。というのも，児童福祉法の制定そのものが，この「児童観の総合」化を目標としていたと考えられるからである。児童福祉法成立過程の当初においては，児童福祉法は明らかに総合的な「児童福祉の基本法」をめざしていた。その一端は，すでに述べたように，児童福祉法前文への「教育」保障条項の挿入という試みにみられる。しかし，その目標は，各省との調整に失敗し，はしなくも瓦解してしまう。

　その後，厚生省児童局は，ほとんど同時期に，児童憲章の制定と児童福祉法の全面改正を提起するが，これは児童福祉法の成立過程で達成しえなかった行政的児童観の総合化，すなわち総合的な「児童福祉の基本法」制定への挑戦を再度試みたものであろうか。

　もちろん，そのような意図が明確にあったとはいえないであろう。とくに児童福祉法の全面改正は，それだけが目的であったとは考えられない。児童局は当時その存廃問題を抱えており，したがって児童福祉法の守備範囲を拡大することによって児童局の権限の強化あるいは児童局の存立基盤の強化をめざしていたという側面があることは否定できない。しかし，児童福祉法を総合的な「児童福祉の基本法」に一

第1章　児童福祉法の成立と子ども観の総合化

歩でも近づけたいという思いが児童局の中にあったこともまた十分に想像できる。それは，改正試案における学校条項の法案化によく現れている。

そうであれば，児童憲章が関係各省庁の協力の下に，とくに厚生省と文部省との相互協力によって制定されたという経緯は，やはり重要な意味があるといわなければならない。なぜなら，留岡のいう行政的児童観の総合化が，「福祉と教育の憲章」ともいうべき児童憲章制定の場面でどうにか達成されたといえるからである。

このような意義は，制定の過程においても十分意識されていたと思われる。児童憲章草案準備会が1951年4月に発行した『児童憲章草案の説明』の「まえがき」は，「児童の福祉と教育については，かねてから，あまねく世界の人々が関心をいだき」という書き出しで始まっている[45]。また，「あとがき」には，次のような文章がみられる[46]。

「児童憲章は法律ではない，と前にいつた。事実，児童憲章は法律以前のものともいえるので，教育基本法も，学校教育法も，児童福祉法も，少年法も，労働基準法も，これら一連の児童に関係ある法律は，すべて，この児童憲章の精神から出発するものと考えてよろしいのである。

児童憲章には，発端としては，子供の誕生から，内容としては，家庭環境，教育環境，社会環境と，子供が美しく成長してゆくために，ぜひとも考慮されなければならない，あらゆることがらが含まれている。」

このように，児童憲章は，分裂している児童観を統一・総合化しようと試み，少なくとも幅広い内容をもつものとして成立したのである。

3） 児童観総合化の視点

　以上のことから，児童憲章を今日的に再評価するに際しては，行政的児童観の総合化という視点がやはり重要だと思われる。小川利夫の言葉を借りれば，次のような評価となる[47]。

　　「1951年5月5日，戦後日本における児童憲章の制定は，いわゆる行政割拠主義的な児童行政のあり方を反省し，本来"人として尊ばれる"べき児童の権利を基軸にすえて児童諸行政をとらえなおそうとする動きをしめすものであった。厚生当局の『児童憲章制定記録』（1961年）も指摘しているように，それは元来『児童の福祉と教育に関する憲章』として構想立案されたものであり，『教育基本法と児童福祉法の両面』から児童の権利をとらえなおし，新しい児童観の創造と統一をはかろうとするものであったといえよう。しかし同時に，それは多分に形式理念的な，しかも既成の伝統的な行政的児童観の枠内での折衷論にすぎないものであったことを指摘しないわけにはいかない。

　　児童憲章の理念は教育基本法と児童福祉法の理念の統一をはかり，本来『人として尊ばれる』べき児童の権利，とりわけその福祉と教育への権利の全面的な保障をはかろうとしている。」

　このように，児童福祉法の成立・改正過程で超えられなかった官僚のセクショナリズムの壁が，児童憲章の制定においてはどうにか超えられたといえる。いいかえれば，総合的な「児童福祉の基本法」は，法律ではなく，単なる「社会的協約」である児童憲章においてようやく実現されたのである。この時期に「福祉と教育の憲章」たる児童憲章が誕生したことは，「形式理念的」にせよ，子ども観の総合化にとってきわめて重要な意義を有するということができる。

第1章　児童福祉法の成立と子ども観の総合化

(1) 「要保護児童数調（児童局養護課）——昭和22年6月30日」児童福祉法研究会編『児童福祉法成立資料集成・上巻』ドメス出版，1978年（以下『成立資料集成・上巻』と略す）851頁所収。
(2) 『成立資料集成・上巻』342頁。
(3) 同上書 345頁。
(4) 浦辺史「児童・少年保護立法の発達」中川・青山ほか編『家族問題と家族法Ⅳ・親子』酒井書店，1957年，361頁。
(5) 『成立資料集成・上巻』668頁。
(6) 浦辺・前掲論文，362頁。
(7) それ以前の要綱案（1945年10月15日付ないし11月4日付）には，「普通児童」を前面に出す発想が見られる。
(8) 『成立資料集成・上巻』71頁，参照（「解題」の寺脇隆夫執筆部分）。
(9) 同上書 537頁。
(10) 同上書 694頁。
(11) 「松崎芳伸（元厚生事務官）日誌」（同上書，775頁以下に所収）による。
(12) 松崎芳伸からの聞き取りによる（『児童福祉法研究』創刊号，児童福祉法研究会，1977年，47頁）。
(13) たとえば後出の昭和22年6月2日案（注15）。
(14) 児童局「予想質問答弁資料・第1輯」『成立資料集成・上巻』861頁以下に所収。
(15) 『成立資料集成・上巻』561頁以下に所収。
(16) 同上書588頁以下に所収。
(17) 児童福祉法研究会編『児童福祉法成立資料集成・下巻』ドメス出版，1979年（以下『成立資料集成・下巻』と略す）16頁。
(18) 『成立資料集成・下巻』35頁。
(19) 同上書35-36頁。
(20) 同上書28頁。
(21) 同上書25頁。
(22) 同上書21頁。
(23) 同上書17-18頁。
(24) 同上書16頁。
(25) 同上書150頁。
(26) 同上書99頁。
(27) 同上書101頁。

第Ⅰ部　児童福祉法の基礎理論

(28)　網野智「児童福祉法改正の諸問題」『社会事業』34巻6・7号，1951年，4-5頁（傍点引用者）。
(29)　『第十回国会参議院厚生委員会会議録』第37号（昭和26年6月1日）7頁（傍点引用者）。
(30)　児童福祉法研究会発掘資料（ガリ版刷り）による。
(31)　『第十回国会衆議院厚生委員会議録』第25号（昭和26年5月19日）7頁。
(32)　同上（傍点引用者）。
(33)　網野智は，児童福祉法を「児童に関する総合的社会立法」であるとし，それは「次の世代をになって立つ児童凡ての福祉を積極的に助長増進することを根本目的とするいわば児童に関する憲法として制定された」と評している（網野「児童福祉行政の回顧と展望」『社会事業』34巻5号，1951年，4-5頁）。
(34)　児童憲章制定の経緯については，岩崎和彦「児童憲章の制定経過」田代不二男・神田修編『児童憲章——日本の子どもの権利宣言』北樹出版，1980年，94頁以下が詳しく，またよく整理されている。なお，筆者がまとめたものとしては，許斐「児童憲章制定の経緯とその意義」『児童福祉法研究』2号，児童福祉法研究会，1980年，がある。
(35)　田代不二男「児童憲章の制定事情」『福祉ジャーナル』5号，1974年，67頁。
(36)　田代不二男「戦後日本の児童福祉の回顧と展望」『立正大学社会学・社会福祉論叢』11号，1976年，16頁。
(37)　「精神の理解と運営にかゝる——児童憲章の狙いと制定の経過」『時事通信・内外教育版』258号，1951年5月10日。
(38)　神崎清「児童憲章制定二十五周年」日本子どもを守る会編『児童憲章読本』日本子どもを守る会，1976年，4頁。神崎は文部省推薦委員として児童憲章草案準備会（小委員会のメンバーでもある）に出席している。なお，この事実については他の資料・証言によっては確認されていない。
(39)　厚生省児童局『児童憲章制定記録』中央社会福祉協議会，1951年，12-13頁（復刻版として，『現代日本児童問題文献選集36／児童憲章制定記録・解説児童憲章』日本図書センター，1988年，がある）。
(40)　児童憲章案の条文はすべて，筆者も参加していたEL研（教育法研究会）が1978年から1980年にかけて蒐集した資料による。これらは，前掲『児童憲章』218-226頁に収めてある。なお，憲章草案の傍点はすべて引用者による。

第 1 章 児童福祉法の成立と子ども観の総合化

(41) その経緯については前掲『児童憲章制定記録』をみてもはっきりしない。ただ，4月14日の小委員会で，「子供の権利宣言とすると，子供が権利として要求するようになる危険性が多分にある」という意見が出されていることが注目に値する（前掲『児童憲章制定記録』16頁）。
(42) 小川利夫「児童観と教育の再構成――『教育福祉』問題と教育法学」小川・永井憲一・平原春好編『教育と福祉の権利』勁草書房，1972年，2頁以下参照。
(43) 留岡清男『生活教育論』西村書店，1940年，41頁以下。
(44) 同上書43-44頁。
(45) 児童憲章草案準備会『児童憲章草案の説明―― 児童憲章制定会議おぼえがき』（ガリ版刷り），1951年，1頁。
(46) 同上書14頁（傍点引用者）。
(47) 小川利夫『教育福祉の基本問題』勁草書房，1985年，205頁。

第Ⅰ部　児童福祉法の基礎理論

第2章
子どもの権利条約と児童福祉

1　児童福祉と子どもの権利

　すでに述べたように，これからの「児童福祉」（子ども家庭サービス）は，子どもの権利を実現するという視点に立ったものでなければならない。したがって，子どもの権利条約の基本的な考え方を前提として，いわゆる児童福祉分野における子どもの権利保障のあり方について考察することは，これからの児童福祉を考えるうえできわめて重要な作業となる。本章では，子どもの権利条約を手がかりとしながら，児童福祉の課題について検討してみたい[1]。

第2章　子どもの権利条約と児童福祉

1）児童福祉とは何か

(1) 「児童福祉」の定義

ところで「児童福祉」とは、いったい何だろうか。まずこのことから考えてみよう。

「児童福祉」という用語は、児童福祉法成立過程の「児童福祉法要綱案」（1947年1月）において初めて、公式に使用されたと思われる。当時あえて「児童福祉」法という名称を使おうとしたのは、それまで使われていた「児童保護」が要保護児童（当時は「特殊児童」と呼ばれていた）の保護という狭い意味しかもっていないのに対し、すべての児童を対象とし、「次代のわが国の命運をその双肩に担う児童の福祉を積極的に助長する」という思いが込められていたからである[2]。

それでは、「児童保護」に代わる「児童福祉」とは何か、ということになると、必ずしも明確な定義があるわけではない。たとえば辻村泰男は、次のように書いている[3]。

>「児童福祉ということばは、その本来の意味は、子どものしあわせということである。しかし、それから転じて、特殊な用語としては、児童の福祉をまもるしごと、とくに社会的な立場からこれをまもるための諸活動ないしは事業の体系、という意味に用いられることがある。」

また、福田垂穂は、『現代社会福祉事典』のなかで、次のようにまとめている[4]。

>「児童福祉とは、児童の身体的・精神的・社会的に調和のある発達を保障し、その福祉を実現するために、児童の保護者・地方公共団体・国・社会一般によって、児童の外側から働きかける諸サービスとその目標の総称である。」

(2) 児童福祉法における「児童福祉」の意味

これらの定義は，それぞれ「児童福祉」の概念をそれなりに説明してはいるが，必ずしもその基本的な考え方を明解に言い表したものではない。そこで，以下では児童福祉法の条文から，「児童福祉」の基本理念を導き出してみたい。

児童福祉法の冒頭には，次のように書かれている。

> 第1条　すべて国民は，児童が心身ともに健やかに生まれ，且つ，育成されるよう努めなければならない。
> 　　すべて児童は，ひとしくその生活を保障され，愛護されなければならない。

児童福祉法の解説書を見ると，この児童福祉法1条は，2条・3条とともに，「児童福祉の原理をうたった基本的規定」であり，同1項は児童の育成に関する国民の努力義務を，同2項は「児童の権利」を規定したもの，と解説されている[5]。さらに，この2項は，「すべての児童」が「『ひとしくその生活を保障され，愛護され』る権利を有することを宣言確認する規定であって」，「両親にたいしてはもちろん，国，地方公共団体にたいしてもその権利をもっているという意味」であると説明されている[6]。

ここでひとつ指摘しておくべきことがある。それは，この条項が，児童福祉法成立当初には・・より積極的に解釈されていたということである。川嶋三郎（厚生省児童局企画課長／当時）は，同項は「ドイツの児童保護法第1条『ドイツ人たる児童は身体上，精神上及び道徳上の養育を受ける権利を有する』とあるのと同一の趣旨であつて，児童の人間的育成を目指す児童の福祉増進に関する一切の措置をいうのである。その内容が単なる消極的な保護でないことは明瞭である」と書いている[7]。

このように，児童福祉法は成立当初から，子どもの権利（当時は

「児童の権利」といっていた）をその理念に掲げていた。したがって，児童福祉法の基本理念とは，①あらゆる子どもが，②「ひとしく」，つまり無差別平等に（憲法14条），③「健康で文化的な最低限度の生活」を保障され（憲法25条），またそれだけでなく④子どもとして愛護される権利，いいかえれば「心身ともに健やかに育成される」（成長発達する）権利を保障されることだと考えることができる。

2） 子どもの権利の考え方

「児童福祉」という概念には児童福祉法成立当時から「子どもの権利の保障」という考え方が入っていたということを指摘したが，それでは「児童福祉」が目ざす子どもの権利保障とはどういうことなのだろうか。ここでは，1989年11月20日に国連で採択された子どもの権利条約などを参考にしながら，子どもの権利の意味を考えてみよう。

(1) 子どもは「権利の主体」である

「子どもは権利の主体である」といえば，今では多くの人が当たり前と感じるかもしれない。しかし，少なくとも第2次世界大戦後の新憲法制定のときまでは，子どもは権利の客体（たとえば，家長権や親権の客体）であり，何らかの社会的保護が必要な子どもも，あくまでも「保護すべき対象」としか見られていなかった。また，一般にも，子どもを親の私有物あるいは従属物と考える風潮が強かった（これを「私物的わが子観」と呼ぶ[8]）。

これに対して，戦後の新憲法の成立とそれにともなう民法の改正，教育基本法，児童福祉法の制定などにより，法の上の子ども観は大きく転換した。それは，ひと言で言えば，『子どもも1個の独立した人

格であり，社会的な存在である」という子ども観である。すなわち，子どもを権利の主体と捉える子ども観である。この戦後の新しい子ども観は，1951年に制定された児童憲章に典型的に示されている。児童憲章の総則は，次の3原則からなる。

① 児童は，人として尊ばれる。
② 児童は，社会の一員として重んぜられる。
③ 児童は，よい環境のなかで育てられる。

①は，憲法13条をうけて，子どもも1人の人間として尊重され，その人権が保障されることを明らかにしている[9]。裏を返せば，それ以前は，子どもは1個の人格として認められていなかったことを物語っている。②は，子どもも社会的存在であることを表現している。いいかえれば，子どもは「社会の子ども」であるということである（これを，「社会的わが子観」と呼ぶ）。これには，「家」制度の下で子どもたちが家長や親に従属し，親権者の私有物のように扱われていたことへの反省の意味が込められている。③は，①②を保障するのに必要な条件および環境の整備の必要性を述べている。

このように戦後日本の法体系が，新憲法の理念を背景に，子どもを権利の主体と捉えようとしたことは確かである。しかし，実際には，この新しい子ども観は法の理念にとどまり，一般には定着しなかった。つまり，多くの大人たちは，子どもを「未熟なもの」として見下す子ども観から脱け出せなかったのである。今の親たちが，自分の子どもを「私有物である」とか「親権の客体である」とはっきり意識しているとも思えないが，子どもが「親とは別個の独立した人格であり，社会的存在である」と明確に認識しているともいいがたい。子どもの権利条約を日本に定着させるためには，まず最初に，戦後の新しい子ども観を再確認して，子どもの権利主体性についての社会的合意を形成する作業から始めなければならない。

第 2 章　子どもの権利条約と児童福祉

(2)　子どもは自ら権利を行使することができる

　このように，児童福祉法をはじめとする日本の法律に子どもの権利の規定がないわけではないが，それらは抽象的・消極的なものでしかない。したがって，具体的に子どもにどのような権利があるのか，非常にわかりにくい。また，子どもが権利の主体であるといっても，それは常に法定代理人である親を通じて行使する仕組みになっているので，ほとんどの場合自ら権利を行使することはできない。さらに，法定代理をチェックするシステムがきわめて弱く，ほとんど機能していないようにもみえる。つまり，子どもは，観念的に権利享有主体であるにすぎないのである。

　これに対し，子どもの権利条約は，より積極的に，条項によっては具体的かつ詳細に子どもの権利を規定している。もちろん，その中には，多くの「保護」を含んでいる。子どもは未熟であり発達途上にあることから，適切な保護を受ける必要があるからである。しかし，条約では，子どもは単に保護の客体と捉えられているだけでなく，権利の主体でもあると認識されている。条約がこれまでの日本の法律と決定的に違うのは，子ども自身が自己にかかわるさまざまな問題を自分で考え，意見を述べ，判断し，場合によっては権利主体として自ら権利を行使することを認めている点である。その意味で条約は，私たちに発想の転換を迫っているのである。

　条約における子どもの権利の考え方の特徴的なものとしては，次の4点をあげることができる。

　①　子どもの最善の利益　　何をもって「子どもの権利」とするかという判断基準として，「子どもの最善の利益 (the best interests of the child)」という概念をまず第1にあげている（3条1項ほか）。

　②　子どもの市民的自由　　これまで憲法などにより保障されていた精神的自由権を，大人と同じように子どもにも認めるべきであると

53

している（13～17条）。

③　意見表明権　　国際文書等でこれまで必ずしも明確ではなかった子どもの意見表明権という考え方を，あらたに明文化した（12条）。

④　発達しつつある存在としての子ども　　子どもは発達しつつある存在であるという，当然のことではあるが法の概念にはなじまなかった考え方を，積極的に取り入れている（5条，12条ほか）。

2　子どもの権利条約と児童福祉の課題

次に，子ども自身がもっている諸権利に着目して，日本の児童福祉の課題を考えてみたい。ここでは，子どもの権利を学問的・体系的に整理することが目的ではないので，子どもの権利条約が規定する子どもの権利を大まかに分類して考察する。

1）条約が規定する子どもの権利

(1)　子どもの基本的な権利

子どもの権利条約は，1条で，「子ども（child）」を「18歳未満のすべての者をいう」と定義したのちに，2条であらゆる差別を禁止している。この条項により，日本国内でも当然，非嫡出子の差別や外国籍・無国籍の子どもの差別が否定される。

6～8条では，子どもの基本的な権利を定めている。6条では，「すべての子どもが生命への固有の権利を有する」ことを認め，子どもの生存および発達を確保すべきことを国に義務づけている。7条では，子どもは出生後直ちに登録されるべきこと，出生のときから名前

第2章 子どもの権利条約と児童福祉

および国籍をもつ権利があること，できるかぎり親を知り，親によって養育される権利を有すること，を規定している。8条は，国籍・名前・家族関係を含むアイデンティティを保全する権利を保障している。

なお，3条1項には，「子どもにかかわるすべての活動において，その活動が公的もしくは私的な社会福祉機関，裁判所，行政機関または立法機関によってなされたかどうかにかかわらず，子どもの最善の利益が第1次的に考慮される」として，「子どもの最善の利益」尊重の原則が掲げられている。子どもの権利を保障するためには，「子どもの最善の利益」が優先的に考慮されなければならないということである。司法・立法・行政の三権とは別に，公私の社会福祉機関があえて明示されている点が興味深い。

(2) 子どもの生存権の保障

子どもの生存権保障にかかわっては，子どもの生活水準への権利（27条），社会保障への権利（26条），健康・医療への権利（24条）などが規定されている。

このうち，「身体的，心理的，精神的，道徳的および社会的発達のために十分な生活水準に対するすべての子どもの権利」(27条）については，日本において，もう一度真剣に考え直す必要があると思われる。

たとえば，現在の「児童福祉施設最低基準」（厚生省令）の水準では，とてもこの生活水準への権利を保障しているとはいえない。とくに居室等の物理的条件が劣悪であるし，また1人ひとりの子どもの発達を保障するだけの十分な数の職員配置もなされていない。戦後50年を経た今こそ，これまでの「劣等処遇」の考え方を克服すべき時期であろう。早急な見直しが必要である（⇒本書第6章3）。

(3) 子どもの教育への権利と遊ぶ権利の保障

子どもの権利条約は，教育への権利の保障（28条）と教育の目的（29条）について，詳しく規定している。また，子どもの休息と余暇への権利，遊びおよびレクリエーション的活動を行う権利，文化的生活および芸術に自由に参加する権利（31条）なども定めている。

教育に関しては，児童相談所の一時保護所にいる子どもの教育を受ける権利の保障，児童福祉施設で生活している子どもや生活保護世帯にいる子どもの高校進学問題，児童自立支援施設（旧教護院）で生活している子どもの教育権保障の問題，などがある。

また，休息と余暇への権利や遊び・レクリエーションの権利などの保障は，児童福祉施設の子どものみならず一般家庭の子どもにとっても，これからは重要な課題となる[10]。子どもの目線に立った遊び場の確保[11]や遊びを促進するためのプレーリーダーの育成と配置などが必要となる。

(4) 児童福祉サービスを享受する権利

子どもの児童福祉サービスを受ける権利のうちもっとも重要だと思われるのは，家族環境に何らかの問題を抱えた子どもの保護・援助を受ける権利（20条）である。また，子どもの保育サービスを受ける権利も規定されている（18条3項）。これらはともに，子どもの権利として書かれている点に注目すべきである。

また，権限ある機関によって措置された子どもの定期的審査を受ける権利（25条）も重要である。これまで日本では，児童福祉施設で生活している子どもや里親に委託されている子どもの措置や養育方針を定期的に見直すということは，システムとしてはほとんど行われてこなかった。しかし，公的責任において子どもをケアあるいは保護する以上，措置の定期的な再審査は必ず必要である。ここでは，子ども自

身に定期的な見直しを要求する権利があるという点が,強調されるべきであろう。

障害児のさまざまな権利の保障については独立した条文を用意している(23条)が,このことについては本書では言及しない。また,特別の保護を必要としている子どもの保護に関する条文についても,省略する。

(5) 子どもの市民的自由

次に,子どもの市民的自由について考察してみたい。条約の条文を紹介しつつ,児童福祉の課題を指摘しておく。

条約13条は,子どもの表現の自由を保障したものである。本条では,自分の考えや情報を単に「伝える」自由だけでなく,それらを「求め,受ける」自由を,いいかえれば「知る権利」をも保障している点が注目される。日本国憲法も,第21条で表現の自由を保障しているが,これまで子どもはその権利の行使主体であるとは考えられていなかった。だから,学校や施設などでは,何の疑問もなく子どもの表現の自由が制限されてきた。この条約では,子どもにも,大人と同じように表現の自由を保障しなければならないとしている。児童福祉施設などで子どもの表現の自由をいかに保障していくかは,今後の重要な課題である。施設のあり方が根本的に問い直されることになろう。

条約14条は,子どもの思想,良心,宗教の自由を保障している。この条項に関しては,親などの指示・指導権が認められている。とくに民間の児童福祉施設において,宗教の自由への配慮が必要となるであろう。

条約15条は,子どもの結社の自由と平和的な集会の自由を保障している。これは,条約が子どもを「自ら権利を行使する存在である」と捉えているもっとも特徴的な条項だといえるかもしれない。学校や施

設で，子どもたちの自主的な集会や自治会づくりをどのように認めていくのか，今後真正面から取り組むべき重要な問題である。

条約16条は，子どものプライバシー権を保障している。現在日本では，児童福祉施設の居住条件そのものが，子どものプライバシー権を保障しえないものとなっている。また，通信の秘密なども守られていない。要保護児童を権利の主体とは考えてこなかった日本の児童福祉が，ここでも発想の転換を求められている。

条約17条は，子どもがマスメディアなどの情報へアクセスすることを保障している。子ども自身の主体的権利を認めていくためには，マスメディア等へのアクセスの権利は重要な意味をもつ。

(6) 子どもの意見表明権の保障

さて最後に，子どもの意見表明権について考えてみたい[12]。条約12条1項は，最初に，「締約国は，自己の見解をまとめる力のある子どもに対して，その子どもに影響を与えるすべての事柄について自由に自己の見解を表明する権利を保障する」と規定している。①この条項の権利主体は，「自己の見解をまとめる力のある子ども」（the child who is capable of forming his or her own views）であるが，これは必ずしも高度の能力を要求していると解釈する必要はない。自分の考えや要求（欲求），場合によっては自分の思いを，自分なりに整理して，なんらかの表現方法で――必ずしも言葉でなくてもよい――他者に対して伝えることができれば，十分この条項の権利主体たる資格をもっていると考えられる[13]。したがって，かなり低年齢の子どもが想定されているといっても間違いではないだろう。②次に，「その子どもに影響を与えるすべての事柄について」となっているから，子ども自身に関係のある

第 2 章　子どもの権利条約と児童福祉

あらゆる問題に関して，③「自由に自己の見解を表明する権利」，いいかえれば自分の思いや考え，意見・見解などをどんなときにでも自由に述べたり，言い表したりする権利が保障されなければならない。

この表明された子どもの考えや意見は，当然尊重されなければならないし，相応の配慮が払われなければならない。だが，常に子どもの「いいなりになるべきだ」と条約が考えているわけではない。条約は，④「その際，子どもの見解が，その年齢および成熟に従い，正当に重視される」といっているから，その子どもの年齢と成熟の度合いを考慮に入れて，子どもの考えや意見を取り入れるべきだとしているのである[14]。

たとえば，15～16歳とか18歳近くの子どもについては，少々の失敗があるとしても，本人の意思を最大限に尊重することの方が，いろんな意味で有意義であると思われる。しかし，4～5歳の子どもについては，本人の考えは聴くことは聴くが，ほとんどの場合に大人（多くの場合親）が決定を下すことになるだろう。それでも，本人の意見は聴くべきなのである。どちらにしても最終的には，大人たちが「子どもの最善の利益」を判断することになる。ただ，子どもの意見をよく聴いて，それを尊重しながら，子どもにとっての「最善の利益」を決定しなければならない。そのためには，複数の大人たちが判断をし，それを調整することが必要になってくる。今後そのようなシステムが確立されなければならない（⇒本書第 5 章 1）。

同条第 2 項は，「この目的のため，子どもは，とくに，国内法の手続規則と一致する方法で，自己に影響を与えるいかなる司法的および行政的手続においても，直接にまたは代理人もしくは適当な団体を通じて聴聞される機会を与えられる」と規定している。子どもの意見表明権を，手続的権利としてはっきり位置づけているのである。

子どもは，あらゆる司法的・行政的手続において，直接意見を述べ

る機会を保障されるだけでなく，代理人あるいは代弁機関を通じて自己の意見を主張し，周知させる権利をもっている。子どもからの聴聞の具体的な基準や手続きについては，国内法とその運用に委ねられることになるが，国際的には，少なくとも「子どもの表明した意見を正当に重視することによって初めて子どもの最善の利益が確定されうるとの合意が成立していることを理解」しておく必要がある[15]。

2) 親との関係における子どもの権利

(1) 親に対する子どもの権利

　子どもの権利条約の最大の特徴が，子どもを具体的な権利の主体として認めた点にあることは，すでに述べたとおりである。このことは，親との関係でも指摘できる。ここでは，親との関係における子どもの権利について考えてみたい[16]。

　条約7条1項は，子どもが「できるかぎりその親を知る権利および親によって養育される権利を有する」ことを定めている。ここでいう「親」とは，自然的な親，つまり血のつながった実親のことである。子どもには，可能な限り親を知る権利が認められ，その親によって養育される権利が保障される。

　また，8条では，家族関係を含むアイデンティティを保全する権利が規定されている。

　親を知る権利と親によって養育される権利は，児童福祉の問題を考えるうえでもとても重要な意味をもつ。これまでの日本の児童福祉は，残念ながら子どもの親によって養育される権利をほとんど重視してこなかった。だが，これからの児童福祉は，一方で「子どもの最善の利益」を追求しながら，他方で子どもの親によって養育される権利を尊重するという，ときとして困難な課題を背負うことになる。

第2章　子どもの権利条約と児童福祉

　何らかの事情で親と離れて生活する子どもの「親を知る権利」をどのように保障するのかは，むつかしい問題である。子どものアイデンティティを保全する権利とあわせて議論すべきであろう。子ども自身が，自分の出生について説明を求めたり，自分に関する記録（ケース記録・育成記録）の開示を要求したときに，これを拒否する理由はない。あるとすれば，子どもの年齢および成熟の度合いなどを考慮に入れて「子どもの最善の利益」に反すると考えられる場合や他者のプライバシーを侵害する恐れがある場合などである。教育学や心理学の成果を学びながら，慎重な検討を要する論点である。

　また，18条1項は，親が子どもの養育と発達に対し第1次的責任を有することを定めているが，その際「子どもの最善の利益」が指導原理になることが確認されている。さらに，「身体的，心理的，精神的，道徳的および社会的発達のために十分な生活水準」に対する子どもの権利は，国に対してだけでなく，親に対する権利でもある（27条2項）。

(2)　親と継続的に接触を保つ権利

　条約は，なんらかの事情で親と離れて生活せざるをえない子どもについては，継続的に親と接触を保つ権利を認めている。この点も重要である。

　9条3項では，離婚や虐待などの理由で，親の一方からあるいは親の双方から引き離された子どもの「定期的に親双方との個人的な関係および直接の接触を保つ権利」を保障している。ただし，「子どもの最善の利益に反しないかぎり」という条件がついている。親との個人的な関係および接触を保つ権利は，まさに子どもの権利だからである。

　これまで日本でいわれてきた「面接交渉権」は，親が子どもに会う権利という側面が強かったように思う。だが条約は，あくまでも子ど

もの権利としての面接交渉権を定めている[17]。したがって，具体的な場面においても，子どもの権利の観点から面接交渉権を再検討する必要がある。

たとえば，児童福祉施設などでも，親がその勝手な都合で子どもとの面会を強要することがあるようである。だが，親と会わないことがその時点では明らかに子どもの最善の利益になると判断される場合，あるいは子ども自身が面会を拒否しているような場合には，親との面会を制限することもありうると考えられる。親の感情や都合で面会を決めるのではなく，「子どもの最善の利益」に照らして子どもの面接交渉権を考えていくというのが，今後の方向であろうと思う。

これと関連して，10条2項では，「異なる国々に居住する親をもつ子ども」の国境を越えて「定期的に親双方との個人的な関係および直接の接触を保つ権利」を定めている。この権利に関しては，出入国管理との関係で具体的な問題が生じてくることが予想される。

また，少年司法の関係で，37条の（c）が，「自由を奪われたすべての子ども」の「通信および面会によって家族との接触を保つ権利」を規定している。

どのような場合にでも，子どもにとっては，親と接触を保つことがきわめて重要であると考えられていることがよくわかる。

3） 意見表明権と日本の児童福祉

(1) 日本における意見表明権の意義

これまで日本に，子ども自身の意見を手続きとして聴き，それを尊重するという考え方があっただろうか。少なくとも児童福祉の制度としてはなかったといえる。

今後は，たとえば児童福祉法による措置を行う場合には，原則とし

第2章　子どもの権利条約と児童福祉

て子ども本人の意見を聴き，それを前提として何が「子どもの最善の利益」かを判断する，ということになる。必ずしも子どもの意見に拘束される必要はないが，最大限に尊重するという姿勢は求められる。『児童相談所運営指針』(1990年) では，「処遇を行う場合には，児童，保護者等に，その理由，方法等について十分説明し，児童，保護者等の意見も聞き行う」[18]，「措置する児童福祉施設等の決定に当たっては，児童，保護者の意向を十分尊重するとともに，その児童にとって最も適合する施設と選定を行う」[19]とあるが，実際にはどの程度行われているか，疑問である。また，行われているとしても，単にソーシャルワークの1つの方法としてではなく，手続的権利であるとの認識のもとに行われることが大切である。

ときどき「子どもの意見を聴いていると，児童福祉施設に入所させることは困難になるのではないか，とくに児童自立支援施設に入ることを納得する子どもはいないのではないか」という意見に出会うが，はたしてそうであろうか。現在施設が抱えている問題はたしかに多く，解決すべき課題は山積している。しかし，意見表明権の意義に限定して述べるとすれば，最終的には本人が同意しなくても，児童相談所がその専門的な立場でどうしても施設入所がその子の「最善の利益」——場合によっては「次善の利益」ということもある[20]——に適うと判断するのであれば，やむを得ず施設入所措置をとることも当然ありうると思われる。重要なのは，そのプロセスなのである。

もし本人がまったく知らないうちに施設入所措置が決まっているとすれば，それは明らかに問題である。やはり本人に親や家庭の状況，複数の施設の情報などをよく知らせたうえで，可能な限り本人が理解し，納得するように説明すべきであろう。年齢によっても違うが，その子にあったやり方で説得する努力が必要なのである。専門のソーシャルワーカー（児童福祉司など）が時間をかけて本人を説得する努力

第Ⅰ部　児童福祉法の基礎理論

を続ければ，多くの子どもはそれなりに了解すると想像される。たしかに大変な手間を要する作業であるが，子どもの権利を保障するということは，そういうことなのである。

また，本来であれば，措置決定後に子ども本人や親の不服申立権の保障と措置の定期的な見直し（a periodic review——条約25条）も行われなければならない。現行法にそういうシステムがないのは，重大な欠陥である。

児童福祉施設の管理や運営に関しても，同じことがいえる。施設運営の方法や内容を決定する際に，子どもたちの意見を聴く必要がある。具体的な実践の中で現にそうした試みを実施している施設もある（⇒本書第7章1）。施設の管理や運営にいかに子どもを参加させるかが今後問われてくる。

(2) 子どもの権利を保障するために

このように条約は，子ども自身の判断と意見を尊重するという考え方に立っている。そのためには，まず，自分なりに考えて判断できる子どもの育成が求められる。18歳になれば，自立した大人として自己決定をしなければならないのであるから[21]，その準備過程として，子どもに自ら決定をしたり，選択する機会をたくさん用意する必要がある。

子どもが自ら判断をするということは，失敗する可能性もあるということである。しかし，子どもには過ちを繰り返しながら成長する権利がある。他人の人権を侵害するような過ちは論外であるが，そうでない限り，子どもは失敗しても十分立ち直るだけの力と可塑性を持っている。大人は，長い目で子どもの成長を見守るべきであろう。

今の子どもたちには，自分で判断して行動するという機会があまりにも少なすぎる。子どもたちには，自分で考えたり，何かを自分で積

第2章 子どもの権利条約と児童福祉

極的に選択する場をもっと提供すべきである。これからの児童福祉の重要な課題の1つといえるであろう。

 なお，子どもには権利があるのだから，自分の権利は自分で勝手に行使しなさい，という態度は正しくない。子どもは発達の途上にあるのだから，子どもが自分で自分の権利を行使できるようになるまで，大人が指導・援助する責任がある。いいかえれば，子どもが権利を行使するにあたっては，大人の助言と援助が必要なのである。条約の5条と14条が，親などの指示・指導権を認めているのは，このためである。親だけでなく，ソーシャルワーカーや施設の職員なども，適切な助言と援助を行うことを期待される。子ども自身が自らの権利を適切に行使できるように導くことが，大人の責任なのである。

 これまで日本では，子どもは未熟な存在なので，大人（親）が子どもを保護することが当然とされ，そのため，子どもは常に受け身の立場に立されていた。いいかえれば，子どもは大人に管理・支配され，自ら判断し，行動する自由を阻害されてきたのである。意見表明権は，それ自体が手続的権利であると同時に，一方で将来大人としての権利を行使することを準備させる意味ももっている。もし「児童福祉」が，子どもを「心身ともに健やかに育成」し，それとともに「将来の主権者たる国民」へと導くことを目的としているのならば，その運用に際して意見表明権をはじめとするさまざまな子どもの権利に最大の配慮を払うべきである。いいかえれば，より積極的に子どもの意見を尊重し，自分の頭で考え判断する能力を引き出す努力が必要となる。これからの時代には，自分なりに責任をもって行動し，自己決定できるような子どもを育てることが求められる。

3 子どもの権利保障の責任主体
―― 誰が子どもの権利を保障するのか

1） 子どもの権利条約における親の責任

　子どもの権利条約は，子どもの権利を保障する責任主体についてはどう考えているのだろうか。この条約は，「条約」であるので，当然のことながら「国」を法的に拘束するものである。したがって，子どもの権利を保障する主たる責任主体として国を位置づけ，ほとんどの条文が国の責任と義務を定めている。しかし，1人ひとりの子どもの権利を実際に保障するためには，国の責任を強調するだけでは足らず，親の権利と責任を尊重しなければならない。この親の責任と国の責任との関係をどう考えるかが，この条約を理解するうえでの重要なかぎとなる

(1) 条約における「家族」の意味
　まず最初に，この条約における家族の意味について考えてみたい。条約の前文で，家族は「社会の基礎的集団」であり，「そのすべての構成員とくに子どもの成長および福祉（well-being）のための自然的環境（natural environment）」であるといっているからである（前文第5段）。
　条約の本文中では，ほとんどが「家族」といういい方はせずに，「親，法定保護者または子どもに法的な責任を負う他の者」という表現を用いている。だが，ここでいう「親」とは，子どもにとっては自然的環境としての家族でもある。子どもは，「人格の全面的かつ調和

のとれた発達のために」，このような「家族環境（family environment）」[22]のもとで，「幸福，愛情および理解のある雰囲気の中で成長すべきである」（前文第6段）と理解されている。

なお，家族に対しては，家族が「地域社会においてその責任を十分に果たすことができるように必要な保護および援助が与えられ」なければならない（前文第5段）。

(2) 親の第1次的責任の意味

この条約では，親の権利と責任はどのように規定されているのだろうか。

まず，18条1項は，両親が「子どもの養育および発達に対する共通の責任を有するという原則」を定めた（第1文）後に，「親または場合によって法定保護者は，子どもの養育および発達に対する第1次的責任（the primary responsibility）を有する」と規定している（第2文）。ここで「第1次的責任」という場合，子どもを養育する責任は第1次的にはすべて全面的に親が引き受けるべきであり，親の責任は常に国の責任に優先するといっているのではない。これは，子どもの養育と発達については，親がさしあたりまず最初に責任をもつ主体であるという趣旨であって，その親の責任とそれにともなう親の権利に対しては，国も第三者も介入したり，干渉したりすることは原則として許されないという意味を含んでいるのである。すでに述べたように，国は子どもの権利を保障するもっとも重要な責任主体であるが，国はこのような親の責任に優先的に配慮をし，またそれを最大限に尊重しなければならないのである。

ただ，親に第1次的責任があるからといって，子どもの養育の内容が親の恣意に全面的に委ねられるわけではない。18条1項第3文は，「子どもの最善の利益が，親または法定保護者の基本的関心となる」

と規定し、親による養育の指導原理が「子どもの最善の利益」にあることを明らかにしている。したがって、親の「子どもの養育および発達に対する第1次的責任」とは、子どもの権利を擁護する責任にほかならない。

また、9条1項は、「締約国は、子どもが親の意思に反して親から分離されないことを確保する」として、親子不分離の原則を定めている。これは、子どもはその親によって養育されることが多くの場合もっともその最善の利益に適うと推定されるので、基本的には子どもは親から引き離されるべきではないという考え方に立っている。この原則は、子どもの親によって養育される権利（7条）とアイデンティティを保全する権利（8条）に基礎づけられる。この規定によっても、国は原則として親子関係に介入すべきではないということになる。

(3) 親の責任と国の責任との関係

それでは、国の責任との関係で、親の責任をどう考えればよいのだろうか。国－親－子どもの3者の関係にかかわる規定を見ておこう。

5条では、「締約国は、親…（中略）…が、この条約において認められる権利を子どもが行使するにあたって、子どもの能力の発達と一致する方法で適当な指示および指導を行う責任、権利および義務を尊重する」と規定している。この条文は、基本的には親の子どもに対する指示指導権を定めたものであり、国は親が行う指示・指導の権利と責任を尊重しなければならないとしている。ただし、親の権利が一般的に承認されているのではなく、あくまでも、①子どもがその権利を行使するに際して、②子どもの発達しつつある能力（the evolving capacities）と適合するような方法でなされる、③適切な（appropriate）指示および指導に限られる。親の権利とは、子どもの権利を擁護するために親に与えられるものなのである（⇒本書第4章3）。

条約の第3条2項は、「締約国は、親、法定保護者または子どもに法的な責任を負う他の者の権利および義務を考慮しつつ、子どもに対してその福祉（well-being）に必要な保護およびケアを確保することを約束し、この目的のために、あらゆる適当な立法上および行政上の措置をとる」として、子どものウェルビーイングに必要な保護とケアを確保する国の責任を定めている。したがって、国がその責任を遂行するにあたっては、親の権利と義務に配慮を払わなければならないこと、いいかえれば、親の権利と義務が無視されてはならないことを述べている。

国は、このように、子どもの権利の保障にあたっては、親の権利と責任を考慮に入れなければならない。しかし、だからといって、国の責任が免除ないし軽減されるわけではない。国は、子どもの権利を保障する責任主体として、重要な役割を担っているのである。

以下では、子どもの権利を保障する国の責任について、3点に分けて説明する。

2） 親の養育責任を援助すべき国の責任

子どもの権利条約18条が親の第1次的養育責任を規定していることはすでに述べたが、条約の趣旨からいえば、「締約国は、親および法定保護者が子どもの養育責任を果たすにあたって適当な援助を与え、かつ、子どものケアのための機関、施設およびサービスの発展を確保する」とした点（同2項）が重要である。というのも、親がその責任を果たさないときにだけ国の責任が生じるのではなく、親が養育責任を遂行できるように積極的に援助することも国の責任である、と指摘しているからである[23]（⇒本書第3章2）。

第Ⅰ部　児童福祉法の基礎理論

　２項の国の責任のうち，とくに働く親をもつ子どもの保育サービス等を受ける権利を保障する国の責任を取り上げて定めているのが，18条３項の規定である。これも，親の養育責任への援助にほかならないが，子どもの権利保障の視点に立っている点に注目すべきである。

３）　親に代わって子どもを保護する国の責任

　親がどうしても養育責任を果たすことができない場合，あるいは家族環境に何らかの問題を抱えており，そのため子どもの権利が侵害されているような場合には，国は子どもの権利を保障するために親に代わって直接保護を行い，援助を与える責任がある。

(1)　子どもに対する保護と援助

　まず，条約19条によれば，親（あるいはそれに準じる者）によって子どもが虐待・放任，不当な取扱い・搾取などの人権侵害を受けた場合には，国はこれらの行為から「子どもを保護するためにあらゆる適当な立法上，行政上，社会上および教育上の措置をと」らなければならない（19条１項）。

　また，条約20条によれば，①何らかの理由で「家族という環境 (family environment)」を喪失した子ども，また②子どもの最善の利益という観点からいえば家族のもとにとどまることが適当ではないと判断される子どもは，「国によって与えられる特別な保護および援助を受ける」権利をもっている（20条１項）。この条約では，子どもの権利として構成されている点が強調されるべきである。

　しかし一方で，子どもの権利を保障する責任は国にあるのだから，家族環境に何らかの問題を抱えており，そのため権利が侵害されているような子ども（以下「家族環境に問題を抱えている子ども」という）

については，国が親に代わって直接保護を行い，援助を与える責任がある。そのような子どもに対しては，里親委託，養子縁組，そして児童福祉施設での養護といった代替的養護（alternative care）のシステムが用意されなければならない（同2項・3項第1文）。

このような子どもとその親に対する保護と援助の方法としては，

 a 親と子を完全には分離しないで，自宅から施設・機関へ通所させる，あるいは施設等に入所させた後で面会や帰宅を繰り返す（場合によっては親と子を一緒に施設などに入所させる）ことによって，子どもの保護および子どもと親への援助を行う方法

 b ソーシャルワーク的手法を用いて親の同意を得たうえで，いったん親と子を分離して，子どもの保護および子どもと親への援助を行う方法

 c 親の意思に反してでも親と子を分離することによって，子どもの保護および子どもと親への援助を行う方法

の3つが考えられるが，子どもの権利条約は，主としてbとcを念頭に置いているように思われる。しかし，親子関係を切断しないという意味ではaの方法も重要であり，今後はおそらくこの方法が試みられる機会が多いと考える。ただ，そのためには先に述べたような親に対する直接・間接の援助が不可欠である。多くの場合親自身の人権（とくに生存権）も侵害されているので，親に対する援助と子どもの保護を同時に行ってこそ意味がある。

(2) 家族環境に問題を抱えている子どもの保護

ところで，従来日本で「環境上養護を要する児童」（児童福祉法41条）として乳児院・養護施設への施設入所，里親委託等の措置（児童

福祉法27条1項3号措置）がとられていた子ども（いわゆる「要養護児童」）と，条約20条の権利主体である子ども（70頁の①と②）とが，完全に一致すると考えてよいのだろうか。おそらく，これまでの日本の「要養護児童」という概念は，20条の権利主体としては狭すぎると思われる。「子どもの最善の利益に従えばその環境にとどまることが容認されえない子ども」という条約の権利主体概念を前提として，「要養護児童」の枠を広げることによって，これまで保護・援助を受けることのなかった（あるいはできなかった）子どもの権利保障に努める必要がある。一般に要養護児童は，子どもの人口の減少とともに減ってきているように理解されているが，以前にもまして家族がさまざまな問題を抱えている現状では，条約20条の適用を受ける「家族環境に問題を抱えている子ども」の数は今後増加していくと思われる。

この条約では，代替的養護のシステムとして，里親制度，養子制度を列挙し，その後に「必要な場合には（if necessary）」という限定をつけて「子どもの養護に適した施設での措置（placement in suitable institutions for the care of children）」を挙げている（20条3項第1文）。これは，条約において，施設養護が里親制度や養子制度の後順位に位置づけられていることを意味する。しかし，日本では，現に3万人弱の子どもたちが児童養護施設（乳児院も含む）で生活しており[24]，今後も施設養護の充実なしにはこのような子どもたちの権利を保障することはできそうもない。したがって，施設の条件整備を徹底して行い，施設の小規模化，小集団化を推し進めることによって，子どもの権利を保障できるような水準まで養護内容を高めていくことが必要である。20条の権利を日本で具体化するためには，長期的には「子のための養子制度」への法改革や里親制度の普及・充実という課題があるが，当面は施設養護の整備・充実と施設での子どもの人権の保障に力を注ぐべきであると考える（⇒本書第6章3）。

また，子どもの権利条約がその養護（care）の内容，たとえば「養育の継続性」や「子どもの民族的，宗教的，文化的および言語的背景」について十分な配慮を払うべきだとしている点（同3項第2文）も，日本でも近い将来検討課題になるはずである。

4） 親の意思に反する親と子の分離

親は子どもを養育する第1次的な責任主体であるが，この親が子どもの人権を侵害している場合がある。このような場合には，国は親子関係に介入し，親の権利を制約してまでも子どもの権利を擁護する責任がある。この国の責任については，これまで日本では明確に論じられておらず，曖昧なままにされてきた。したがって，国（行政機関も司法機関も）が親子関係に介入することがきわめて困難な実情にある（⇒本書第4章）。

この点について条約は，次のような規定を置いている。すなわち，9条1項は，子どもは親の意思に反して親から分離されてはならないという原則（親子不分離の原則）を述べた後で，「権限ある機関が司法審査に服することを条件として，適用可能な法律および手続に従い，このような分離が子どもの最善の利益のために必要であると決定する場合」には，子どもは親の意思に反しても親から分離されるとしている。これは，親子不分離の原則の例外規定である。

つまり，親がその子どもの人権を侵害しているような場合（たとえば，子どもを虐待・放任しているような場合）や子どもの人権が明らかに侵害される恐れがある場合（たとえば，親が離婚したり，別居しているような場合）には，国は親子関係に介入して，親と子を分離することができるというのである。これは，国の責任としてきわめて重大なものであるが，その行使の仕方によっては親と子の権利を同時に脅かしか

第 I 部　児童福祉法の基礎理論

ねないような危険性をあわせもっている。それだけに無原則的な介入は容認されてはならず，適正手続きの保障が確保されなければならない。

　手続的保障については，条約は次の2点を定めている。
　① まず第1に，「権限ある機関（competent authorities）」が，「司法審査に服することを条件として」，親からの分離が子どもの最善の利益のために必要であると，適用すべき法律および手続きに従って決定することが必要である（同1項）。
　② 次に，親子分離を決定する手続きにおいては，子どもを含む「すべての利害関係者は，当該手続に参加し，かつ自己の見解を周知させる機会が与えられ」なければならない（同2項）。

　さらに分離後の問題として，子どもが「定期的に親双方との個人的な関係および直接の接触を保つ権利」を認めている（同3項）。これは子どもの権利であって，「子どもの最善の利益」に反する場合には，この限りでない。

　本来国が親子関係に介入することは許されず，したがって親と子の強制的分離はきわめて例外的なことでなければならない。本条項の意義は，適正手続きの保障の確保にこそあるというべきであろう。

　子どもの権利条約の具体化という観点から見ると，日本の児童福祉はまだまだ不十分なところが多いといわざるをえない。

　現行の児童福祉制度は，観念的には一応子どもを権利の主体と位置づけている。しかし，実際には，子どもは保護の客体としてしか扱われていない。また，子どもが自ら権利を行使することは，ほとんどできないような仕組みになっている。

　日本の児童福祉では，これまで子どもだけを対象としており，子どものウェルビーイングを促進するためには親・家族に対して支援・援

第 2 章 子どもの権利条約と児童福祉

助することが大切であるという考え方が、あまり理解されていなかった。

これからの児童福祉（子ども家庭サービス）は、子どもとその親のウェルビーイングを実現するために、子ども自身の権利を積極的に擁護するとともに、子どもを養育する家族を支えるシステムを整備しなければならない。

子どもが子ども家庭サービスの第1次的な「主人公」であることを再確認したうえで、①国は、親の権利と責任を尊重しながら、子どものウェルビーイングを実現するための政策や諸施策を実施すべきである、②親がその養育責任を果たせるように積極的に支援・援助することも重要な国の責任である、③親がその養育責任を果たせないときには、国は直接子どもの権利を擁護する責任がある、という子どもの権利条約の基本理念を、これからの日本の子ども家庭サービスの展開に反映させることが、今後の課題である。

(1) 私の子どもの権利条約に関する論稿として、これまで、「子どもの権利条約をめぐる諸問題——親・家族条項の特徴と国内法上の検討課題」（『新しい家族』17号、養子と里親を考える会、1990年）が引用されることが多かった。その後いくつかの論文を発表しているにもかかわらず、である。同論稿は、条約に関する私のもっとも初期の段階（1990年4月）のものであり、また、研究会報告の記録にすぎない。本書により、私の考え方の全体像を理解していただくことを希望している。
(2) 中央社会事業委員会答申、1947年1月25日（松崎芳伸『児童福祉法』日本社会事業協会、1948年、16頁より引用）。
(3) 辻村泰男・植山つる編『補訂版・児童福祉』川島書店、1978年、1頁。
(4) 『現代社会福祉事典』全国社会福祉協議会、1988年（改訂新版）、33頁。
(5) 高田正巳『児童福祉法の解説と運用』時事通信社、1951年、21頁。
(6) 同上書22頁。松崎前掲書49頁も同旨。
(7) 川嶋三郎『児童福祉法の解説』中央社会福祉協議会、1951年、18頁。
(8) 全国社会福祉協議会・児童家庭福祉懇談会「提言・あらたな『児童家庭福

第Ⅰ部　児童福祉法の基礎理論

祉』の推進をめざして」平成元年2月16日（全国社会福祉協議会，1989年）参照。
(9)　例えば，文部省児童文化分科審議会『解説児童憲章』（社会教育連合会・印刷庁，1951年）は，次のように書いている。児童憲章総則第1条の「『人として尊ばれる』というのは，子どもの人権を尊重することであるか。　答　新憲法の根幹をなす思想は，基本的人権の尊重ということであるが，この児童憲章が，子どもの人権を総則の第1条にとりあげたのも，同じ理由にもとづくものである。大人の人権だけが尊重されて，子どもの人権が無視されるということはありえない。子どもの人権が，しばしば無視されるのは，基本的人権に対するその国の社会感覚が，まだ十分に発達していないからである」と（20-21頁・神崎清執筆担当部分）。
(10)　子どもにとって遊びが重要であることは，いうまでもない。子どもは遊びを通して社会性を身につけ，身体的にも情緒的にも成長するからである。したがって，遊びを保障することは，子どもにとって基本的な権利である。子どもの権利条約の基盤となった国連子どもの権利宣言（1959年11月20日採択）は，「子どもは，遊びおよびレクリエーションのための十分な機会を有するものとする。遊びおよびレクリエーションは，教育と同じ目的に向けられなければならない。社会および公の機関は，この権利の享受を促進するよう努力しなければならない」と，より丁寧に遊びの権利を規定している（原則7・第3文）。
(11)　従来の公が設置した「遊び場」（児童遊園・児童公園）は，「大人の目」で作られていたのではないかと思う。たとえば，児童遊園には，ぶらんこ，砂場，滑り台などが設けられている（児童福祉施設最低基準・旧規定60条1号）が，これが子どもたちが本当に望んでいる遊び場なのだろうか。どうもそうではないようである。子どもたちは，自然と親しみながら自由にのびのびと，ときには少々危険なこともしながら，思い切り遊べる場所（冒険遊び場）を欲しがっているようである。世田谷区羽根木のプレーパークでは，「自分の責任で自由に遊ぶ」ことがモットーとされている。
(12)　藪本知二「子どもの権利条約案の起草段階の研究──子どもの意見表明権の存在意義を中心に」永井憲一編『子どもの権利条約の研究』法政大学出版局，1992年，とくに158-162頁，参照。
(13)　藪本・同上論文も，ほぼ同旨（159頁）。広沢明は，「本条が年齢や能力によって権利主体を限定したものと解釈することは誤りであろう」と述べている。そして，その理由の1つとして，「どんな子どもでも，その子なり

　　　　　　　　　　　　　　　　第2章　子どもの権利条約と児童福祉

　　に『自己の見解をまとめる力』は有しているとみるべきである。なぜなら
　　ば，『見解をまとめる』の原語はform views であるが，これは自分の考
　　え・感情が心の中で形成されていることを意味しているからである」と書
　　いている（広沢明『憲法と子どもの権利条約』エイデル研究所，1993年，
　　83頁）。
(14)　ここでの条約12条の解釈は，日本の実情を前提とした私なりの解釈であ
　　る。石川稔は，条約の審議過程を丹念に検討したうえで，これとは違った
　　解釈を展開している（石川稔『家族法における子どもの権利――その生成
　　と展開』日本評論社，1995年，96-116頁）。
(15)　世取山洋介「子どもの権利に関する条約案の法的課題」『法律時報』61
　　巻13号，1989年，30頁。
(16)　藪本知二「子どもの権利条約における子どもの養育システム」『季刊教
　　育法』80号，1990年，参照。
(17)　稲子宣子は，1979年にすでに，面接交渉権を子どもの権利として捉え直
　　すことを主張していた。稲子は，「面接交渉権を子の権利とみることが積
　　極的な意義をもつのは，子が児童福祉施設に収容されている場合である」
　　として，次のように述べている。「施設は『親権者だから子に会わせろ』
　　という要求を必ずしも受けいれなければならない義務はないといえよう。
　　その場合子が意思能力のある年齢にたっしているならばまず子の意思をき
　　き，子が会いたくないという意思を表示すれば親権者の面会要求を拒否す
　　べきである。ただし子が会いたいという意思を表示した場合でも，ただ単
　　に子の意思を尊重するというだけでなく，子の福祉のために諸般の事情を
　　総合的に判断したうえで慎重に判断しなければならない」と（稲子「子の
　　権利としての面接交渉権」『日本福祉大学研究紀要』42号，日本福祉大学，
　　1980年，123頁）。基本的には，子どもの権利条約の考え方と見事に一致す
　　る（条約の意見表明権の考え方によれば，意思能力のある年齢に達してい
　　なくても，子どもの意見を尊重すべきということになる）。
(18)　厚生省児童家庭局企画課監修『児童相談所運営指針』日本児童福祉協会，
　　1990年，61頁。
(19)　同上書67頁。
(20)　日本の児童福祉を前提とした場合，「次善の利益」という考え方も必要
　　ではないかと思う。親から分離して一時保護や施設入所措置などを行う場
　　合，直ちに「最善の利益」を判断するのはとてもむつかしいことである。
　　そこで，可能ないくつかの応急的対応策を比較考量して，その中からとり

あえず「次善の利益」を確保する。そして，しばらく経過を観察し，また慎重に検討してから「最善の利益」を追求するということもあってもいいのではないかと考える。

(21) 山根常男は，大人は「個人であると同時に社会人である」という。そして，「ここで『個人であること』とは，端的にいえば，個人の自立を意味する。個人の自立とは個人が個人として自覚していることを基礎として，自律的に自分で物事を判断し，自分で意思決定し，自分で実行し，自分の行為に対して責任をもつ能力のあることである。これに対して『社会人である』こととは，共同生活をする社会人としての自覚を意味する。社会人としての自覚とは他者との相互性を確立することによって，社会のルールをわきまえ，社会の道徳を守り，他者と協力する能力のあることである」と述べている（山根『家族と人格——家族の力動理論を目指して』家政教育社，1986年，162頁）。また，自立と自律の意味の違いについては，「自律」とは，「自らの行為を自ら律する能力をいい，より具体的にいえばそれは，ある行為を自ら判断し，自らの意志で決定し，自らの力で実行し，その結果に関して自ら責任をもつ能力である」。これに対して，「自立とは個人としての自覚にもとづいて他者から独立している状態」であると言っている（山根『家族と結婚——脱家父長制の理論を目指して』家政教育社，1990年，235頁）。

(22) 「家庭環境（family environment／家族環境）」という用語は，条約20条1項でも登場する。ここでいうfamily environment は，子どもが生まれ育つ「自然的な環境」としての家族，つまり「家族という環境」を意味していると考えられる。したがって，「家族という環境」をなんらかの理由で喪失した子どもは，国から特別の保護と援助を受ける権利を有するのである（20条1項）。日本で一般的に使用されている「家庭環境」という用語の意味とは少し異なる。藪本・前掲「子どもの権利条約における子どもの養育システム」116-119頁，参照。

(23) かつての児童福祉法の解説書では，児童福祉法2条の「保護者とともに」は，1つには「保護者にたいして指導と助言または援助をあたえて，保護者がみずからその責任を十分果たすよう保護者に働きかけることを意味」すると書かれていた（高田・前掲書20頁）。このような国の責任は，従来日本ではあまり強調されることはなかった。しかし，最近になって出生率の低下が見られるようになり，家庭支援対策が積極的に唱えられるようになった（⇒本書序章・第3章）。

⑵4 乳児院，児童養護施設（旧養護施設／以下「養護施設」と略称する）で生活している子どもの数は，1997年10月1日現在，28,698人である。ただし，これ以外にも，障害児施設や教護院に入所している子どもの中にも家族環境に問題を抱えている子どもは多数いる。養護施設の子どもたちの実情については，児童養護研究会編『養護施設と子どもたち』朱鷺書房，1994年，を参照のこと。

第I部　児童福祉法の基礎理論

第3章

子どもを養育する責任主体
——児童福祉法2条の今日的意義

　今，児童福祉は転換期にある。
　このような時期には，《子どもを養育する責任は一体誰にあるのか》という児童福祉（法）の基本的な論点を，もう一度原点にもどって考え直してみることが重要である。
　子どもを養育する第1次的な責任主体が親であることについては，以下に述べるようにほとんど異論はないと思われる。問題は，次の2点にある。まず第1に，①親に責任があるということで，養育責任のすべてを親に押しつけてよいのか，という点である。いいかえれば，次代の社会の担い手である子ども，あるいは社会的存在である子どもに対しては，社会全体／国も一定の責任を分担すべきではないのかということである。次に，②親が（あるいは親だけでは）「子どもの最善の利益」を確保できないときに，社会／国がどのように関与・介入す

第3章 子どもを養育する責任主体

るかという点である。場合によっては直接・間接に，社会／国が子どもの養育に乗り出すこともありうるのではないかと考えられる。

　従来日本では，「私（法）的自治」ということで，国が家族（親子関係）に介入することは許されないと考えられてきた。また，国が子育てのあり方などについて口を出すのは好ましくないとも考えられていた。さらに児童福祉の領域では，親は親権者であり，親権は不可侵であるので，どのような事情であれ親の意向に反して子どもを保護するための措置をとることはできないとされてきた。

　これらの考え方は，家族政策・児童福祉政策の基本原理としてはきわめて重要であり，今後も尊重されるべきである。しかし，議論をここでストップさせてしまうと——従来はそうであった——，2つの点で重要な問題が見過ごされることになる。第1に，社会／国は家族に介入してはならないという原則が，家族に対するさまざまな施策を放棄させることになるということである。実際にも，最近に至るまで日本では，明確な家族政策が展開されてこなかった。少子化によってはじめて家族政策が議論の俎上にのぼったのである。次に，現に家族の中で家族員（とくに子ども）の人権が侵害されているときにも，国はなんら有効な手立てをとりえないということである。児童虐待によって子どもの人権が侵害されている場合にも，公的機関（児童相談所等）が子どもを保護することが，とても困難な仕組みになっているのである。

　この問題を解決するためには，総合的・立体的思考が必要となる。日本の子どもたちの実態を踏まえ，諸外国の長年にわたる試行錯誤を参考にしながら，日本の実情にあった解決方法を模索すべきであろう。親子の問題はついつい古い価値観にとらわれがちであるが，今こそ子どもの権利の視点に立った新しい発想が求められているといえる[1]。

　本章では，子どもを養育する責任主体（ここではとくに法的責任主

体）について，根本から考え直してみよう。

1 子どもを養育する責任
—— 社会的子育ての考え方

1）「子どもの養育」の性格

　前に子どもは親の私有物ではなく，社会的存在であるといった。それでは，親にとって，また社会にとって子どもとはどういう存在であるのか。子どもを養育する責任主体を明確にするためには，この点についてまず考えてみる必要がある。

　「子ども」という存在をどう見るのかについて，山根常男は次のように論理的に解説している[2]。

　　「子どもを生んで育てる両親にとって，あるいは他人の生んだ子どもを育てる責任を社会的に負わされた，あるいは認められた人にとって，子どもは『私』あるいは『私たち』の子であり，その意味において私的存在である。しかし一方において，子どもはまた成人した暁には，来たるべき社会を担う『次の世代』であり，その意味において社会的存在である。……［中略］　子どもの私的存在としての性格と社会的存在としての性格とは，いずれも否定されてはならないし，またそのどちらかに偏ってもいけない。必要なことはこの相矛盾する両者の弁証法的統一である。そしてこの統一は個人主義を媒介としてのみ可能である。子どもは人格をもつ存在として，子ども自身また親にとっても私的存在であると同時に社会的存在なのである。」

第 3 章　子どもを養育する責任主体

　子どもは私的存在であると同時に社会的存在でもある——言われてみればまことに当たり前のことではあるが，なかなか言えないことである——。そして，子育て（子どもの養育）は「単なる私的な仕事ではなく，社会の次の世代を育てるいう社会的な仕事」であって，「社会的責任を伴う重要な仕事」である[3]。そうだとすれば，山根がいうように，「育児の責任」，つまり子どもを養育する責任は，「家族に存すると同時に社会に存する」といえるであろう[4]。

2）　子どもを養育する法的責任主体

　それでは，子どもの養育は実際には誰が行うのがふさわしいのか，また，その責任は誰にあると考えればよいのであろうか。
　(1)　まず第1に，子どもが社会的存在であるとすれば，子どもを養育する責任の一端は間違いなく「社会」にあるといえる。少なくとも児童福祉法の観点からいえば，これが出発点である。
　児童福祉法は，その第1条で，「すべて国民は，児童が心身ともに健やかに生まれ，且つ，育成されるよう努めなければならない」（1項）として，子どもを心身ともに健やかに育成する責任が，すべての国民にあることを宣言している。実質的にはほとんど意味がないような規定であるが，その基本にある考え方はきわめて重要である。それは，子どもの育成についての「社会の責任」を宣言したものだからである。
　しかし，この条項は，理念としては重要であるが，あくまでも国民の道義的責任と努力義務を定めたものにすぎない。したがって，この規定により実際に子どものウェルビーイングが促進され，具体化されるとは考えにくい。
　そこで，児童福祉法は，子どもを養育する社会法上の責任主体につ

いて，次のような規定を置いている。

　　第2条　国及び地方公共団体は，児童の保護者とともに，児童を心身ともに健やかに育成する責任を負う。

　この規定は，子どもを育成する国・地方自治体および保護者の責任を定めたもので，第1条に比べれば責任の主体がより具体的になっている（⇒本章2で詳しく検討する）。しかし，養育の責任についてはまだ抽象的・理念的で，実際に子どもを養育する責任が誰にあるかという直接的な養育の責任を定めたものではない。

　(2)　ところで，子どもが社会的存在であるとしても，その人格の発達を直接的に保障できるのは，社会あるいは国ではないのではないかという疑問が生じる。人類の長い歴史のなかで子どもの人格を育てたのは，多くの場合，親・家族ではなかったのか。家族こそが子どもの人格の発達に必要であり，それが家族の本質なのだという考え方も強く主張されている[5]。

　また，家族は「プライバシーの砦」といわれるように，社会が安易に介入すべきではない。子どもが個人として尊重されるためにも，社会や国家が家族に対して必要以上の干渉を行なうことは許されない。

　民法は，子どもを具体的に養育する責任あるいは義務を，私法上の義務として定めている。すなわち，親権（民法818条以下）および扶養（同877条以下）である。民法は，人類の歴史と社会的な実態を前提にして，子どもを養育する責任を課すのにふさわしい者として，まず最初に実親（血のつながった生物学上の親）を指名したのである。しかし，これは「とりあえず」である。多くの場合には，それが子どもにとって「最善の利益」の確保につながると，一応は言いうるであろう。

　これらのことは，民法学（沼法学）では「保護の分配」として理解されている。すなわち，要保護者である子どもの要保護性を補完する責任をさしあたり血縁関係にある親に分配するというのである[6]。

(3) しかし，実親（場合によっては養親）が子どもの養育を担当するのが適当であると推定されるのは第1次的にであって，それが明らかに「子どもの最善の利益」に反するときあるいは反する恐れがあるときには，社会の関与が始まる。たとえば親が子どもを虐待あるいは遺棄・放置しているときなど，また，両親が離婚するときなどである。このような場合に社会が介入するのは，まさに「社会の責任」の発動である。子どもの権利を保障するという目的のために社会が介入するのである。

2　児童福祉法2条の解釈をめぐって

1）　子どもの権利条約の基本構造

子どもの権利条約18条は，ここでの議論に重要な示唆を与えてくれる。繰り返しになるが，もう一度整理しておこう。

条約18条1項は，子どもの養育と発達に対する親の第1次的責任を定め，さらに，「子どもの最善の利益」が養育に際して指導原理になることを規定している。同2項は，国は，親がその養育責任を遂行するにあたって適当な援助を与えなければならないこと，そして子どものケアのための施設・サービス等の発展を確保する義務があることを定めている。

親の養育責任だけでなく，国の義務，すなわち親がその責任を遂行することができるように援助すべき国の義務を打ち出している点が注目に値する。日本のこれまでの児童福祉においては，この視点が欠落

していた。条約の趣旨は，子どもを養育し，その発達を保障する第1次的責任は当然親にあるが，だからといってすべて親に任せておいていいというのではなく，「子どもの最善の利益」を確保するためにも，国は親に対して援助する義務があるということである。

もちろん国は，親の意向を無視することはできない。条約3条2項には，国は親の権利および義務を考慮しつつ，子どものウェルビーイングに必要な保護とケアを確保すべきであると書かれてある。また，趣旨は違うが，5条でも，国は親の責任，権利および義務を尊重すべきだとしている。

それでは，親が「子どもの最善の利益」を確保できないような場合にはどうするのであろうか。条約は，20条1項で「一時的にもしくは恒常的に家庭環境を奪われた子ども，または，子どもの最善の利益に従えばその環境にとどまることが容認されえない子どもは，国によって与えられる特別な保護および援助を受ける資格を有する」として，親のもとで「子どもの最善の利益」が確保されない場合の子どもの権利について規定している。また，児童虐待などで子どもの人権が侵害されている場合には，「子どもの最善の利益」を確保するために，司法審査に服することを条件として，親の意思に反しても親と子を強制的に分離することもある，としている（9条1項）。

このように，子どもの権利条約は，親の第1次的養育責任を基本としながらも，親の責任を援助すべき国の義務を明らかにし，さらに「子どもの最善の利益」が確保されない場合の親と子の分離についての条文も用意しているのである。

2） 厚生省による児童福祉法2条の解釈

子どもの権利条約は，国連での各国の熱心な議論の末に，親の責任

第3章　子どもを養育する責任主体

と国の責任について以上のような整理を行っている。これは、先進諸国などでここ数十年にわたって試みられてきた家族政策・児童福祉政策の一定の成果であるといってもよいであろう。だが、このような考え方はけっして斬新なものではない。実は戦後の日本の民法および児童福祉法も、基本的には同じような構造になっているのである。ただ、私法と公法に分かれて規定されているため、十分な理解がなされなかっただけのことである。

　日本の民法820条は、「親権を行う者は、子の監護及び教育をする権利を有し、義務を負う」として、親の第1次的な養育責任を定めている[7]。

　また、国の責任と親の責任との関係については、先に紹介した児童福祉法2条が、簡潔に規定している。

(1) 法成立当初の解釈

　この児童福祉法2条は、法成立当初には次のように解釈されていた。たとえば、松崎芳伸『児童福祉法』(1948年)は、この条文は「児童の福祉増進についての国及び地方公共団体の責任を説いている」としている。そして、保護者の責任に言及した後に、「国及び地方公共団体は、この保護者の責任遂行を積極的に助長し、更に保護者の責任遂行のさまたげとなるものがあれば、これをとり除く責任がある」と書いている[8]。公的責任が、はっきりと認識されていたのである。

　厚生省児童局による最初の公式解説書『児童福祉法の解説と運用』(1951年)でも、「国または地方公共団体は、まず、保護者が児童の福祉をはかる上に支障となっているものをできるだけ取除いて、保護者の責任が十分に果せるよう社会的環境の整備につとめなければならない」と指摘している[9]。また、厚生省の事務官たちが1964年に執筆した本にも、「国及び地方公共団体は、保護者が児童の福祉をはかる上

に支障となつているものをできるだけ取りのぞき社会的環境の整備につとめ，さらに，……保護者に適切な指導と援助を与え，保護者が自ら責任を十分果たすよう努め」なければならないと書かれていた[10]。法成立の当初には，国が親の責任遂行を援助するという考え方があったことは間違いない。

(2) 解釈の変化

ところがその後，この規定の解釈が微妙に変化し，厚生省の次のような解釈が定着することになる。つまり，第2条は「児童の福祉をはかる責任を保護者が有していることは勿論であるが，国，地方公共団体も同様に有していることを明らかにしたもの」だとして，公的責任を曖昧に解釈し，「保護者とともに」の意味についても，「まず第1に，保護者が，その責任を果たすことが経済的な理由や理解不足でうまくゆかず，公の機関に相談し援助をもとめた場合に，また，このような理由や，自己の無関心のために児童の健全な育成のできない保護者を発見した場合に保護者みずからにその責任を果たさせるように努めることを意味し，第2にこのような活動によっても児童の健全な育成のできないときは，保護者にかわって国や地方公共団体が直接児童の保護に当たることを意味する」と解説している[11]。

この解釈は，①親・保護者に第1次的養育責任があるのだから，親がすべて責任を負うべきである（したがって，原則的には親に対する援助はしない），②親の養育が不可能，困難あるいは明らかに不適切であるときに限り，国・地方公共団体が親から子どもを引き離し，親に代わって保護する，という二元的な考え方である[12]。この単純な二元論は，明らかに公的責任を回避しようとする解釈であるといえる。そして，日本の児童福祉は，長い間この二元的解釈論を克服できなかった。最近にいたるまで，松崎などが指摘した，親あるいは保護者の

第3章 子どもを養育する責任主体

責任遂行を積極的に援助をしていくという視点が抜け落ちていたのである。

(3) 最近の解釈

ただ，注目すべきは，最新の『児童福祉法の解説』(1991年「改訂」版）で，先の下線部が，「まず保護者みずからがその責任を果たすことができるよう保護者を援助し」に，さりげなく書き改められていることである[13]。これは明らかに子どもの権利条約の影響であろう。厚生省においてもようやく，親がその養育責任を遂行できるように援助を行うことも，国の重要な役割と認識されるに至ったのである。《解釈としては原点に戻った》といってよいであろう。

3) 児童福祉法上の「保護者」の意義

(1) 2条解釈論の問題点

このように，児童福祉法の官僚解釈は，これまで，子どもを養育する第1次的責任は親や家族にあるのが当然であって，国の責任は補完的あるいは副次的なものにすぎないという考え方に立っていた。この考え方は，実際に誰が直接子どもを養育するかという「子どもの養育論」としては正しい議論かもしれないが，児童福祉法2条の責任主体論としては適当ではない。

まず第1に，本来性格の異なる親の責任（直接養育する責任）と国の責任（生存権を保障する公的責任）を同列に論じようとしている点で，法律論としては無理がある。

次に，児童福祉法2条はもともと，憲法25条2項を受けて，生存権を保障すべき国の責任を定めたものである[14]。その文言を見ても，「国及び地方公共団体」が主語で，「責任を負う」が述語であることは，

第Ⅰ部　児童福祉法の基礎理論

明らかである。ただ，子どもの権利を保障するためには，後に述べるように，事実上の養育者である「保護者」の存在を無視できないとともに，「保護者」を積極的に利用するのが望ましい[15]という理由から，「保護者とともに」という語句が挿入されているのである。この「保護者」を，児童福祉法上の第1次的な責任主体と捉えることは誤りである。

さらに，児童福祉法は，実は「親」の責任についてはいっさい言及していないことに，注目すべきである。法2条は，あくまで実際に子どもを養育している「保護者」について規定しているだけである。国の責任を果たすにあたっては，保護者の権利と責任を軽視してはならない，尊重すべきであるといっているにすぎないのである。

なぜならば，児童福祉法の「保護者」とは，「親権を行う者，後見人その他の者で，児童を現に監護する者」（6条，傍点引用者）であり，「親」そのものではない。したがって，親（親権者）の私法上の責任（市民法的責任）と保護者の社会法上の責任（社会法的責任）とは，理論的には違うものと考えるべきであろう[16]。

(2)　「保護者」の責任

そこで，第2条の「保護者とともに」の意味を，次のように考えたい。すなわち，子どものウェルビーイングを図るについては，国および地方自治体の責任は重要である。しかし，国の責任といっても，自ずから限界がある。また，公（国・地方自治体）は，子どもの養育の内容や方法に直接関与したり，介入したりすることは原則として許されない。したがって，公は，保護者の意向を尊重しつつ，保護者を通じて，あるいは保護者と相協力して──つまり，結果的には「保護者とともに」──子どもの養育にともなう責任（公的責任）を果たさなければならないのである（公と保護者のパートナーシップ[17]）。

90

表 3-1　児童福祉の法の責任主体

(許斐　1986)

責任主体 (法律上の用語と法的根拠)		責任の種類		規定する法の分野
主として親 (ときとして親族その他の者)	親権を行う者(民820) 後見人　(民857)	私的責任	親・家族の責任 (市民法的責任)	市民法 (民法)
	保護者　(児2)	社会的責任		
国民一般 (教師, ソーシャルワーカー, 近隣者等)	国民　(児1)	(努力義務)	社会の責任 (社会法的責任)	社会法 (児童福祉法)
地方自治体	地方公共団体　(児2)	公的責任		
国　家	国　(児2)			

(注)　民は民法, 児は児童福祉法, 数字はそれぞれ条文を示す。

　そうだとすれば, 保護者の社会法的責任とは, 児童福祉法が規定する「社会の責任」の一部を, 親やその他の養育者が引き受けたものと理解することができる[18]。つまり, 保護者は実際に子どもを養育している立場にあるので, 保護者の責任は, 次の2つの内容を含むと考えられる。

① 子どもの権利, とくに生存権保障や児童福祉サービスを受ける権利などの社会法上の権利を, 子どもに代わって要求する代理人となる。

② 子どもの権利の擁護者として, 子どもの人権が侵害されていないかどうかを監視するチェック機能としての役割を果たす(第三者による人権侵害のみならず, 国や地方自治体などによる人権侵害も当然含む)。

　このような児童福祉法の責任主体論は, 先にみた子どもの権利条約

の責任主体の考え方とほとんど一致する。ただし，子どもの権利条約では，私法上の親の責任と社会法上の保護者の責任は区別されていない。

3 児童福祉法上の公的責任の範囲

このように，子どもを養育する法的責任主体については，従来親の責任を第1次的なものとし，国の責任を副次的あるいは補完的なものと捉える見解が支配的であった。しかし，このことを明示したとされる児童福祉法2条は，本来憲法25条を受けて国の責任を明確にしたものである。そこに「保護者とともに」という文言が挿入されているのは，子どもの権利条約の構造からも類推されるとおり，国はその責任を，「保護者とともに」，つまり保護者を通じて，あるいは保護者とのパートナーシップのもとに遂行しなければならないということである。ここでいう国の責任とは，副次的なものでもなければ，単に補完的なものだけをいっているのでもない。

それでは，児童福祉法2条にいう国の責任，いいかえれば子どもを「心身ともに健やかに育成する」公的責任とは何だろうか。それには，次のようなものが含まれると考えられる。

1）　子どもと家族の生活保障および生活環境の整備（所得保障，保健・医療保障，住宅対策，遊び場の確保など）→A
2）　家庭内での養育に対する側面的あるいは間接的支援・援助サービス（養育相談，トリートメントなど）→B・B'
3）　家庭での養育を補完し，あるいは代替するサービスを提供するための制度・施策の整備（デイケアサービスの整備，入所施

設の整備，在宅ケアの推進など）→Ｃ
4） さらに，親が子どもの人権を侵害している場合などには，公権力によって親権を制限し，強制的に親子を分離することもある。→Ｄ・Ｄ'

それぞれについて，解説を加える。

1） 子どもを養育する家庭の条件整備

Ａ 子どもとその親・家族の生活保障および生活環境の整備 子どもと子どものいる家族に対する生活保障としては，所得保障の諸制度が重要である。とくに子どもを養育している者に対する児童手当諸制度および優遇税制などを広く利用できるようにすることが望まれる。もちろん公的扶助制度も，子どもの権利を実現するものでなくてはならない。国には，それらの制度を整備する責任がある。また，保健・医療保障の拡充，子どもの権利を視野に入れた住宅対策，遊び場の確保なども，これからの課題となる。

これらは，親（家族）が子どもを養育するための条件および環境の整備であり，養育の内容には直接はかかわらないことである。憲法25条および子どもの権利条約を具体化するために，積極的な施策が講じられる必要がある。とくに，子どもの養育にかかる費用をすべて親（家族）に負担させるのではなく，かなりの部分を公費負担によることが，今後のあるべき方向だと考えられる。将来の社会の担い手である子どもの養育については，社会全体が応分の負担をすべきであるとの社会的合意が形成されることが望まれる。

2） 子どもの養育についての公的支援・援助サービス

B　家庭内での養育に対する側面的支援　子育てに関しては、とくに深刻な問題を抱えていなくても、なんらかの社会的サポート（「支援」）が必要なことは、すでに述べてきたとおりである。親・家族が困難に遭遇したときに、早期にそして気軽に相談できる社会的システムが用意されなければならない（養育相談・指導、ファミリーソーシャルワークなどが考えられる）。

ただし、これは養育の内容にかかわることであるので、親の側の支援の申し出を受けて始められるものでなければならない。養育内容への公権的介入になってはならず、養育への側面的あるいは間接的支援にとどまるべきである。

また、サービス提供を周知させるために、積極的な広報活動が必要であり、またサービスを受給する可能性のある者に対しては、個別的なそして丁寧な情報提供が重要となる。

なお、養育支援サービスについては、いつでも気軽にサービスを受けられるように無料の公的サービスが用意されるべきであるが、それだけではなく民間による多様な有料のサービスも提供され、サービス利用者が多くのメニューの中から主体的に選択できるようにすることが望まれる。

B'　家庭内での養育に対する側面的援助　子どもの養育になんらかの支障が生じ、子どもの人権が侵害される恐れがある場合には、親の意思にかかわらず——したがって親の自発的な意思を待たずに——、家庭内での養育に対するソーシャルワーク的「援助」が開始される必要がある（専門的養育相談・指導、ファミリーソーシャルワーク、トリートメントなど）。

相談援助は、本来クライエントの自発的な意思によって開始される

のが原則であるが，親子関係の問題についてはその原則が適用されない場合も想定される。たとえば，そのままにしておくといずれ子どもの人権が侵害される蓋然性が高い場合（現に人権が侵害されているが確証がない場合，また人権侵害の程度が弱い場合，なども含まれる）には，子どもの人権擁護（子どもの最善の利益の確保）を目的として，公的機関が親子関係に関与することもありうる（人権侵害についての判断は，とりあえず当該公的機関が行うことになる）。しかし，養育内容への公権的介入にならないような配慮が必要である。ここでも，養育への側面的あるいは間接的援助に限られる。

　この場合，事後的に，子どもの代弁者（子どもの権利擁護者）とチェック機関が確保され，親（場合によっては子ども自身）の不服申立てを受けとめるシステムが必要となる。

　なお，現に子どもの人権が明らかに侵害されている場合は，親子分離をしたうえで，ソーシャルワーク・治療等を強制的に受けさせることもありうるだろう（→D）。

3） 養育補完・代替サービスの整備・拡充

　C　家庭での養育を補完し，あるいは代替するサービスを提供するための制度・施策の整備（保育所・障害児通園施設等のデイケアサービスの整備，養護施設等の入所施設の整備，在宅ケアの推進など）　なんらかの理由で家庭での養育を補完し，あるいは代替する必要がある場合があるので，国はそのようなサービスを提供するために，制度・施策，施設・機関の整備・拡充を図らなければならない。ただし，これらの場合には，養育の内容に対する関与・介入になるので，国は子どもを直接養育・保護することはできる限り

避けることが望ましい。国の主たる責任は，あくまでもサービス提供のための制度・施策等の整備を図ることにあるのであって，養育の内容にかかわることは民間団体（社会福祉法人）や場合によっては地方自治体に委ねるべきである。

なお，子どもと親の人権を侵害しないように，それぞれの場合において適正手続きの保障とチェック機能が確保されなければならない。利用（入所）の手続きに子ども本人および親・家族の意見が反映されること，利用開始後にも子どもと親の意見表明の機会が保障されること，また，不服申立てや定期的審査のシステムが確立されることなどが，重要である。

これには，次の2つがある。

(a) 親による養育だけでは完全には子どものウェルビーイングが図られないときに，親の養育を補完する場合　　特別な問題を抱えているわけではないが，親の職業上の理由などにより24時間養育することができないとき（たとえば，両親がともに働いている場合の保育サービスの利用），また，専門的知識・技術等がないために万全の養育をすることができないときに（障害児の場合の通園施設の利用など），公的なサービスを利用する必要があることがある。

利用の開始の仕方としては，(ア)利用契約よる場合，(イ)親の申請を受けて措置（行政処分）により利用を開始する場合，(ウ)行政の側の働きかけにより親の同意を得て措置を行う場合，が考えられる。さらに，今後は，(エ)子ども自身の申し出により開始することも考えられてよい。

(b) 何らかの理由で親が養育できないときに，親の同意を得て，親の養育を代替する場合　　何らかの理由でどうしても親が子どもを養育できないときに，また，家庭での養育に問題がある場合に，親の申し出により，あるいは同意を得て，親の養育を代替する場合

がある（乳児院，養護施設，障害児施設等への入所，里親委託など）。

この場合にも，利用の開始の仕方としては，上記と同様に，(ア)，(イ)，(ウ)，(エ)の4種類が考えられる。今後は，(ウ)，(エ)のウェイトが高まることが予想される。とくに，子ども自身による保護の申し出をどう受けとめて行くかが，課題となる。

なお，(a)は上記のBに対応し，支援的養育（補完）サービスが中心となろう。これに対して，(b)は上記のB'に対応し，援助的養育（代替）サービスが中心となる。しかし，短期的な埋由などで支援的代替サービスを利用することもあるし（ショートステイなど），家庭の状況によっては援助的補完サービスを利用することも考えられる（援助が必要な子どもを保育所等で保育しながら，親に対する援助を行ったり，子どもを乳児院，養護施設などで一定の時間だけ養育し，親に対する援助を行ったりすることもありうる）。

4） 親権の制限と親子の強制的分離

D　子どもの人権を擁護するために，親の親権を制限して国が直接子どもを保護する　現に明らかに子どもの人権が侵害されている場合には，子どもの人権を擁護するために，親の意思に反しても，国（行政）は直接子どもを保護する必要がある。親子を強制的に分離して，(a)親の養育を代替する――乳児院，養護施設，障害児施設等への入所，里親委託など――とともに，場合によっては親の治療（トリートメント）を行うことも考えられる。また，(b)親子を分離せずに，親の意思に反して強制的に施設・機関等へ通わせることによって，親と子どもに対する援助を行うこともありうるだろう。しかし，どちらにしても，親権の制限となるので，家庭裁判所の審判が必要となる（ただし，現行法では，このような制度はない）。手続的権利の保障がどこまで厳密

第Ⅰ部　児童福祉法の基礎理論

に行われるかが，もっとも重要な課題となる。

　立法論としては，家庭裁判所の審判により親権の一時停止を行なったうえで，親権の職務代行者（または後見人）を選任して，(a)あるいは(b)の措置をとることとし，一時停止の解除についても家庭裁判所の審判が必要とすべきだと考える。また，定期的に（たとえば 6 か月おきに）この措置を見直すための定期的審査（観察）が家庭裁判所もかかわって行われるべきであろう。子どもの権利を擁護するためには，一貫して子どもの代弁者となる者が，できれば複数必要である（弁護士，ソーシャルワーカー，その他の者）。

　D'　**親権の剝奪**　　上記Dのような措置をとって，その後相当期間にわたって観察と定期的審査を繰り返してもなお改善がみられない場合には，家庭裁判所は，親の親権を剝奪して親子を永久的分離することも，可能性としてはありうる。もちろんきわめて稀なケースとなるべきであるが，そのような制度も用意しておくべきであろう。この場合には，同時に養子縁組がなされない以上，後見が開始しなければならない。また，代替的養育環境，すなわち代替的養育家庭（養子家庭・里親家庭）あるいは児童福祉施設，が確保されなければならない。現在の児童福祉制度を前提とした場合に，親の親権剝奪後の子どもの養育についての展望──子どもの権利が十分に保障されるような環境が与えられるのか──が見いだせないとの危惧がよく指摘される。子どものウェルビーイングを実現できるような養育代替システムが整備・拡充されること（前記Cの(b)）が必要な条件となる。

　なお，現行の民法，児童福祉法では，DとD'の区別がはっきりしていないので，整理する必要があると思われる。

　以上，児童福祉法 2 条にいう公的責任の範囲を，現行法にこだわらずに仮説的に構想してみた。このような整理で十分とは思えないが，

第3章　子どもを養育する責任主体

国（公）がどこまで子育てに介入できるのかを検討する素材は提供できたのではないかと思う。今後は，国（公）が介入してはならない領域あるいは限界をより明確にすることが求められよう。子どもの権利条約を手がかりとして，公的責任の範囲を確定する努力をすべきだと考える。

　すでにみてきたように，子どもを養育する第1次的な責任は親にあり，国は原則として子育ての方法や内容に介入することはできない。しかし，国には親がその養育責任を遂行できるように援助する義務があるので，子どもとその親・家族に対する支援（子育て家庭支援）政策を積極的に推進するのは，公的責任のきわめて重要な一部分である。
　他方で，親が何らかの理由で，明らかに「子どもの最善の利益」を確保することができないときには，国は子どもの権利を擁護するために，子どもの養育に関与・介入することが必要となる。ただし，公的機関が子育ての方法や内容に関与・介入することは，子ども自身や家族の人権を侵害する恐れもあるので，慎重な配慮が求められる。その介入の理由と根拠をあらかじめ明らかにするとともに，適正手続きの保障への配慮，チェック機能の確保などが不可欠である。
　これまでの児童福祉施策は，要保護児童対策に終始し，一般の子どもやその親・家族に対する支援施策を軽視してきた。また，「保護」を目的とすることで，子どもの権利保障の視点が脆弱であった。しかし，これからの児童福祉（子ども家庭サービス）は，子どもとその親・家族のウェルビーイングを促進するという目的のために，①子どもの権利を積極的に擁護する視点に立つとともに，②子どものみならず，その親・家族に対しても支援・援助を行うものでなければならない。児童福祉から子ども家庭サービスへの移行は，まだ緒についたばかりであるが，「子どもが健やかに生まれ育つための環境づくり」政策の展開

第Ⅰ部　児童福祉法の基礎理論

と子どもの権利条約の批准を契機として，着実に進行している。21世紀こそは，「子どもの世紀」になるのではないだろうか。

(1) 右田紀久恵は，早い時期に，子どもの権利擁護の観点に立ったうえで，「児童・親・国（社会）の権利関係をいかにとらえるかは，社会保障制度・施策の内容を大きく規定してゆく」と指摘している（右田紀久恵「胎児から成年までをどうみるか」坂寄俊雄・右田紀久恵編『児童と社会保障』法律文化社，1980年，13頁）。そして，さらに「児童の権利が親権の内容を規定し，親権は児童の発達を保障するための義務を第一次的（優先的）に履行する権利として，社会的に信託されたものであって，私事的なものにとどまる性格のものではないといわねばならない。これは同時に，親権の行使に何らかの支障を来した場合，国は親から親権の委譲をうけて公的責任を果たすべきことを意味する」と書いている（同15頁）。
(2) 山根常男『家族と人格――家族の力動理論を目指して』家政教育社，1986年，159頁および161-162頁。なお，山根は，「ここでいう個人主義」とは，「自己自身の人格を尊重すると同時に，他者の人格をも尊重することを意味している」と述べ，さらに「個人主義は社会的連帯・相互扶助と矛盾するものではなく，むしろその基礎となるものである」と指摘している（同162頁）。個人主義と社会的連帯・相互扶助との関係については，山根「福祉の未来」山根・森岡清美他編『テキストブック社会学(7)福祉』有斐閣，1977年，212-213頁，参照。
(3) 山根・前掲『家族と人格』167頁。
(4) 同上書182頁。
(5) 山根・前掲『家族と人格』の全編に通じる基本的な考え方である。とくに同書所収の「家族と人間存在――対話」(117頁以下) は学ぶところが多い。
(6) 沼正也は，次のように書いている。「『要保護者』のうち，未成熟の子に対する保護規整は，その子の懐胎に始まり，精神・肉体の成熟をもって終る期間を対象とする。凡そ，『要保護者』の保護は『人』と『人』との関係に分配されるが，未成熟者のそれは，先ず，血縁関係特に父母との間に分配され，それを基点とし中心点として展開される。そうして，特に近代法の進化は，血縁者と伍して，国家自らも保護の一半に任ぜんとしているのであり，更には，かかる責任の若干が，ないしは究極的な責任が，国家

第3章　子どもを養育する責任主体

に移って来ているといっても差支ない。わが児童福祉法の第2条は、『国及び地方公共団体は、児童の保護者とともに、児童を心身ともに健やかに育成する責任を負う。』と規定する」と（沼「親子法における親権と扶養の構造——わが現行法を中心とする一考察」『親族法の総論的構造［新版］』三和書房，1975年，162-163頁／初出は，『法学新報』58巻2号，1951年）。また，沼『墓場の家族法と揺りかごの財産法［新版］』三和書房，1977年，134頁以下，あるいは沼『家族法の基本構造』三和書房，1984年，8頁以下，参照。

(7)　児童福祉論においては，これまで親権の問題はあまり熱心には議論されてこなかった。しかし，右田紀久恵が，1965年にすでに指摘しているように，「親権は，児童を護るために親に信託された権利であり，児童の福祉本位に考えるべきであるとするならば，従来児童福祉の分野の外にあると考えられてきた親権の問題はむしろ，中心的課題というべき性格を有している」といえる（右田紀久恵「児童の身上保護に関する諸問題」柴田善守・右田紀久恵『児童福祉概説』家政教育社，1965年，228頁）。この点に関しては，許斐有「児童福祉法上の親権規定の成立・展開過程」『淑徳大学研究紀要』22号，淑徳大学，1988年，同「児童福祉法による親権の制限——保護者による児童虐待等の場合の強制的措置」『淑徳大学研究紀要』23号，1989年，などを参照されたい。

(8)　松崎芳伸『児童福祉法』日本社会事業協会，1948年，51頁。

(9)　厚生省児童局長高田正巳『児童福祉法の解説と運用』時事通信社，1951年，26頁。そしてさらに，次のように説明している。「わが国においては，法律的には民法が，未成年の子は父母の親権に服するとなし，親権をおこなう者は，その子を誠実に監護教育する権利と義務を有するとして，第一義的には児童は親権をおこなう父母によってもっぱら保護されるという原則をうちたてている。したがって父母は児童にたいして良い家庭生活をあたえるようつとめることが必要であり，もしそれが経済的理由や理解の不足で困難に遭遇したときは，公の機関に相談をし，その技術的な指導をうけるとか，経済的な援助をうけるようにしなければならないといえよう。『保護者とともに』というのは，第一義的責任者である保護者が児童を心身ともに健やかに育成することに無関心であったり，失敗したときに，まず第1に，保護者にたいして指導と助言または援助をあたえて，保護者がみずからその責任を十分果すよう保護者に働きかけることを意味し，第2に，こうした活動だけではその目的が達せられないときは，児童を保護者

第Ⅰ部　児童福祉法の基礎理論

からひきはなし，国，地方公共団体が保護者に代って児童の保護にあたることを意味する」と（27頁）。また，同解説書は，「『保護者とともに』というのは，児童の福祉をはかる第一義的責任は保護者にあることを意味する」（26頁）とも書いており，松崎・前掲書に比べると公的責任が少し曖昧になっている。同書では，一方で，生存権理念が正しく理解されており（後の注14），親に対する援助という視点も含まれている。だが，他方で，ここでの「保護者とともに」の解釈に，後の二元的解釈につながるような素地が見られる。

⑽　社会福祉行政研究会編『社会福祉法制論財政論』新日本法規出版，1964年，134頁。ただし，同書は，「保護者とともに」という文言が挿入されているのは，「児童の福祉をはかる第一義的責任が保護者に在るとの考えに基づく」と説明している（134頁）。

⑾　厚生省児童家庭局長竹内嘉巳『児童福祉法母子福祉法母子保健法の解説』時事通信社，1978年［新版増補］，36頁（1988年「最新」版も同文），傍点および下線は引用者による。

⑿　児童福祉法案の作成過程では，次のような前文が置かれていた時期がある。これが，後の解釈に影響を及ぼした可能性もある。たとえば，児童福祉法案（1947年6月2日案）の前文は，以下のようにものであった。

「①　すべて児童は，心身ともに健やかに育成されるために必要な生活を保障され，その資質及び環境に応じて，ひとしく教育をほどこされ，愛護されなければならない。

②　すべて国民は，児童が心身ともに健やかに生れ，且つ，育成されるように努めなければならない。

③　すべて児童の保護者は，児童を心身ともに健やかに育成する責任を負い，必要があるときは，国が保護者に代つてその責任を負う。

④　国及び地方公共団体は，保護者の責任遂行を積極的に助長し，これをさまたげる原因となるものを取りのぞくように努めなければならない。

⑤　これは，児童福祉の原理であり，この原理は，すべて，児童に関する法律の施行にあたつて，常に尊重されなければならない。」

（児童福祉法研究会編『児童福祉法成立資料集成・上巻』ドメス出版，1978年，562頁，なお，○内の番号は，引用者が便宜的につけたものである）

このうち，②は国民の努力義務であり，法的責任主体に関する規定は，

第3章　子どもを養育する責任主体

③と④の2つである。しかし，このとき「保護者」とは「親権者，親権者のないときは後見人又は後見人の職務を行う者」とされていた（同法案3条）ので，③では，民法上の責任を児童福祉法でも追認したと考えることができる。ただし，保護者が責任を負わないとき，あるいは負えないときには，国が，保護者に代わってその責任を負うとされていた（ここに二元的解釈の萌芽が見られる）。そして④で，「国及び地方公共団体」の責任は，「保護者の責任遂行」を援助することであるとされていた。この規定の仕方は，親＝保護者の私法上の責任を基本としており，それなりに論理的であるといえる。

　その後，憲法25条の理念を受けて，国の公的責任原理がはっきりと打ち出され，それとともに「保護者」概念が変化し，児童福祉法の社会法的性格が強調されるようになった（児童福祉法の成立から，少なくとも1951年までは）。しかし，それ以降，厚生省の解釈は徐々に後退し，私法的責任を前面に押し出すようになる，というのが私の評価である。

(13)　厚生省児童家庭局編『児童福祉法母子福祉法母子保健法精神薄弱者福祉法の解説』時事通信社，1991年「改訂」版，39頁，傍点引用者）。

(14)　厚生省の初期の解説書には，次のような記述が見られる。「『国家社会は，すべての人に人間たるにふさわしい生活を保障するよう，できるかぎりの努力をする必要がある』という福祉国家の思想（20世紀）が普及徹底するにつれて，児童にたいしても基本的人権を認め，国家はすべての児童の育成について，積極的な努力をする責任をもつべきだとされるようになった。こうした思想を背景にして生まれたのが第1条，第2条，第3条の規定，なかんづく第2条の規定である。第2条の規定は，まさに近代思想の最先端をゆくものといえよう。この規定は，また，憲法第25条第2項……に照応するものでもある」と（高田正巳・前掲『児童福祉法の解説と運用』1951年，28頁）。児童福祉法2条の見事なほど的確な解説である。

　なお，2条の解釈が後退している時期にも，次のような記述は残ったままになっていた。「基本的人権についての思想，および福祉国家の思想が浸透するにつれ，公の機関の任務についての観念はさらに進歩し，国家はすべての児童の健全な育成に積極的な力を注ぐ責任があるとされるようになった。第2条の規定は憲法第25条第2項に照応し，このような思想を基本としたもっともすすんだ考え方である」と（竹内嘉巳・前掲『児童福祉法の解説』1978年［新版増補］，36頁，なお，最新の1991年「改訂」版，39頁も同じである）。

第Ⅰ部　児童福祉法の基礎理論

(15) 児童局「児童福祉法案逐条説明（答弁資料）」（昭和22年8月5日）では，第2条について「児童に関する国及び地方公共団体の責任を規定する」としたうえで，「保護者とともに」については，「社会機構の現段階においては，保護者を積極的に活動させることが，児童福祉に不可欠であることを意味する」と書かれてある（児童福祉法研究会編『児童福祉法成立資料集成・上巻』ドメス出版，1978年，783頁）。

(16) ここではさしあたり，市民法的責任とは，基本的には子どもに対する私的責任（子どもを養育し，その権利を擁護する責任）であり，社会法的責任とは，「社会の責任」の一部を親などの保護者が引き受けたもので，社会に対する責任（社会的責任）と考えておきたい。実際の生活において親の責任を2つに区分することは不可能なので，このような整理が有効であるかどうかについては疑問が残るが，児童福祉法上の責任を明確にするために，とりあえずこのような区別を仮説的に提示しておきたい。なお，保護者の概念および保護者の責任については，許斐有「児童福祉法上の『保護者』をめぐって」『児童福祉法研究』3号，児童福祉法研究会，1982年，を参照されたい。

(17) この点に関しては，「子供の未来21プラン研究会報告書」が，「子育てに関する家庭と社会のパートナーシップ」と言っていることと，基本的には一致する（『『たくましい子供・明るい家庭・活力とやさしさに満ちた地域社会をめざす21プラン研究会』報告書』［1993年］⇒本書序章3）。

(18) 「社会法的責任」の考え方は，広沢明の次のような指摘に示唆を受けて，私なりに発展させたものである。「社会法的責任とは，親が児童の権利の代行者として，社会・国に対しその発達保障を積極的に要求しなければならないという責任である。……親は，児童の生活保障・医療・福祉・教育等にかかわる社会的諸手段を最大限に活用することによって，はじめてその責任を全うしたといえるのである。児童福祉法2条の定める保護者の責任は，まさにこのような社会法的責任であると解される。そう解することによって，民法上の責任とは別個に児童福祉法上の責任を規定した意味が明確になるであろう」と（広沢「児童法の基本原理」『児童福祉法研究』2号，児童福祉法研究会，1980年，68頁）。また，北村圭文『社会福祉法の研究』成文堂，1977年，4-8頁，参照。

［追　記］
　本書の執筆・編集作業の最後の段階で，沼正也著作集を久しぶり繙いてみ

第3章　子どもを養育する責任主体

た。考えてみたら，この6〜7年は，沼著作集を開いてみることもなかったような気がする。

　沼正也教授は，その研究の初期の段階から，「公法・私法・社会法に亘る全体としての扶養法秩序」という構想をもっておられた。したがって，親子法理論においても，民法と児童福祉法とを総合的に捉える視点が明瞭である。それは，次のような文章からも伺える。

　「『子のための親子法』は，同時に『社会のための親子法』である。近代法における国家・社会は，子の十全な意味における保護に格別な関心を寄せている。『社会のための親子法』は，子の保護をひとり子の父母にのみ委し去るわけには行かない。国家は，自らが親子法に介入する許りでなく，私法を超えて，公・私両法に亘って，社会の各関係に子の保護を要請せずば止まない。そうして，最終的には，自らがその全責任の帰属者であるとする。子の保護にかかる基本法たる使命を荷う児童福祉法はその第1条において，『すべて国民は，児童が心身ともに健やかに生まれ，且つ，育成されるよう努めなければならない。』として，児童の保護がいわば血縁的関係を超えて，広く国民が，児童という要保護者のすべてに対し，そのような義務があると宣言し，更に，同法第6条は，『この法律で，保護者とは，親権者（親権者のないときは，後見人とする……）その他の者で，児童を現に監護する者をいう。』と規定し，同法に定める各般の児童の保護義務者が，民法にいわゆる親権者等のほか，広く現に児童を監護する者を含ましめている。……［中略］

　かように，未成熟の子に対する保護義務にかかる法的規整は公・私両法に跨っており，この保護義務は血縁関係許りでなく，職縁関係にも，地縁関係にも及んでいる。未成熟の子の保護にかかる法的規整の構造は，このような諸般に亘るものの総合において，初めて完全な姿を把握することができる。そうして，これ等有機的関連を持つ子の保護体系中，主として，父母に与えられた保護の権利義務が即ち親子法上の保護義務を構成する。それは，父母が婚姻関係にあるときとないとき，父母の一方または双方を欠くとき等に従って，その間自ずからなる差異があるであろう。だから，これ等の差異に応じつつ親権も扶養も打って一丸とした保護規整こそが置かるべきではなかろうか。『子のための親子法』は，やがてそこに到達するであろう。」（沼・前掲「親子法における親権と扶養の構造」『親族法の総論的構造［新版］』190-192頁〔初出は，1951年〕）。

　このような捉え方は，日本の法学界では皆無ではなかったかと思う。私

第Ⅰ部　児童福祉法の基礎理論

には，沼法学の中でも初期のものほど，公・私両法を総合的に捉える見方が明確に現れているように感じられる。

　考えてみれば，学部学生時代に沼法学を学び，家族法から児童福祉法研究に進んで行った私にとって，沼理論は「原点」なのかもしれないと，今あらためて思う。ここ数年は自覚していなかったが，私の児童福祉法研究の基礎には，おそらく沼法学があるのだろう。それにしては，今の私は，沼法学を語るだけの力量も自信もない。沼法学は，あまりにも壮大な法理論の体系であり，全体像を把握すること自体が困難を伴うからである。だが私は，いずれもう一度沼法学に挑んでみようと思っている。本書では，沼理論の紹介すらできなかったことを，沼教授と読者の皆様にお詫びしておきたい。　　　　　　　　　　　　　　　　　　　[1996.6.11]

第4章
親権法制と子どもの権利擁護
―― 「子どもの虐待」問題を手がかりとして

1 「子どもの虐待」問題への視点

1） 社会問題としての児童虐待

(1) 子どもの人権侵害としての児童虐待
　日本の子どもたちは本当に幸せなのだろうか ―― いつもそんな疑問が頭をかすめる。
　子どもの権利条約をめぐる議論のとき，日本の子どもたちは今のままでも十分に幸福ではないか，これ以上何が必要なのか，という論調があった。しかし，昨今の学校における不登校や深刻な「いじめ」問

第Ⅰ部　児童福祉法の基礎理論

題，学校や児童福祉施設における体罰問題などを考えただけでも，日本の子どもたちはとても厳しい状況の中に置かれていることがわかる。

戦後50年の昨年（1995年）日本国中を騒がせたオウム事件にあっても，オウムの子どもたちの人権に十分な配慮が払われたとはとても思えない。また，阪神大震災という非常事態において，子どもの権利を優先的に擁護すべきであるという主張は，一部の声でしかなかった。このように日本では，子どもの権利問題はいつも後回しにされ，結局有効な対策がとられないままで終わるのである。

「子どもの虐待」（以下「児童虐待」という）問題についても，まったく同じことがいえる。このところ，児童虐待がマスコミなどで取り上げられることがとても多くなった。また，児童虐待に関する書物も数多く出版されている[1]。これは，児童虐待が社会問題として注目され始めたということでもあるが，それ以上に児童虐待そのものが広範かつ深刻な問題と認識されるようになったことの反映でもある。最近では，子どもの生死にかかわるような重篤なケースが増えてきているようにもみえる。少なくとも，一定の数の子どもたちが，現に児童虐待という困難にさらされ，生命や発達の危機に瀕しているということを，私たちは真正面から受けとめるべきであろう。

それにもかかわらず，児童虐待に対する積極的な対応策は今のところほとんどとられていない。実際に子どもを保護すべき立場にある人たちの試行錯誤が繰り返されているだけで，解決策への道筋すら一向に見えてこない。子どもの人権侵害状況が放置されたままになっているのである。

(2)　児童虐待とは

ところで，児童虐待とは何だろうか。

児童虐待といえば，かつては子どもに対する大人の不当な取扱いや

搾取の全体を指す用語であった。たとえば，子どもの人身売買，障害児などを見世物にする行為，物乞いをさせる行為，酒席で酌をさせる行為などである。戦前の児童虐待防止法（1933年）は，「軽業，曲馬又ハ戸戸ニ就キ若ハ道路ニ於テ行フ諸芸ノ演出若ハ物品ノ販売其ノ他ノ業務及行為ニシテ児童ノ虐待ニ渉リ又ハ之ヲ誘発スル虞アルモノ」については，地方長官は「児童ヲ用フルコトヲ禁止シ又ハ制限スルコトヲ得」として，虐待されている児童を保護すべき規定を置いていた（同7条）[2]。

これに対し，最近児童虐待といわれるのは，主として養育の過程でなされる，親または親に代わる養育者による子どもの人権侵害行為である。たとえば，子どもへの過度の体罰や折檻は，もしそれが他人に対するものであれば当然暴行罪あるいは傷害罪を成立させる行為である。このような行為は，たとえそれが「躾け」という名のもとに行われたとしても，児童虐待にほかならない。

このような親による児童虐待行為は，以前はイギリスやアメリカなどの欧米先進諸国特有の社会現象であり，日本にはほとんど縁のないことと見られがちであった。だが，現在では，親から虐待を受けている子どもたちはかなりの数に上ると考えられている。最近のいくつかの調査や児童相談所・養護施設などの児童福祉関係者の証言でも，虐待は明らかに増加傾向にある。たとえば，1989年の全国児童相談所長会の調査によれば，全国の児童相談所が取り上げた虐待件数は半年間で約1000件であった[3]。しかし，この数字は児童相談所に持ち込まれたケースの数であって，氷山の一角にすぎない。実際に親から虐待を受けている子どもたちは，この何十倍もいると想像される。

第Ⅰ部　児童福祉法の基礎理論

(3)　児童虐待をめぐる法的問題

　児童虐待は，保健・医療，児童福祉，司法（法律），心理，教育などの多領域にかかわっている問題である。したがって，児童虐待を解明するためには，多方面からのアプローチが必要である。解決策を探るためにも，学際的な研究の進展と領域を超えた実践の取組みが求められている[4]。

　このうち，現に起こっている児童虐待——親による子どもの人権侵害に対して，どのような社会的対応が可能であるかを検討することも，緊急な課題の1つとなっている。この課題に迫るためには，児童福祉の現場の実践を踏まえた法学的視点からのアプローチが有効だと思われる[5]。

　児童虐待をめぐる法的問題としては，日本では，公的機関が親子関係に介入することがきわめてむつかしいという問題がある。つまり，虐待を受けているという事実が明らかな場合でも，その子を親から引き離して保護することがなかなかできないのである。極端ないい方をすれば，子どもの権利よりも親の権利の方が優先しているのだ。

　その背景には，子どもの養育（躾けなど）はすべて親に委ねられているので，社会は口出しすべきではないという伝統的な考え方があるように思われる。つまり，子どもは「親のもの（私有物・従属物）」なので，体罰など少々の行き過ぎがあっても，国あるいは社会が関与・介入することは好ましくないという考え方である。

　そして，この考え方を実質的に支えているのが，現行の親権制度である。民法の解釈論においては親権の義務性が強調されているが，一般に躾けは親権（監護教育権）の内容にかかわる問題であり，体罰は懲戒権の行使にほかならない。したがって，国は養育の内容に干渉すべきではないという原則——それは原則論としてはきわめて当然のことなのであるが——にもとづいて，公的機関は介入をしたがらないの

110

第 4 章　親権法制と子どもの権利擁護

である。

　別のいい方をすると，虐待を受けている子どもを公的機関が保護しようとするとき，この「親権」が障壁となる。それは，親権者の意向に反して子どもを保護することは，原則としてできないからである。

　子どもを虐待するような親は，親としては不適格なのだから，親権を取り上げればよいではないか，そんな親がなぜいつまでも親権をもっているのか，というのが一般の素朴な疑問かもしれない。しかし，実際には，現行法とその運用において，虐待をしている親の親権を一時的に停止させたり，親権を喪失させたりするのは非常に困難である。もちろん，親権という親にとってのみならず子どもにとっても重大な権利を，国が安易に剥奪するのは，けっして許されることではない。また，親の親権を取り上げれば問題が解決し，子どもの人権は保障できると考えるのも早計である。だが，子どもの人権を侵害している親をただ手をこまねいて見ていなければならないというのもまた，おかしな話である。なぜなら，子どもは親の私有物ではなく，1個の独立した人格だからである。細心の配慮と適正な手続きを前提として，何らかの的確な手立てがとられる必要があるということについては，おそらく異論はないのではないだろうか。

(4)　裁判で争われた児童虐待事件

　憲法史に残る有名な判例の1つに，「尊属殺違憲判決」（最高裁判所昭和48年4月4日大法廷判決）がある。この事案は，幼いころから長年にわたって実の父親に性的虐待を受け，夫婦同然の生活を強いられていた女性が，初めて好意を抱いた男性と駆け落ちしようとして父親にとがめられ，思い余って父親を絞殺したものである。この事件の背景を知ると，いかに実の親（尊属）を殺害した女性とはいえ，誰もが深い同情の念を禁じえない。弁護士や裁判官が，どうにかしてこの女性

第Ⅰ部　児童福祉法の基礎理論

を軽い罪（たとえば執行猶予つきの懲役刑）で済ませたいと考えたのは，十分に理解できる。この事件では，刑法200条が憲法14条の法の下の平等の規定に違反するかどうかという憲法上の争点も重要であるが，それ以上に，この不幸を背負った女性を何とか救いたいと考えた法律家たちの心情と熱意を，私は評価したいと思う。児童虐待の犠牲となった者への配慮に，注目したい。この女性には，結局通常の殺人罪（刑法199条）が適用され，その刑の執行が猶予された（確定判決は，懲役2年6月，執行猶予3年)[6]。

　また，家族法学の分野できわめて有名となった児童虐待事件としては，東京家庭裁判所八王子支部昭和54年5月16日審判[7]がある。この事案は，父母離婚後の父子家庭において，父親による実の娘に対する身体的虐待および性的虐待が度重なったため，児童相談所が一時保護や児童福祉施設入所措置を行ったが，そのたびに父親が強引に子どもの引取りを繰り返すので，やむをえず児童相談所長が家庭裁判所に親権喪失宣告の申立てを行い，承認された事例である。ある家族法学者は，これをきわめて「特異な」事件と評しているが，事例そのものは必ずしも特異とまではいいきれない。ただ，当時，児童相談所長が児童福祉法の規定（33条の7）にもとづいて親権喪失宣告の申立てを行い，それが認められたという事例はほとんど見あたらず，その意味では希有なケースといえるであろう。なお，この事案では，子ども自身が親からの分離を強く希望し，児童福祉施設において安定した生活を送り[8]，その後成人して児童福祉施設の保母として働いていると聞く[9]。

　この2つの事件は，似たような背景をもちながら，まったく違った結末に終っている。その理由は，前者の尊属殺事件の方は社会的な介入がいっさいなかったのに対し，後者の東京家庭裁判所の事件の方は，遅すぎたとはいえ，公的介入が行われた点にあるといえるのではない

第4章 親権法制と子どもの権利擁護

だろうか。

2） 児童虐待への法的対応

(1) 児童虐待の類型

児童虐待への法的対応策を検討する際には、何をもって「児童虐待」と見るかについて、あらかじめ考えておく必要があろう。

児童虐待については、最近日本でも、欧米と同じように、次のような定義が定着してきている。つまり、「児童虐待」とは、「親、または、親に代わる保護者により、非偶発的に（単なる事故ではない、故意を含む）、児童に加えられた、次の行為をいう」として、①「身体的暴行」（身体的虐待ともいう physical abuse）、②「保護の怠慢ないし拒否」（ネグレクト neglect）、③「性的暴行」（性的虐待 sexual abuse）、④「心理的虐待」(psychological / emotional abuse)、の4つの類型があげられている[10]。おおよそこのような行為を児童虐待と捉えることについてはさほど問題はないと思われるが、細かく検討していけば、いくつかの次元での定義が可能である。また、どの程度の行為を児童虐待とするかについても、一義的に定めるのはむつかしい。「定義の目的に応じて相対的に判断」すべきであろう[11]。ただし、法の適用を前提とする定義はより厳密になされる必要があるので、その際は「児童虐待」という用語は使用しない方がいいのかもしれない。

上記の4類型のうち、「身体的暴行」は、軽度のものを除けば日本でもようやく児童虐待と認知され、親権濫用と認められるようになった[12]。また、「性的虐待」についても、実態が少しずつ解明され、児童虐待としての認識がなされるようになってきている[13]。これに対し、「保護の怠慢ないし拒否」（ネグレクト）については、なかなか児童虐待とは認知されず、一般には親権濫用とも意識されないできてい

る。しかし、親としての子どもに対する最低限の義務すら果たさず子どもを放置しているのは、どう考えても親権の消極的濫用であり、親権喪失宣告の事由となるはずである[14]。

(2) 子どもの権利条約の考え方

子どもの権利条約では、親の養育の指導原理は「子どもの最善の利益」である（同18条1項第3文）。もし「最善の利益」に反するような養育が行われている場合には、子どもは国から直接保護と援助を受ける権利をもっている（20条1項）。また、国は、「子どもの最善の利益」のために必要であると判断するときには、子どもを親の意思に反して親から分離して保護することができる（9条1項）。

条約はまた19条で、親などが子どもを養育しているときに、あらゆる暴力、虐待・放任または怠慢な取扱い、性的虐待や搾取から子どもを保護するためにあらゆる適当な立法上、行政上および教育上の措置をとる、と規定している（同1項）。これは、児童虐待の発生を予防するとともに、現実に起こった児童虐待に対して適切な措置をとるべき国の責務を定めたものである。

このように、子どもの権利条約によれば、国や社会は、子どもを養育する親の権利と責任を尊重しなければならず（3条2項、5条、18条1項）、安易に親子関係に介入することは許されない（9条1項）。しかし他方で、親もまた恣意的に子どもを養育することは認められず、「子どもの最善の利益」を指導原理として子育てに当たらなければならない。もし親によって子どもの人権が侵害されている場合には、公的機関は、司法審査に服することを前提として、親子関係に介入することが認められる。また、親が「子どもの最善の利益」を確保できないような場合には、国が直接乗り出して子どもの権利を擁護しなければならないのである。

(3) 日本における法的対応の課題

条約の規定を基準に考えると，日本では，児童虐待に対する法的対応策の整備がかなり遅れている。つまり，条約19条1項にいう児童虐待等から子どもを保護するための「あらゆる適当な立法上，行政上，社会上，および教育上の措置」は，今のところ不備であるといわざるをえない。

まず第1に，条約の趣旨を踏まえて，子どもの人権が侵害されている場合には，子どもの人権を優先的に救済・保障するという基本原理を，日本の法制度に導入すべきであろう。そのためには，子どもの緊急保護のために親権が一時的にあるいは部分的に制約されることはやむを得ないという考え方が，社会的に承認される必要がある。

そして，それらの基本的な考え方を前提として，子どもの権利を擁護するための具体的な法制度を整備すべきである。条約19条の規定を具体化するためには，児童虐待を防止するための予防的施策，児童虐待の通告システムの改善，現に起こっている児童虐待への具体的対応策（とくに公的機関の介入の仕方），アフターケアのための施策（条約39条参照）などが，検討課題となる。

さらに，親権制度も，子どもの権利を擁護するという視点から，全面的に見直されるべきだと考える。「親の権利」が何のために親に付与されているかを，もう一度根本から問い直す必要があると思う（⇨本章3）。

子どもの人権を迅速かつ適正に救済するための児童虐待防止システムが，早急に確立されることが望まれる。

第Ⅰ部　児童福祉法の基礎理論

2　子どもの権利と親権の制限

1）　親権制限の必要性

「児童虐待」といっても，専門領域の違いによってさまざまな捉え方があり，その概念も必ずしも明確ではない。前にも述べたように児童虐待という用語にはいくつかの意味があるので，領域によって考え方や定義の仕方が異なることはやむをえないことであろう。以下では，法的対応を前提として，主として家庭における，親あるいは親に代わる養育者による子どもの人権侵害行為であると考えておきたい。つまり，子どもの権利条約19条1項が規定する子どもの人権侵害行為，すなわち，親や保護者，子どもを養育する他の者による子どもの養育中の「あらゆる形態の身体的または精神的な暴力，侵害または虐待，放任または怠慢な取扱い，性的虐待を含む不当な取扱いまたは搾取」である。

このような虐待行為は，親権者によりなされた場合には，親権の濫用にあたる。最近では，親権を濫用して子どもを虐待している親が増えており，子どもの人権を擁護するためには親権の制限を考慮する必要がある。

(1)　親権の意義と実情

それでは，そもそも親権とは何だろうか。親権とは，もともとは「親の権力」に由来する用語であり，今でもその用語を見て「親の権利」だけを意味すると理解されがちである。しかし，民法には，「親権を行う者は，子の監護及び教育をする権利を有し，義務を負う」と

第4章 親権法制と子どもの権利擁護

書かれてある（820条，傍点引用者）。

そこで，民法学では，「親権」とは「子を1人の社会人として養育すべき親の職分」であると理解されている（我妻栄）[15]。そして，「職分」とは「他人を排斥して子を哺育・監護・教育する任に当たりうる意味では権利であるにしても，その内容は，子の福祉をはかることであって，……その適当な行使は子及び社会に対する義務」であると説明されている[16]。また，「子が成長するにいたるまでのいっさいの面倒をみるということであり，その点に関して生じるさまざまの個別的な権利義務の総体」ともいわれている[17]。

このように，民法の通説的理解では，親権の義務性が強調されることが多い。しかし，実際には，公的機関が虐待されている子どもを親から引き離して保護しようとするときに，親のもつ親権と衝突することになる。日本法の「親権」は，懲戒権や居所指定権といった支配権的な要素をいまだにもち続けており，そのため，児童虐待のような具体的なケースで，親権の権利的側面が強調されて出てくることがある。

たとえば，子どもが親によって虐待されている場合に，公的機関（主として都道府県等に設置されている児童相談所）がその子どもを保護しようとしても，通常は親権者の同意がなければ児童福祉法上の「福祉の措置」，すなわち児童福祉施設への入所あるいは里親への委託の措置はとれないとされている（児童福祉法27条4項）。そのために，親が措置に同意しなければ子どもの人権侵害を放置せざるをえないという奇妙なことになる。

また，施設や一時保護所に一旦入所したとしても，親の意思でいつでも子どもを簡単に引取ることができる。施設（長）が，親に引き渡すことによって子どもの人権が再び侵害されると考えても，施設も児童相談所も引取りを拒否することはできない，というのが児童福祉の世界での常識である。

第Ⅰ部　児童福祉法の基礎理論

　もちろん子どもを優先的・排他的に養育するという意味での「親としての権利」は，子ども自身の権利を保障するためにもきわめて重要な権利である。したがって，公的機関がそれを侵すということは，けっしてあってはならないことである。問題は，明らかに親によって子どもの人権が侵害されている場合にも，親権に配慮を払う結果，子どもの人権を救済すべき公的機関が子どものすみやかな保護ができなくなるという点にある。親権が子どもの権利と衝突する場合には，司法審査を含む適正かつ慎重な手続きを踏んだうえで，親権の制限を考慮する必要もあるのではないだろうか。例外的な場合ではあっても，親の意思に反してまで親と子を分離しなければならないケースがあるはずである。

　日本では，法律家が考えるよりもはるかに親の権利・権力としての親権が強く意識されており，子どもの権利に比べて優越的に捉えられることが多い。そのため，親権に対する公権的介入にはきわめて慎重であり，消極的である。このような姿勢は，児童相談所，児童福祉施設のみならず，あるいはそれら以上に家庭裁判所も同様である。その理由として親権は重大な権利であるといわれるが，それでは子どもの権利はどうなるのだろうか。たしかに子どもの権利を擁護するためにも親の権利が重要な場合は多いが，親権者といえども子どもの人権を侵害することは許されないというのも当然の話である。親権に対して公的介入がむつかしいというのは，一定程度親の権利を重く見ているということにはなっても，その反面で子どもの権利を軽視していることにならないだろうか。

(2)　児童相談所における法的対応

　児童相談所というのは，児童福祉法により設置された児童福祉の行政機関であるが，これまでソーシャルワークの専門機関であるという

第4章　親権法制と子どもの権利擁護

ことを理由に，司法的解決をほとんど放棄してきたようにみえる。しかし，子どもの人権を真に擁護するという観点からは，法的手段を講じるということも選択肢の１つとして積極的に考慮すべきではないかと思う。とくに，子どもを親から引き離して保護するためには，ときとして親がもつ親権と向かい合わざるをえない。児童相談所も，児童福祉法の規定にもとづく司法的解決の方法を有効に活用すべきだと考える。

　従来現場では，児童相談所はソーシャルワークの機関だから，司法的解決を図ろうとするのはソーシャルワークの敗北であるかの考え方がまかり通っていた。そのため親との信頼関係を構築し，親の同意を得て子どもへの援助を開始することばかりに目を奪われてきた。しかし実際には，ソーシャルワーク的手法によってはなんら問題は解決されないばかりか，ますます深刻な事態へと陥っていくケースもあるのである。その間，子どもの人権侵害はかなり長期にわたって放置されたままとなってしまう。

　ここで一度発想の転換をしてみたらどうだろうか。ケースによっては，司法的手続きをとることによって，親権者の態度が変わることもあるのである。津崎哲郎は，大阪市の児童相談所における長年の実務経験を踏まえて，次のように指摘している[18]。

　　「今必要なことは，従来の発想を変えてごく初期に家裁〔家庭裁判所〕への提訴を行うか，少なくとも状況によっては家裁への判断を仰がなければならないということを，早い段階で親に提示することである。そうすることによって，ワーカーへの個人的反動は低く押さえられることが既に実証ずみである。親もワーカーの個人的意図というより，仕組みとして家裁の判断が

必要と理解しやすいためであろう。親の言い分や正当な主張があれば，家裁が中立の立場で受け止め判断してくれることも，合わせて説明しておけば親側の拒否の根拠もそれだけ希薄になってしまう。」

児童相談所は，ソーシャルワーク的手法と司法的解決手段との2つの方法をあわせもっていることを正しく認識したうえで，その両者をどのようにしたらバランスよく使い分けることができるかを慎重に検討すべきである。どちらかに偏るのではなく，状況に応じてうまく使い分けることこそが今後の重要な課題ということになる。

児童相談所がとりうる司法的解決の方法としては，現行法では，家庭裁判所の承認による施設入所措置（児童福祉法28条）と児童相談所長の申立てによる親権喪失宣告請求（同法33条の6）の2つがある。また，これらのバリエーションとして，次のような方法もある。どのような事案についてどのような対応が可能でありかつ効果的であるかを，きめ細かく整理する必要があろう。

① 親権喪失宣告の申立てをした際に，審判前の保全処分をあわせて申し立て，親権者の職務執行停止と親権の職務代行者の選任を求める（家事審判法15条の3，家事審判規則74条1項）ことも，1つの有効な方法と考えられる[19]。

② 前記方法は，親権者の親権行使を一時的に制限する有効な方法であるので，親権喪失までも求める必要がない場合においても，活用しうると考えられる。大阪府の子ども家庭センター（児童相談所）では，親権の剝奪そのものを目的としないが，親権を一時的に停止させ，親権の職務代行者をつけるために，親権喪失宣告の申立てを行ったケースがある[20]。この事例では，仮の処置としての保全処分（親権者の職務執行停止）を得て子どもを保護したうえで，家庭裁判所と協力して親への指導を行

第4章　親権法制と子どもの権利擁護

うことができた。保全処分の本来の目的とはややずれるが，現行法のもとではこのような使い方も許されるであろう。なお，親への指導が功を奏したときには，本案の親権喪失宣告の申立ては取り下げられることになる。

③　児童福祉法28条の審判は，すでに施設に入所している児童についても，親権者の強引な引取りが予想される場合には，それを防止するために請求することができる。古くは，大阪家庭裁判所昭和48年1月11日審判[21]，最近では，大阪市中央児童相談所から申立てを行い平成2年12月に承認されたケースがある[22]。

④　児童福祉法28条のケースについても，家事審判法15条の3・1項および家事審判規則74条1項を準用して，親権者の職務執行停止（親権の一時停止）と親権の職務代行者の選任を行うことも考えられてよい。

2）　親権の法的制限システム

次に親権の法的制限システムについて考えてみる。すでに何度も言及しているが，ここでもう一度整理しておきたい。

親権の制限には，主なものとして，民法による親権の喪失宣告，児童福祉法によるさまざまな親権の制限がある。親権の喪失も将来親権を回復する可能性を残している（失権宣告の取消，民法836条）ので，これも一種の親権の制限と考えてよい。

(1)　民法による親権の制限

親権の制限の方法としては，まず第1に，民法は親権の喪失を定めている。いわゆる親権剝奪である。民法834条は，「父又は母が，親権を濫用し，又は著しく不行跡であるときは，家庭裁判所は，子の親族

121

又は検察官の請求によつて，その親権の喪失を宣告することができる」と定めている。公権力によって親権を剥奪しようという規定である。また，児童福祉法は第33条の6で，「児童の親権者が，その親権を濫用し，又は著しく不行跡であるときは，民法第834条の規定による親権喪失の宣告の請求は，同条に定める者の外，児童相談所長も，これを行うことができる」と規定し，社会の責任の観点から児童相談所長にも親権喪失宣告の請求ができることを定めている。なお，この親権の喪失については，親権の一部のみの喪失，すなわち管理権の喪失も認められている（民法835条）。

また，「やむを得ない事由があるときは」，親権者自らの意思によって，家庭裁判所の許可を得て親権または管理権の辞任をすることもできる（民法837条1項）。

しかし，親権の喪失・辞任があった場合でも，法的親子関係が否定されるわけではない。したがって，親として子どもを扶養する義務は免れない。

(2) 児童福祉法等による親権の制限

次に，さまざまな親権の制限がある。

何らかの事情で子どもが児童福祉施設に入所するとき，あるいは里親に委託されるとき，当然であるが親権は事実上制限される。この場合は親権者の親権が行使できないわけではないが，大きく制約されることは間違いない。たとえば，児童福祉施設入所児童に対しては，親権者がいるときでも，施設長は「監護，教育及び懲戒に関し，その児童の福祉のため必要な措置をとることができる」ことになっている（児童福祉法47条2項）[23]。この「必要な措置」がどういった範囲に及ぶのかについては議論の分かれるところであるが，少なくとも親権は一定程度制約されることになる。いいかえれば，親権のうち監護権の

第4章 親権法制と子どもの権利擁護

一部は行使しえない状態にあるということである。なお、通常の児童福祉施設入所等の措置に際しては、親権者の同意あるいは少なくとも「意に反し」ないこと（同法27条4項）が必要であるので、これは強権的な親権の制限ではない。

これに対して、親権者の意思に反して親権が制限される場合として、児童福祉法28条による措置がある。同条によれば、「保護者が、その児童を虐待し、著しくその監護を怠り、その他保護者に監護させることが著しく当該児童の福祉を害する場合」には、家庭裁判所の承認を得れば、都道府県（知事）は、親権者または後見人の「意に反するとき」であっても同法27条1項3号の措置（児童福祉施設入所・里親委託等の措置）をとることができる（同法28条1項1号）[24]。

このほか親権が制約されるのは、児童福祉法による一時保護（児童福祉法33条）、少年法による少年院への送致の場合などがある。

また、以上のような親権の制約については、親権が一時停止するという条文上の根拠は見当たらないが、児童福祉法28条による措置の場合には、親権は一時的に停止していると考える方が自然である[25]。

なお、親権または管理権の喪失宣告の申立てがあった場合には、家庭裁判所は、「本人の職務の執行」すなわち親権の行使を一時的に停止し、「その職務代行者を選任することができる」（家事審判規則74条1項）。この規定によれば、親権者はその間、一時的に親権を行使できないことになる。

(3) 親権制限の限界

以上のように、法は親権の剥奪および制限を定めているが、これらの親権の制限については、次のような場合があることがわかる。

　　（A）　親権者自らの意思による場合
　　（A'）　親権者自らの意思ではないが、積極的に反するわけで

第Ⅰ部　児童福祉法の基礎理論

　　　　　　はない場合
　（B）　親権者の意思に反する場合
　なお，このような親権の制限は無原則に行われてはならず，明確な限界が設けられるべきである。
　まず最初に，親権の制限が強権的に行われる（前述のBの場合）のは，子どもの権利擁護の観点から，①親権者の親権行使そのものに問題がある場合であって，かつ②現に子どもの人権が著しく侵害されているか，明らかに侵害される恐れがある場合で，③少なくとも当分の間人権侵害が止む蓋然性がないと判断される場合，に限られるべきである。こうした場合には，親権に対する社会法的な介入が開始される。
　その1つの例は，前述の児童福祉法28条のケースである。これは明らかに公的機関の親権に対する強権的な介入である。しかしその要件は厳しく，家庭裁判所の承認を前提としているので，無原則的な介入ではない。それどころか使われるべき事例はもっと多いと思われるにもかかわらず，実際にはあまり活用されていない。裁判所の態度は，慎重すぎるほど慎重である。
　さて次に，親権者が親権を行使するための条件に問題がある場合である。たとえば経済的な要因で養育が困難であるとか，父子家庭で養育ができないときなどである。このような場合にも，子どもの権利を擁護するために，親権が制限される可能性はあるし，それが必要なこともある。しかしそれは，親権者が親権の制限に同意を与える場合（前述のAの場合）および反対の意思を表明しない場合（前述のA'の場合）に限られるべきであろう。多くの場合には親自身の権利，とくに生存権が脅かされている場合がほとんどであるので，少なくとも家族生活への権力的な介入は避け，ソーシャルワーク的対応を重視すべきである。できる限り親と子を切り離さずに，親と子がともに発達する機会を保障しなければならないと考える。また，親子分離が必要なケ

ースでも，ソーシャルワーク的手法を用いて親権者の同意を得る努力が求められる。

3　「子のための親権法」をめざして

1）　子どもの権利を擁護するための親権制度

(1)　親権は常に制限されうる

　すでに述べてきたように，親権とは絶対的な支配権ではなく，恣意的な行使が認められるような性質のものではない。それにもかかわらず，現に親権が子どもの権利に対して優越的に行使されているとしたら，やはり親権制度そのものを全面的に再検討せざるをえない。前節では，現在の親権制度を前提として，親権の制限について考察したが，もっと根本から見直す必要があるのかもしれない。

　ただ，次の点だけはここでもう一度確認しておきたい。すなわち，親権（あるいはもっと広く「親としての権利」といってもよい）とは，常に制限される契機を本来的に含んでいるということである。もちろんそれは，子どもが社会的存在であり，社会に子どもを養育する責任があるという理由からである。通常何も問題がないときには親権はとくに制限を受けない。しかしそれは，全く制限されていないのではなく，実は潜在的に制限されているのだとも考えることができる。したがって，子どもの権利が何らかの事情で現に侵害されているとき，あるいは侵害される恐れがあるときおよび明らかに子どもの権利が保障されない状態にあるとき，親権は現実に制限を受ける。つまり親権の制限が顕在化するのである。

(2) 子どもの権利を擁護するための親権

ところで，親権が検討されるときには，多くの場合親権の義務性が強調されるが，「親権」と呼ぶかどうかはともかく，親にも一定の権利があることは認める必要がある[26]。もちろん，それはあくまでも，子どもの権利を擁護するために親に与えられた私法上の権利と考えるべきであって，子どもに対する権利ではなく，第三者（国家・社会も含む）に対する権利である。いいかえれば，「親としての権利」は，子どもを養育する義務および責任を遂行するために付与された権利であって，子どもの権利を保障するためだけに行使することができる。

「親としての権利」がなぜ重要かというと，本書で指摘している「社会の責任」も，それだけが強調されると逆に子どもの権利を侵害する可能性が生じてくるからである。つまり，子どもには，私人として私的な立場でその養育を見守る大人がどうしても必要である。子どもの個人としての存在（私的存在）を保証するためには，社会の責任の観点だけでは不十分なのである。親権者と社会およびその代替としての国との間に健全な緊張関係があって初めて，子どもの権利は正当に保障されるといいうる。

「親権」について，私はかつて（1981年），次のように書いたことがある[27]。基本的な考え方は，今も変わっていない。

　　　　親権は，基本的には子どもの権利を保障するために親に与えられた権利と理解すべきであり，子どもの権利を親が代わって行使すると考えるのがもっとも妥当ではないだろうか。親権を「職分」とか「権利義務の総体」などとあいまいなものとはせずに，「親の権利」とはっきり認めた方がよいと考える。その上で《権利》の限界を明確にし，それにともなう《義務》および《責任》を明らかにすればよい。当然権利の濫

用や義務の不履行は，親権の停止や喪失につながる。

　現行法の解釈としては，「親の権利」としての親権を再構成すべきであることを私見として述べたい。解釈論の枠内でも，《子どもの権利》の観点から親権を捉え直すことが可能と思われるからである。試論として簡潔に述べる。①国や地方自治体に対しては，《子どもの権利》を代行して諸権利を要求することができる（たとえば，憲法上の人権保障や社会保障・社会福祉サービスを受ける権利など），また，第三者に対しては，②子どもの権利保護のための妨害排除請求権と③私法上の法律行為の代理権をもち，④子どもに対しては，その子の養育・教育のために必要最小限の権利が与えられる。しかし，これは《子どもの権利》を保障するためのものであり，したがって子どもの福祉に反するものであってはならない。懲戒権などは厳密に制限されるべきであり，子どもの福祉を害するような行為があった場合には，それは親権者の資格剥奪の事由となる。

2）親権制度改革への提言

　子どもの権利条約の基本的な考え方からすると，日本の現行親権制度は，再検討すべき課題を数多く抱えている。子どもの権利条約が批准された今こそ，子どもの権利保障の視点に立って，親権制度を全面的に見直す必要があると，私は考えている。今後論議を巻き起こすために，重複する点もあるが，最後に，親権制度の改革についての私なりの提言を認めておきたい。

⑴　基本的な発想の転換

　親権制度改革のもっとも重要なポイントは，基本的な考え方そのも

のを変えることにある。現在の親権法は,「子のための親権法」などといわれてはいるが,実際には「子の利益」を確保するシステムが脆弱であり,子どもの権利を実現するためのものにはなっていない。法解釈においていくら親権の義務性を強調しても,そこには主人公であるはずの「子どもの姿」が一向に見えてこないのである。

本来「親としての権利」とは,子どもの権利を擁護するために親が果たすべき義務と責任を明らかにし,その義務と責任を遂行するために親に付与されるという性質のものでなければならない。このような観点から,今後,親権法の基本的な発想そのものを問い直す必要があると考える。

そして,もしそうだとすれば,元来「親の権力」に由来する「親権」という用語自体を廃止すべきだということになると思われる[28]。

ただ,親権制度の基本的な考え方が全面的に変更されたとしても,「親としての権利」がまったく否定されるわけではないことは,繰返しになるが再度指摘しておきたい。それは,子どもの権利条約を見ても明らかである。親は,子どもの権利擁護を目的としてのみ,「親としての権利」を行使できるのである。

(2) 親権の制限と親子分離

これまで日本では,親権は親固有の権利であって,国や社会がこれに介入することは望ましくないと考えられてきた。だが,必ずしもそういえないことは,すでに述べたとおりである。そこで,親権(あるいは親としての権利)は濫用すれば制限されうるのだということを明文化することが重要である。

もっとも基本的なことは,子どもの人権が親により侵害されているときに,子どもの人権を救済・保護するために,すみやかに親子分離ができるということである。そのためにこそ,親権の制限システムが

第 4 章　親権法制と子どもの権利擁護

必要なのである。

　現行法のような親権の剝奪とは別に，親権の・一・部・停止とか，・一・時・的・
制限の条項が新たに用意されるべきであろう。親権の喪失宣告にまで
至らない段階において，親と子を強制的に分離するために，親権を一
時的に制限する方策は不可欠と思われる。

　もちろん行政機関などが親子関係に・安・易・に介入することは絶対に避
けなければならない。それは，親の権利のみならず，子ども自身の権
利をも侵害することになりかねないからである。そこで，親権（親と
しての権利）の制限には必ず家庭裁判所の判断を必要とするものとし，
その要件も厳格にするとともに，介入の限界も明確にしておかなけれ
ばならないと考える。適正手続きの保障が厳密に行われる必要がある。

(3)　親以外の養育者の権利

　従来，親子関係を規律する法律は，自然的血縁を重視してきた。し
かし，血縁関係が常に子どもにとって「最善の利益」につながるわけ
ではない。新しい親権法制のもとでは，血のつながった親以外の者が，
子どもの権利を擁護するために——そしてその限りにおいて——親と
しての権利，あるいはこれに・準・ず・る権利を行使できるようにすること
も検討すべきであろう。

　別のいい方をすれば，子どもの権利擁護を目的として「親としての
権利」を行使できる者は，実親（養親）でなくてもよいのではないか
ということである。「社会の子ども」の観点からは，親権者が実親で
なければならない必然性は全く見当たらない。現行法では親権者は実
親または養親だけであり，親権を代行できるのは未成年の親の親権者
（民法833条）および児童福祉施設の施設長（児童福祉法47条 1 項）など
だけである。しかし，もっと枠を広げてもよいのではないだろうか。

　たとえば，里親の場合である。里親とは「保護者のない児童又は保

護者に監護させることが不適当であると認められる児童を養育することを希望する者であつて，都道府県知事が，適当と認める者をいう」（児童福祉法27条1項3号）のであるが，現行法上の里親には何らの法的地位も与えられていない[29]。一定期間以上にわたって実際に子どもを養育している里親に対して，児童相談所のスーパーバイズを前提として，親や第三者に対抗できるような「親としての権利」の一部を付与するとしても，まったく不都合はないと思われる[30]。

　「親権」と呼ばないにしても，実親以外の養育者が「親としての権利」を行使することを可能とするような制度が，これから模索されるべきであろう。今までまったく別のものと捉えられていた私法（民法）と社会法（児童福祉法）の総合的理解が，今後の重要な課題となる。いずれ両法の調整あるいは統合が必要になると思われる[31]。

3) 子どもの視点で考える

　子どもの問題を考えるときには，子どもを主体として捉えるという視点が重要であることはいうまでもない。それは，いいかえれば《子どもの目の高さでものを見る》ということである。私たちはついつい「大人の目」で子どもの問題を見てしまいがちであるが，本当の意味での子どもの権利保障を実現するためには，子どもの目の高さに視点を移してみることが必要となる。

　親子の問題についても，同じことがいえる。日本法ではこれまで，ほとんどの事柄が大人の都合で決められるような仕組みになっており，主体であるべき子どもの存在が忘れられてしまっている。たとえば，両親が離婚するときなどに，子どもの意見表明権が保障されていないだけでなく，自分の身の振り方などについて発言する機会すら正当には認められていないのである。

第4章　親権法制と子どもの権利擁護

　児童虐待（親権濫用）のようなケースにあっては，「子どもの最善の利益」をまず第1に考慮すべきである。いいかえれば，子どもの権利を優先的に保障するという目的のためには，一時的ではあっても，親と子を引き離さなければならない場合もあるということである。とくに，子ども自らがそれを望む場合には，親からの分離を，法（あるいは裁判所）はもっと真剣に考えるべきであろう。

　前述の東京家庭裁判所の事例では，「裁判官による本児への審問があり，……本児は，はっきりと『父とは縁を切りたい』と申し出たため，裁判官は，今後本児の希望するようにするから安心せよと」励ましたと報告されている[32]。この事例のように中学1年生にもなれば，個人差はあるにしても，ある程度判断力はあるはずである。また，万が一未熟であったとしても，子ども自身の訴えや欲求は，できる限り受けとめるという姿勢が大切である。たとえば，子ども自身が親から離れて暮らしたいという主張をするならば，私たちはその願いを可能なかぎり尊重する必要がある。血のつながった親と一緒に生活するのが子どもにとっては一番だという「常識」（血縁の神話）を，そろそろ子どもの目から見直してみるべきだと思う。

　子どもには，親を知り，親によって養育される権利（子どもの権利条約7条）があるが，親のもとではその「最善の利益」が確保されない場合（条約20条1項）には，親と離れて生活する権利，あるいは親を選ぶ権利も保障されてしかるべきだと，私は考えている（⇒本書第6章2）。要は，1人ひとりの子どもにとって何が「最善の利益」かを慎重に考慮し，それを実現することであろう。そのためには，たくさんの選択肢を用意する必要がある。《子どもも1個の独立した人格であり，社会的存在である》という子ども観に立って，1人ひとりの子どもの権利を最大限に尊重できるような親子法・親権法を構想すべきときではないかと思うが，どうだろうか。

第Ⅰ部　児童福祉法の基礎理論

(1) ここ数年で，かなり多数の児童虐待に関する本が出版されている。その中では，①津崎哲郎『子どもの虐待——その実態と援助』朱鷺書房，1992年，②児童虐待防止制度研究会編『子どもの虐待防止——最前線からの報告』朱鷺書房，1993年，を推薦したい。①は，児童虐待に実際に対応している児童相談所の職員によって書かれたものであるが，著者はケースワークのみならず法律・制度にも精通しており，必読の文献である。②は，大阪の弁護士，医師，児童福祉の実践家，研究者らが1990年10月につくった研究会での1年余にわたる情報交換，討論および共同研究の成果の一部をまとめたものである。また，最近では，③椎名篤子『親になるほど難しいことはない』講談社，1993年，が漫画化され，雑誌連載の後，単行本として出版されている。④ささやななえ『凍りついた瞳』集英社，1995年11月。同書は，「子ども虐待ドキュメンタリー」と銘打っているだけあって，「漫画」の域を越えた優れた入門書になっている。

(2) 「児童虐待防止法第七条ニ依ル業務及行為ノ種類指定ノ件」（昭和8年内務省令第21号）では，より具体的に虐待行為を定めている。たとえば，「一　不具畸形ヲ観覧ニ供スル行為」，「二　乞食」，「六　芸妓，酌婦，女給其ノ他酒間ノ斡旋ヲ為ス業務」などがあげられている。これらの内容は，現行の児童福祉法34条の禁止行為に引き継がれている。

(3) 全国児童相談所長会は，「児童虐待」を，①身体的暴行，②棄児・置去り，③保護の怠慢ないし拒否，④性的暴行，⑤心理的虐待，⑥登校禁止（家への閉じこめ）の6つに分類して，1988年に，全国167か所の児童相談所を対象として実態調査を行った（全国児童相談所長会『全児相』第47号，1989年）。この調査によれば，全国の児童相談所が1988年4～9月の半年間に取り扱った虐待件数は1,039件であった。年間およそ2,000件強ということになる。

(4) 1996年4月に，多領域の研究者・実務家からなる「日本子どもの虐待防止研究会」（JaSPCAN）が設立された。今後の学際的研究の進展が期待されている。この研究会の事務局は，児童虐待防止協会（大阪市中央区谷町7-4-15　大阪府社会福祉会館内）に置かれている。

(5) 法研究者としては，東京の子どもの虐待防止センターのメンバーでもある吉田恒雄が精力的に研究を進めている。たとえば，吉田恒雄「児童虐待の防止と民間機関の役割——『子どもの虐待防止センター』の活動を中心に」『明星大学経済学研究紀要』23巻1号，明星大学経済学部，1991年，同「児童虐待防止制度試論——予防・発見・通告を中心に」高野竹三郎教授

第4章　親権法制と子どもの権利擁護

古希記念『現代家族法の諸相』成文堂，1993年，同「児童虐待に関する法的対応のあり方」『早稲田法学』69巻4号，早稲田大学法学会，1994年，同「児童虐待に関する法制度」斎藤学編『児童虐待［危機介入編］』金剛出版，1994年，など。また，虐待問題研究会（吉田恒雄）編『児童虐待への法的介入――児童虐待についての申立書式集』子どもの虐待防止センター（CAテキストブックNo. 8），1995年12月，も有意義な資料集である。

(6)　その経緯を詳しく紹介したルポルタージュとして，谷口優子『尊属殺人罪が消えた日』筑摩書房，1987年，がある。

(7)　『家庭裁判月報』32巻1号，166-169頁，および大内津恵子「親権の濫用と著しく不行跡があった場合の親権喪失の宣告承認の一事例」厚生省児童家庭局監修『児童相談事例集（第13集）』日本児童福祉協会，1981年，175-189頁（『現代のエスプリ』206号，1984年，199頁以下に転載されている）。なお，本事件に関する研究としては，許斐有・鈴木博人・藪本知二「子どもを養育する親の法的責任」山根常男監修『家族と福祉の未来』全国社会福祉協議会，1987年，87-94頁，來本笑子「児童相談所長の申立による親権喪失の宣告」『家族法判例百選（第五版）』有斐閣，1995年，122-123頁，などがある。また，谷口・前掲書223-227頁も本事件に言及している。

(8)　「この間，5月25日，本児はY学園入所。以来父から全く遮断され，福祉の保障された別天地で，生まれて初めて真に安定した人間らしい生活を享受している。また，心身共に健やかに成長し，将来は保母になりたいという明るい展望を持って，現在高校受験に向け一生懸命頑張っており，本児の福祉と利益は全うされている」と報告されている（前掲『児童相談事例集（第13集）』186頁）。

(9)　同事件にかかわった立場から最近書かれたものとして，梅澤文治「性的虐待ケース――子どもたちが安心できる社会環境を」『児童養護』23巻1号，1992年，25-29頁，がある。同レポートには，同事件の未成年者が現在養護施設の保母として働いていることが記されている。

(10)　たとえば，次のような定義がある。

「親，または，親に代わる保護者により，非偶発的に（単なる事故ではない，故意を含む），児童に加えられた，次の行為をいう。

①身体的暴行……外傷の残る暴行，あるいは，生命に危険のある暴行。（外傷としては，打撲傷，あざ〈内出血〉，骨折，頭部外傷，刺傷，火傷など。生命に危険のある暴行とは，首をしめる，ふとん蒸しにする，溺れさせる，逆さ吊りにする，毒物を飲ませる，食事をあたえない，冬，戸外

第Ⅰ部 児童福祉法の基礎理論

にしめだす,一室に拘禁するなど)
　②保護の怠慢ないし拒否……遺棄,衣食住や清潔さについての健康状態を損なう放置。(遺棄とは,いわゆる棄児。健康状態を損なう放置とは,栄養不良,極端な不潔,怠慢ないし拒否による病気の発生,学校に登校させないなど)
　③性的暴行……親による近親相姦,または,親に代わる保護者による性的暴行。
　④心理的虐待……以上の①,②,③を含まない,その他の極端な心理的外傷をあたえたと思われる行為。(心理的外傷とは,児童の不安・怯え,うつ状態,凍りつくような無感動や無反応,強い攻撃性,習癖異常など,日常生活に支障をきたす精神症状が現れているものに限る)」
　この定義は,1983年に児童虐待調査研究会が全国の164児童相談所に依頼して行った調査の際に用いたもの(児童虐待調査研究会報告『児童虐待——昭和58年度・全国児童相談所における家族内児童虐待調査を中心として』日本児童問題調査会,1985年,1頁)であり,これは国際児童虐待常任委員会(ISCCA, International Standing Committee on Child Abuse)が,児童の不当な扱い(child maltreatment)について,型と程度を定義したもののうち,「家族内における不当な扱い」に,ほぼ拠ったものである。
(11)　樋口範雄「アメリカにおける児童保護の法システムと日本の法制度への示唆」『ケース研究』227号,家庭事件研究会,1991年,5頁。
(12)　身体的虐待については,刑法の傷害罪(204条)や暴行罪(208条)を構成するかどうかが一つの目安になると思われる(筆者は,基本的には,他人に対する傷害罪・暴行罪と自分の子どもに対する傷害罪・暴行罪は同一に見られるべきであると考えているが,ただ長い目でみたときに養育者である親を訴追しない方が結果的には子どもの利益につながるような場合には,必ずしも常に加害者である親を告訴しなければならないというものでもないであろう。しかし,起訴されない場合でも,親権喪失宣告の事由になることはあると思われる)。だが,親権の濫用という場合には,1回1回の行為が問題となるのではなく,親が子に対して継続的にどのような態度で臨んでいるかが問題となる。吉田恒雄は,「親権喪失の要件を親権者の行為に着目するのではなく,子どもの利益の観点から構成すると,……親権者の子どもに対するこれまでの養育態度,引渡請求の理由および将来子どもを当該親権者に監護させた場合に生じうる危険性,親権喪失後の保護の態様などを子どもの福祉の観点から総合的かつ目的的に判断されるべきこ

第4章　親権法制と子どもの権利擁護

とになろう」と述べている（吉田「児童相談所長による親権喪失の申立」『明星大学経済学研究紀要』21巻1号，明星大学経済学部，1989年，17頁）。具体的な審判例の研究としては，許斐有・白石孝「身体的虐待を理由とする親権喪失宣告——児童相談所長の申立により認容された事例の考察(2)」『社会問題研究』44巻2号，大阪府立大学社会福祉学部，1995年，がある。

(13)　池田由子『汝，わが子を犯すなかれ——日本の近親姦と性的虐待』弘文堂，1991年。また，子どものときに「性暴力」を受けた女性たちの手記を中心に編集した書物として，森田ゆり編著『沈黙をやぶって——子ども時代に性暴力を受けた女性たちの証言＋心を癒す教本』築地書館，1992年，がある。同書で，森田は，「被害者の視点の確立」の重要性を指摘している（14頁）。法学的視点から書かれたものとしては，桑原洋子「児童に対する性的虐待とその制度的対応」阪井敏郎編『福祉と家族の接点』（明山和夫先生追悼論集）法律文化社，1992年，259-278頁，がある。

(14)　ネグレクトに関しては，身体的虐待以上にむつかしい問題がある。刑法では，遺棄罪（217条）や保護責任者遺棄罪（218条）のように極端な場合しか想定されておらず，必ずしも親権喪失宣告の基準とはなりえない。具体的な審判例の研究としては，許斐有・白石孝「親権の消極的濫用を理由とする親権喪失宣告——児童相談所長の申立により認容された事例の考察」『社会問題研究』42巻2号，1993年，がある。なお，同事例について，白石が養子と里親を考える会で報告したものが，『新しい家族』28号，養子と里親を考える会，1996年，16-28頁，に収録されている。

(15)　我妻栄『親族法』有斐閣，1961年，328頁。

(16)　同上書316頁。

(17)　久貴・右近・浦本他『民法講義7・親族』有斐閣，1977年，256頁（阿部徹執筆部分）。

(18)　津崎哲郎「法的対応による子どもの権利擁護」『大阪市中央児童相談所・紀要』7号，大阪市中央児童相談所，1995年，28-29頁。このほか，津崎の論文として，同「親権と子どもの利益——児童虐待をめぐって」『家族〈社会と法〉』10号，日本家族〈社会と法〉学会・日本加除出版，1994年，同「親権制度の改革」『ジュリスト』1059号［特集：家族の変貌と家族法の課題］，有斐閣，1995年，などがある。

(19)　日本弁護士連合会編『子どもの権利マニュアル——改訂版子どもの人権救済の手引』こうち書房，1995年，234頁。同書には，保全処分を活用した事例も紹介されている（同367-369頁）。

第Ⅰ部　児童福祉法の基礎理論

(20)　「親権喪失の申立をした身体的虐待事例」『児童虐待事例集』大阪府子ども家庭センター，1996年3月，38～47頁参照。
(21)　『家庭裁判月報』25巻12号，57-63頁。
(22)　沢田瑞恵「未熟な母によって兄弟に虐待が繰り返された事例――28条申し立てケース」『大阪市中央児童相談所・紀要』6号，1993年，75-82頁。
(23)　児童福祉施設長の親権代行権については，許斐有「児童福祉法上の『保護者』をめぐって」『児童福祉法研究』3号，児童福祉法研究会，1982年，および許斐有「児童福祉法による親権の制限――保護者による児童虐待等の場合の強制的措置」『淑徳大学研究紀要』23号，淑徳大学，1989年を参照されたい。また，吉田恒雄「子どもの権利保障と親権――施設養護の親権代行を考える」浅倉・峰島編『「子どもの権利条約」時代の児童福祉②子どもの生活と施設』ミネルヴァ書房，1996年，がある。
(24)　児童福祉法28条の制定・改正過程および法解釈の問題等については，許斐有「児童福祉法による親権の制限――保護者による児童虐待等の場合の強制的措置」『淑徳大学研究紀要』23号，淑徳大学，1989年，を参照されたい。
(25)　石川稔「児童虐待――その法的対応」谷口・川島他編『現代家族法大系3――親子・親権・後見・扶養』有斐閣，1979年，325頁。
(26)　石川稔は「むしろ義務性を強調せず親権は依然として権利性を具有しているのだと正面から説く方が親権の権利性と義務性とをはっきりさせるためには有用である」と述べている（石川「親権の問題点と課題」『ケース研究』201号，家庭事件研究会，1984年，5頁）。なお，子どもの権利の視点から親権法制を再検討するという発想は，同論文を初めとする石川教授の諸論文から学んだものである。石川教授は，家族法学者として，かなり早い時期から子どもの権利論に取り組まれ，貴重な問題提起をされてこられた（その一部は，石川稔『家族法における子どもの権利――その生成と展開』日本評論社，1995年，に収められている）。
(27)　許斐有「要養護児童の親権問題――施設長の親権代行を中心として」『ソキエタス』9号，駒澤大学大学院社会学研究会，1982年，48-49頁。
(28)　親権廃止論については，中川善之助「親権廃止論」『法律時報』31巻10号，1959年，および立石芳枝「親権の概念」中川還暦記念『家族法大系Ⅴ・親権・後見・扶養』有斐閣，1960年，参照。
　　1959年に法制審議会民法部会身分法小委員会で「親権という概念ないし制度の改廃について，左の諸案あり，なお検討する」とされ，その「諸

第4章 親権法制と子どもの権利擁護

案」の中の「親権という概念ないし制度を廃止する案」として，次の2つの案があげられていた（法務省民事局「民法親族編の改正について」『法律時報』31巻9号，1959年）。

　丁案　親権という統一的概念を廃止し，身上監護権と財産管理権とに分ける案

　戊案　親権という制度を廃止し，後見制度に統一する案

　当時このような案が提出されたことは注目に値するが，その後新たな展開は見られなかった。時代も背景的状況もすっかり変わってしまったが，今こそ子どもの権利条約の視点から，再び親権の廃止について論議されるべきときであると考える。

　稲子宣子は，この点に関し，「私も，親権法のありかたを考えるとき，それを子どもの『養育を受ける権利』を軸としたものに再構成するためには，やはり子が親の支配権の客体であるという考えにもとづく『親権』という包括的な概念を廃止し，これを『親の権利および義務』として，親子関係における個々の具体的態様において捕捉するべきであると考える」と述べ，1959年の上記親権廃止案に言及したのち，「それからすでに30年以上もの年月が過ぎている。法制審議会民法部会が一日も早く親権法および後見法の改正に着手することを願ってやまない」と書いている（稲子『ソ連における子どもの権利』日本評論社，1991年，314頁）。

　また，田中通裕は，「親権たる用語の廃止」を唱えたうえで，「親権法の再編によって目指されるのは，……『子どもの権利条約』の趣旨にそって，子を権利主体として承認し，具体的にその権利を保障するシステムを構築することである」。親権法は，今や，「発達する権利の主体としての子の発達・成長を援助・保障するとともに，子の自律性を尊重する制度への転換を迫られている」と指摘している（田中「親権に関する一考察——親権法の再編に向けて」新井誠・佐藤隆夫『高齢社会の親子法』勁草書房，1995年，17頁）。まったく同感である。ただ，同論文をはじめとする家族法研究者の論文の多くが，最近の児童福祉法研究の成果（児童福祉法研究の側からの親権制度へのアプローチ）をほとんど無視していることが大変気になるところである（稲子宣子の前掲書が，児童福祉法研究を丹念にフォローしていることについては，⇒本書第7章3(2)）。児童福祉法研究が法研究として成熟していないということなのだろうか（もしそうだとしたら，反省すべき点があるかもしれない）。

(29)　里親の権利について，私はかつて次のように書いている。

第Ⅰ部　児童福祉法の基礎理論

　「里親は，親権者と衝突する可能性があるという点では施設長と同じであるが，一私人であるという点で大きく異なる。現に継続的に子どもを育てているという事実に着目して，里親に何らかの権利・権限を賦与してもよいように思えるが，現行法ではそうした権利は認められていない。里親に権利を与えるということは，『血のつながり』よりも事実上の共同生活を重視することであり，親の権利よりも子どもの福祉を優先させることである。法律上の親子関係を結ばずに子どもを養育する者に権利を認めることは，伝統的な親権の大幅な後退にほかならないのである。

　かなり長期にわたって里親・里子としての生活を営み，それがうまくいっている場合にも，実親が親権者として引き取りに来たら，実親に引き渡すことが子どもの福祉に反するとしても，里親はそれを拒否できないのが現状である。こうした事例でなくとも，現に親子として生活している里親に私法上の権利を全く与えないというのは，里親制度の今後の発展にとって不都合と思われる。一定の期間以上里子と家庭生活を共にしている里親に対しては，家庭裁判所の判断と児童相談所の指導の下に一定の法的地位を承認するのが当然だと思われる。」（許斐・前掲「要養護児童の親権問題——施設長の親権代行を中心として」55頁）。

　沼正也は，児童福祉法成立の初期の段階（1952年）で，里親制度について，次のように書いている。里親制度において「親権的保護は誰が行うかについては，児童福祉法は十分な調整規定を置いてないが，恐らくは，里親が後見人として選任せられるに至ることが多かろうと思う。少くも，親権の一内容をなす事実上の監護の権利義務が里親に与えられるべきことは論を待たない」と（沼「親族法の対象」『親族法の総論的構造［新版］』三和書房，1975年，83頁／初出は『法学新報』59巻6号，1952年）。

　また，加藤永一は，「里親に『親権』をみとめることはできない」としながらも，「里親に監護教育の権利を否定する点は，理解できない。……里親の監護教育が正当な権利をもたない第三者（監護権者もこれに入ることになる）によって妨害されたとき，里親には妨害を排除する権利をみとめねばならない」と述べている（加藤「里親の権利義務——その法律構成」『親子・里親・教育と法』一粒社，1993年，97頁／初出は，『法学』25巻2号，1961年）。右田紀久恵も，同旨（右田「児童の身上保護に関する諸問題」柴田善守・右田紀久恵『児童福祉概説』家政教育社，1965年，260頁）。

　里親委託の法的性質に関する議論については，鈴木隆史「里親制度の改革と法的対応について」石川稔・中川淳他編『家族法改正への課題』日本

第 4 章　親権法制と子どもの権利擁護

　　加除出版，1993年，を参照されたい。
(30)　里親を後見人に選任せよという主張は比較的多い。たとえば，鈴木ハツヨ『子供の保護と後見制度』創文社，1982年，11頁。山本正憲は，「保護者なき委託児童に対しては，当然里親を親権者又は後見人となす立法が望ましい」と主張する（山本『養子法の研究Ⅰ』法律文化社，1979年，45頁）。これに対し，稲子宣子は，「里親を即後見人に選任せよとする立法論は，現実的ではない」とする。そして，里親のもつべき権利・義務の問題は，「従来なされてきたように単に法理論上の問題としてのみ検討されるべきではなく，日本における里親制度の運用の実態に即して検討されなければならないと思われる」と指摘する（稲子・前掲『ソ連におゐる子どもの権利』457頁）。私も，その通りであると思う。なお，里親も児童福祉法上の「保護者」ではあるので，現行法においても社会法上の権利と責任はあるということができる。
(31)　親権を廃止して，後見制度に一本化する方向（注28の戊案）も検討に値する。ただし，現在のような，私的（私法的）後見制度だけでは不十分で，公的（社会法的）後見制度が必要である。たとえば，親権者・後見人のいない子どもに対しては，児童相談所長は後見人を選任する義務がある（児童福祉法33条の7）が，身寄りのない施設入所児童に現行法による（私的）後見人を選任するのはなかなかむつかしい。「施設入所児童の権利を擁護し，その子の行く末を見守るような後見人［公的後見人］を探す努力がなされるべき」だと考える（許斐・前掲「要養護児童の親権問題——施設長の親権代行を中心として」53頁）。子どもを直接養育する必要はないが，「子どもとの情緒的な交流」もできるような後見人であれば，なお望ましい（同59頁）。吉田恒雄・前掲「子どもの権利保障と親権——施設養護の親権代行を考える」（176頁）も同旨。なお，稲子宣子は，「新しい後見制度は，『親権の延長』ではなく，子の権利と利益をどうまもるかという基本原理のうえに構成されたものであること，そしてこの方向にむかって後見制度を改革していくとすれば，後見法は，ソ連の後見法のように，市民法の枠を乗り越えて，社会法的な性格をもつものに変わっていかざるをえないだろうということである」と書いている（稲子・前掲『ソ連における子どもの権利』312-313頁，傍点引用者）。きわめて重要な指摘だと思う。
(32)　前掲『児童相談事例集（第13集）』185頁。

第Ⅰ部 児童福祉法の基礎理論

表4-1 親権または管理権の喪失の宣言及びその取り消し事件数（全家庭裁判所）

年(昭和)	23	24	25	26	27	28	29	30	31	32	33	34	35	36	37	38
新　受	229	258	246	261	405	338	594	395	282	225	244	182	156	138	135	146
既　済	146	247	241	262	387	314	558	436	306	211	253	185	178	150	135	136
認　容	55	110	86	82	127	98	152	115	87	48	84	40	53	34	31	34
取下げ	80	117	125	153	217	175	352	275	194	147	139	125	113	99	100	97
未　済	83	90	97	96	114	138	173	132	108	112	113	110	88	76	75	85

年(昭和)	39	40	41	42	43	44	45	46	47	48	49	50	51	52	53	54
新　受	91	136	99	97	96	97	89	59	112	83	74	102	97	85	94	96
既　済	109	125	115	104	89	98	80	84	93	85	87	78	99	106	100	87
認　容	24	31	23	14	11	27	6	25	16	12	21	17	10	14	18	10
取下げ	74	90	81	80	60	61	64	54	59	65	63	57	74	87	74	73
未　済	67	78	62	55	62	61	70	45	64	62	49	73	71	50	44	53

年(昭和/平成)	55	56	57	58	59	60	61	62	63	元	2	3	4	5	6
新　受	82	87	81	73	69	74	65	88	92	105	81	99	82	54	112
既　済	86	87	88	71	77	77	61	72	90	111	65	112	82	71	82
認　容	12	13	14	19	18	13	10	14	7	16	10	23	8	5	3
取下げ	65	68	66	46	56	54	41	52	71	82	49	65	61	53	71
未　済	49	49	42	44	36	33	37	53	55	49	65	52	52	35	65

資料：最高裁判所編『司法統計年報・家事編』（各年版）。

第4章 親権法制と子どもの権利擁護

表4-2 児童福祉法28条の事件数（全家庭裁判所）

年(昭和)	31	32	33	34	35	36	37	38	39	40	41	42	43	44
新受	8	10	13	8	5	20	7	15	7	9	6	14	26	7
既済	10	9	10	7	12	13	10	17	7	4	11	6	28	11
認容	3	7	5	7	5	9	5	13	6	2	10	3	23	8
取下げ	5	2	4	0	7	4	5	4	1	0	1	3	5	3
未済	2	3	6	7	0	7	4	2	2	7	2	10	8	4

年(昭和)	45	46	47	48	49	50	51	52	53	54	55	56	57	58
新受	5	23	17	19	17	22	15	20	25	28	14	11	11	15
既済	5	13	20	23	12	24	19	23	24	20	17	11	14	18
認容	2	9	14	16	5	14	8	13	16	14	12	4	8	10
取下げ	3	4	3	7	7	8	11	10	6	3	4	5	6	8
未済	4	14	11	7	12	10	6	3	4	12	9	9	6	3

年(昭和/平成)	59	60	61	62	63	元	2	3	4	5	6
新受	20	12	12	13	15	14	37	21	19	15	28
既済	17	16	14	7	18	10	33	25	22	12	20
認容	14	16	9	4	10	3	19	17	18	6	12
取下げ	3	0	5	3	8	4	12	8	4	6	8
未済	6	2	0	6	3	7	11	7	4	7	15

資料：最高裁判所編『司法統計年報・家事編』（各年版）。

第Ⅰ部　児童福祉法の基礎理論

表4-3　児童相談所のおける親権・後見人関係請求・承認件数

措置・請求の種類／年度(昭和)		49	50	51	52	53	54	55	56	57	58	59
法第28条第1項第1号・第2号による措置	請求件数	14	10	9	5	8	5	2	2	6	4	14
	承認件数	10	2	6	5	7	4	1	2	3	4	13
親権喪失宣告の請求	請求件数	5	4	—	—	—	1	—	1	3	—	2
	承認件数	—	—	—	—	—	1	—	—	2	1	—
後見人選任の請求	請求件数	70	51	27	49	32	40	37	21	23	25	21
	承認件数	57	46	26	50	30	33	41	23	21	26	17
後見人解任の請求	請求件数	2	—	1	2	2	1	1	—	1	—	—
	承認件数	2	—	1	2	1	1	1	—	1	—	—

措置・請求の種類／年度(昭和/平成)		60	61	62	63	元	2	3	4	5	6
法第28条第1項第1号・第2号による措置	請求件数	3	—	5	6	3	19	10	7	5	4
	承認件数	3	1	5	3	—	15	9	5	1	3
親権喪失宣告の請求	請求件数	1	—	—	1	—	2	2	1	1	1
	承認件数	—	1	—	—	—	—	3	1	—	1
後見人選任の請求	請求件数	25	14	11	9	8	8	15	9	7	8
	承認件数	19	18	11	8	8	4	13	8	6	4
後見人解任の請求	請求件数	—	—	—	1	—	—	—	—	—	1
	承認件数	—	—	—	1	—	—	—	—	—	1

資料：厚生省編『社会福祉行政業務報告』厚生統計協会，各年版による。
注：昭和48年以前については，同上書に報告がない。

第5章
子ども家庭サービスシステムの構築に向けて
——子どもの権利擁護の視点から

　本章では，子どもの権利条約が批准されたという現在の状況を踏まえて，子どもの権利保障と子どもおよびその家族のウェルビーイング[1]の実現という視点から，日本の児童福祉の問題点とこれからの方向性を考察することとしたい。現在の児童福祉制度全般をここで分析することはできないので，まず最初に，子どもの権利擁護システムのあり方と現行児童福祉サービスの人権擁護機能について，次に，現行の児童福祉サービスにおける健全育成サービスについて，若干の考察を行う。その後に，現行のサービスシステムの枠組みをいったん無視して，これからの子ども家庭サービスのあるべき姿を仮説的に提示する。

第Ⅰ部　児童福祉法の基礎理論

1　子どもの権利擁護システム

1）児童福祉における人権擁護機能

　児童福祉とは，本来子どもの権利擁護をその主たる目的とすべきものである。そして児童福祉法は，それ自体が人権擁護のシステムでなければならない。しかし，現行の児童福祉法には，人権擁護のためのシステムがほとんど用意されていないようにみえる。それは，日本の「児童福祉」がこれまで，保護を必要とする子どもの「保護」だけに目を向け，子どもの権利を擁護するという発想に欠けていたからではないだろうか。これからの児童福祉（子ども家庭サービス）は，子どもの権利を積極的に擁護するという視点に立つ必要がある。

　子どもの権利の視点からいえば，児童福祉サービスには，次の3つの人権擁護機能が含まれることが必要である。
　(1)　子どもの人権が現に侵害されているときに，子ども自身が緊急に人権救済を申し立てるシステム（子どもの「かけこみ寺」――［子どもの人権救済機能］）
　(2)　子ども自身がその権利を主張もしくは行使できないときに，子どもの権利を子どもの立場に立って代弁するシステム（「代理人もしくは適当な団体」の設置――［子どもの権利代弁機能］）
　(3)　何が「子どもの最善の利益」かについての判断が一致しない場合に，それを第三者的立場から調整するシステム（［子どもの権利調整機能］）
　　　さらに，子どもの権利が正しく保障されているかどうかを監視する機構としてのオンブズマン（パースン）制度あるいは国

内における子どもの権利委員会の設置が必要である。

それでは，現行法のもとでは，これらの機能に関連する制度として，どのようなものがあるのであろうか。

(1) 緊急に人権救済をするときに利用できるものとしては，児童福祉法には，通告制度（25条），児童相談所・福祉事務所への相談（15条の2，18条の2），児童委員への相談（12条），一時保護（33条）などがある。現行法では，緊急に保護を要する場合には，《通告（相談）⇒一時保護》というのがもっとも一般的だと思われる。しかし，人権を緊急に救済するという意味では，きわめて不十分であるし，本当に救済が必要なときに実際にはほとんど役に立たない恐れもある。とにかく手続きが不明確であるし，また24時間態勢で迅速に保護にあたるというシステムが確立されていないことも問題である。さらに，子ども本人が直接人権救済を申し立てるシステムになっていないことや，こうした制度が子どもたちに知らされていないことなど，根本的な問題もある。

子どもたちが人権侵害の被害者となるケースとしては，学校や児童福祉施設における体罰やいじめ，親などによる児童虐待などいろんなことが想定される。このような場合に子ども自身が相談できる制度として，弁護士会の「子どもの人権110番」や人権擁護委員の制度（「子どもの人権専門委員」の設置）などがある[2]が，迅速に人権を救済できるのかどうか疑問である。今後は，子どもたちが安心して「駆け込む」ことができ，適正な手続きにしたがって人権を救済することができるようなシステムが確立される必要がある。

(2) 親（法定代理人）を除く第三者が子どもの権利を代弁するシステムは，今のところ日本には，少年審判における附添人制度しか見当たらない[3]。親

第Ⅰ部　児童福祉法の基礎理論

と利害が対立する場合などにも，子ども自身が自らの意思で弁護士を含む代理人を選任できないというのは，制度上の不備といわざるをえない。また，自分自身で十分に意思を表明できない年少の子どもについて，親権者である親以外の第三者が子どもの立場に立って代弁するというシステムがまったく用意されていないのも問題である。現行児童福祉制度では，児童相談所のソーシャルワーカー（児童福祉司等）や家庭裁判所の調査官などが，意識的にその機能を果たすことを期待するほかはない。

　親が子どもの権利を代弁できないとき，あるいは親が子どもの代弁者としてふさわしくないときに，子どもに代弁者たる大人をつけるのは社会全体の責任である。とくに行政手続き・司法手続きにおいて子どもの意見表明権を保障するためには，公的責任において代弁者を確保する必要がある。

　カナダ・オンタリオ州の「アドボカシー事務所」（正式には，子ども家庭サービス・アドボカシー事務所　Office of Child and Family Service Advocacy）は，この点でとても参考になる[4]。オンタリオでは，子ども家庭サービス法が規定しているサービスを受けている子どもおよびこれから受けようとしている子どもは，この事務所に援助を求めることが権利として認められている（⇒本書第8章3）。また，インケアの子どもは，いつでも同事務所に電話をすることができるし，また会いにきてもらうこともできると，知らされている。また，法的代弁システムとしては，同州の「子どもの弁護士」制度がすぐれていると思われる[5]。「子どもの弁護士」事務所（Office of the Children's Lawyer）は，州政府司法省に置かれ，裁判所の指示などにより，未成年者の法的代弁活動を無料で行う。同事務所には，専任の弁護士やソーシャルワーカーなどが配置されている（⇒本書第8章2）。

　(3)　子どもの権利の調整は，最終的には司法機関である裁判所（多

第5章 子ども家庭サービスシステムの構築に向けて

くの場合家庭裁判所）で行われることになる。しかし，裁判所にも処理能力に限界があるので，すべてのケースを裁判所に持ち込むというのは現実的ではない。したがって，その前段階での調整がどうしても必要となる。児童福祉の分野では，児童相談所にもその機能を期待できなくもないが，多くの場合児童相談所が当事者となるので，適格とはいいがたい。また，現状では，弁護士会や人権擁護委員も十分に調整機能を発揮するには至っていない。

一言で「子どもの最善の利益」といっても，それを判断するのはとてもむつかしいことである。人によってその判断が異なることも多いであろうし，子ども自身の意見に反することもあるであろう。したがって，子どもの権利擁護の視点に立って，「子どもの最善の利益」を判断し調整することのできる第三者的機関の存在が不可欠だと思われる。子ども自身の意見もちゃんと聴き，親や周りの大人たちの考えも聴いたうえで，第三者的立場から「子どもの最善の利益」を調整し，客観的に判断することが求められる。

また，具体的なケースにおいて調整・判断するだけでなく，子ども個人や子どもたちの集団から意見を聴き，法制度や施策の問題点，サービスシステムの課題などを行政等に意見具申するための国内（あるいは地方自治体の）「子どもの権利委員会」（あるいは子どもの権利審議会）の設置も検討されてよい。

2） 児童福祉法上の人権擁護サービス

次に，現行の児童福祉法にある人権擁護に関連する規定をもう少しくわしく見ておこう。ただし，ここで「人権擁護」というのは，人権を侵害されている子どもの保護とその予防的措置に限定される。

(1) 児童相談所の人権擁護機能

児童相談所は，児童福祉法の中核に位置する児童福祉専門の行政機関である。児童相談所の目的としては，「児童の福祉を図るとともにその・権・利・を・保・護・す・る・こ・と」があげられている[6]が，権利保護の手続きや方法などは具体的には示されていない。また，「児童相談所における相談援助活動は，児童，保護者等の・人・権に十分配慮し行う」と書かれている[7]が，あえてそう言わなければならないほど，これまで児童相談所は子どもの人権に十分な配慮をしてこなかった。現状では，児童相談所は人権擁護を目的とした専門機関であるとはいいがたい。

(2) 一時保護

児童福祉法によれば，児童相談所長は，必要があると認めるときは，緊急に保護を要する子どもを，直接一時保護するか，第三者に一時保護の委託をすることができる（33条1項。なお，同2項には，都道府県知事の権限としての一時保護が規定されている）。

一時保護を行う必要がある場合とは，たとえば，「棄児，家出児童等現に適当な保護者又は宿所がないために緊急に当該児童を保護する必要がある場合」とか，「虐待，放任等の理由により当該児童を家庭から引き離す必要がある場合」などである[8]。

ただ，こうした一時保護が，実際に人権擁護サービスとして機能しているかどうかは疑問である。かえって一時保護が長期化して子どもの教育を受ける権利が阻害されたり，「一時」ということで行動自由の制限が正当化されている[9]ことは問題である。一時保護は，任意の場合（本人および親権者の同意がある場合）を除いては，緊急な場合のまさに「一時」的な保護に限定されるべきであろう。

第 5 章　子ども家庭サービスシステムの構築に向けて

(3) 同居児童の届出義務等

児童福祉法は，児童売買等の子どもの人権侵害を未然に防ぐために，親族ではない子ども（4親等内の児童以外）を自分の家庭に同居させている者に届け出の義務を課している（30条1・2項）。また，経済的理由等で子どもの養育が困難である場合には，児童相談所・福祉事務所等に相談するよう，保護者に義務づけている（同3項）。

(4) 親権・後見に関する児童相談所長の権限

親権および後見については民法の第4編第4章・第5章が規定しているが，児童福祉法も，民法を補完する規定を用意している。児童福祉法では，「児童福祉の公益の代表者」[10]としての児童相談所長に，家庭裁判所に対する親権喪失宣告，後見人選任・解任の請求権を付与している（33条の6～33条の8，⇒本書第4章2）。

(5) 禁止行為

児童福祉法34条は，子どもの人権を明らかに侵害するものとして，次のような行為を禁止している。これに違反した場合には，処罰される（60条）。

(i) 満15歳未満の児童に酒席に侍する行為を業務としてさせる行為，児童に淫行をさせる行為などの児童虐待行為（11項目の行為，同1項）。
(ii) 児童福祉施設において，その目的に反して，子どもを酷使する行為（同2項）。

このように見てくると，児童福祉法には，最低限の児童保護の規定は用意されているものの，上からの「保護」のレベルにとどまっており，子どもの人権を積極的に擁護するためには，未だ不十分であると

評価せざるをえない。

2 児童福祉法の健全育成サービス

1) 児童福祉法と健全育成

(1) 児童福祉法における「健全育成」の意義

　児童福祉法は，成立時より，要保護児童の保護のみを目的とはせず，広く一般児童をも対象とし，その心身ともに健やかな育成を基本理念としている。しかし，それは理念のレベルにとどまり，当初は，要保護児童以外の子どもと家族を対象にした具体的な施策・サービスはほんのわずかしか用意されていなかった。

　中央児童福祉審議会は，1956年に厚生大臣に対して意見書を提出し，一般児童の健全育成対策の必要性を強調した。すなわち，「従来の児童福祉行政が，要保護児童の保護に主力を注ぎ，一般児童の健全な育成について十分考慮を払わなかつたことは，反省を要するところである」として，家庭，地域社会，文化に配慮した健全育成が必要であると指摘している[11]。これが，児童福祉における健全育成施策の出発点となる。

(2) 健全育成の意味

　「健全育成」という言葉は，いくつかの意味で使われている。1つには，非行対策を中心にした青少年対策の目的として「青少年の健全育成」がいわれることがある。たとえば，総務庁に設置された青少年問題審議会は，1986年12月4日に「21世紀に向けての青少年の健全育成

第5章 子ども家庭サービスシステムの構築に向けて

の在り方」という意見具申をしているが，これなどがその典型である。

児童福祉の分野で健全育成という用語を使用する場合にも，広義と狭義の2通りがある。広義には，最初に述べたように，児童福祉の理念であるすべての児童の「心身ともに健やか」な育成という意味で使われる（児童福祉法1条）。これに対し，狭義の「児童健全育成」とは，「要保護児童の対策以外の広く一般の家庭にある児童を対象として，児童の可能性を伸ばし，身体的，精神的，社会的に健全な人間形成に資するため生活環境条件の整備，児童とその家庭に対する相談援助等の対策を行うものである。」[12]

2) 児童健全育成施策の現状と問題点

厚生省が所管する児童健全育成施策には，次の3分野があるとされている[13]。

① 家庭における児童養育の援助——「児童が家庭において保護者の暖かい愛情と保護の下に養育されるため，家庭作りを支援するサービス。（相談援助事業，児童手当制度）」

② 地域における健全育成の推進——「児童の生活の大半を占める遊びの環境作りと地域における児童の育成に関する相互協力の活動への援助。（児童厚生施設の設置・運営，都市児童健全育成事業，地域組織活動，放課後児童対策）」

③ 児童の遊びの活動の推進——「豊かで楽しい遊びを体験させるための活動への直接的な援助。（児童福祉文化財普及事業，自然とのふれあい，お年寄りとのふれあい事業等）」

これらの児童健全育成施策は，次のような施策・事業により具体化されている[14]。

ア．家庭児童相談室の設置

第 I 部　児童福祉法の基礎理論

　　イ．児童厚生施設（児童館，児童遊園，中央こどもの国，こどもの城）
　　ウ．地域組織活動（母親クラブ等）
　　エ．都市児童健全育成事業（児童クラブ指導者研修・民間指導者養成事業，乳幼児健全育成相談事業，すこやかテレホン事業）
　　オ．児童館活動の推進（児童福祉文化財普及等事業，児童厚生施設地域交流事業，児童厚生施設自然体験活動事業）
　　カ．こどもの遊び場づくり推進事業（こどもの町）
　　キ．児童文化の振興（児童文化財の推薦，ホラービデオへの対応）
　　ク．児童健全育成のための調査，研究（児童健全育成に関する統計調査，児童健全育成に関する研究）

　なお，「放課後児童対策事業」[15]は，健全育成施策に含まれているが，「家庭養育支援事業」，「父子家庭等児童夜間養護事業」，「子育て支援短期利用モデル事業」は，要保護児童施策に位置づけられている。

　ここ数年，出生率の大幅な低下にともない，一般の子どもと家族に対するさまざまなサービス提供の重要性が指摘され始めている[16]。しかし，最近に至るまで，一般の子どもとその子どもを養育している親に対するサービスはあまり重視されてこなかったのも事実である。「健全育成」という用語はあっても，その基本的な思想もなければ，体系的施策もないというのが実際であった。「健全育成」とは，要保護児童対策ではない諸施策の「寄せ集め」に過ぎず，子どものウェルビーイングを促進するという視点はほとんどなかったといわざるをえない。

　これからは，子どもの権利条約の考え方に基づいて，子どもと家族に対する積極的なサービスの提供が求められる。なかでも，子どもを養育している親に対するさまざまなサービスの提供（条約18条 2 項ほ

か）と子どもの遊ぶ権利の保障（条約31条)[17]が重要であろう。これらの新しいサービスには，もはや「健全育成」という呼び方はふさわしくないと考える。

3　子どもの権利保障をめざす子ども家庭サービスの方向

　現行の児童福祉制度が，子どもの人権を擁護するための十分な機能を備えていないことは，すでに述べたとおりである。また，一般の子どもとその家族に対するサービスがきわめて貧弱であることも指摘した。

　そこで，最後に，子どもの権利を擁護し，子どもおよび親のウェルビーイングを実現するための「子ども家庭サービス法」のあり方について，考察する。本節では，現行制度の枠組みにとらわれずに，自由に構想してみたい。未だ仮説的な提示にすぎないが，児童福祉制度が大きく変革しようとしている時期であるので，1つの問題提起として受けとめていただきたい[18]。

1）　子ども家庭サービス法の基本理念

　まず最初に，子ども家庭サービス法の基本理念について，考えてみよう。ここでは，子どもの権利条約の基本的な考え方を日本国内で具体化することが，最大の課題となる。

　子ども家庭サービス法の基本理念としては，少なくとも次のような

内容が含まれることが必要であろう。

(1) 子どもの権利保障の基本的な考え方
  (a) 子どもの権利に関する基本理念
    日本国憲法，子どもの権利条約などを踏まえて，あらためて，子どもの「個人としての尊重」，子どもの権利主体性（とくに子どもが自ら権利を行使する存在であるということ），社会的存在としての子どもおよび子どもと親のウェルビーイング（well-being）促進の考え方などが，明文によって確認される必要がある[19]。
  (b) 子どもの権利を基本に据えた社会的子育て思想
    子どもは社会的存在であるので，子どもを養育する責任のすべてを親だけに押しつけるのは適当ではない。実際に直接的に子どもを養育する責任がその親にあるとしても，子どもの権利を実現するために，社会全体が1人ひとりの子どもの養育に責任を持つという基本的な思想を明らかにしておく必要がある。

(2) 子どもの権利の手続的保障
 子どもの意見表明権や親などの利害関係人が手続きに参加する権利などを保障するための手続的規定を，明文化すべきである。子どもの代弁人選任の方法なども，規定しておく必要があろう。

(3) 子どもの権利保障の責任主体
  (a) 親の責任
  (b) 国および地方自治体の責任（公的責任）
  (c) 社会の責任（国民の責任を含む）
 子どもを養育する責任（私法的責任と社会法的責任）は誰がどのよう

第5章 子ども家庭サービスシステムの構築に向けて

に負担するのか，また，子どもの権利を保障する責任はどのように分担されるべきか。上記の3者の関係を，具体的に整理しておく必要がある。とくに，親の責任(a)と国の責任(b)との関係については，子どもの権利条約の基本的な考え方を前提として，できる限り明確に規定すべきであろう（現行児童福祉法2条）。なお，「社会の責任」(c)というのは，子どもの養育および子どものウェルビーイングの促進に社会全体が責任を持つということの宣言であるので，何らかの形で明文化しておくことが望ましいと考える（現行児童福祉法1条1項）。

2）子ども家庭サービスの種類と内容

子ども家庭サービスの中身としては，次の3種類のサービス（細かくは4種類）が考えられる。
  (1) 一般の子どもと家族に対する幅広いサービスの提供［促進サービス］
  (2) 子どもと家族への養育支援・援助サービス［支援サービス・援助サービス］
  (3) 人権を侵害されている子どもの保護と援助サービス［保護サービス］

それぞれ簡単に解説する。

(1) 一般の子どもと家族に対する幅広いサービスの提供（促進サービス）

すべての子どもと親の自己実現を促進するためのプログラムで，あらゆる子どもと家族が，いつでも自由にサービスを享受できるものでなければならない。伝統的な「健全育成」施策に含まれていた遊ぶ権利の保障とその条件整備，子ども文化の推進などを積極的に展開する

ことが望まれる。また，子どもと親が「ともに育つ」ことができるようなプログラムの開発が必要である（家庭教育・子育て教室・親子教室，さまざまな啓発・相談活動など）。

隣接領域の法律・施策等との関係を整理しなければならない。

(2) 子どもと家族への養育支援・援助サービス

子どもを養育している家族に対するサービスの提供については，次のように，支援サービスと援助サービスに分けて考えることが適当であろう（⇒本書第3章3）。

(a) 子どもと家族への養育支援サービス

養育支援サービスとは，とくに深刻な問題を抱えているわけではないが，家庭での養育についてなんらかの社会的サポート（支援）を望んでいる子どもと家族に対して提供されるサービスである。さまざまな相談事業，一般的な保育サービスを含む児童福祉施設サービスの一時的あるいは部分的利用も含まれる。

(b) 援助を必要としている子どもと家族への養育援助サービス

養育援助サービスとは，親子関係を含む家族関係になんらかの葛藤があり，家庭での養育について明らかに積極的援助を必要としている子どもと家族に対して提供されるサービスである。親子関係・家族関係の調整のためのトリートメント・サービス，児童福祉施設サービスの一時的あるいは部分的利用（保育サービスを，このような場面で利用することも可能である）などがある。

(3) 人権を侵害されている子どもの保護と援助サービス（公権的介入を含む）

主として家庭において親などによる人権侵害を受けている子どもに

ついては，公的機関が直接子どもを保護し，子どもに対する援助サービスを開始する必要がある。この中には，次のようなプログラムが含まれる。

(a) 家庭での養育を前提とした子どもと家族への援助（親子分離を前提としない）
(b) 親子分離を前提とした子どもと家族への援助
　(i) 一時的分離（親子関係の修復，ファミリーソーシャルワーク）
　(ii) 永続的分離（代替的養育システム）
(c) 緊急一時保護システム

これらについては，不服申立て制度や家庭裁判所によるチェックシステムなどが，検討されるべきだと考える。

いずれにしても，親権をどう考えるかが大きな問題となるので，民法との調整が重要な課題となる。また，家庭裁判所の関与の仕方も問題となる。子ども自身が保護やサービスを要求する権利をどう保障していくのかが，今後問われることになろう。

おわりに

児童福祉法は，もともと総合的な児童福祉の基本法をめざして作られたものであった。しかし，「福祉」法という名称を使ってはいるが，実際には児童「保護」の体系にすぎない。総合的法律といいながら，成立過程において問題になった厚生省と他省とに関連ある問題について，何ひとつ解決していない。また何よりも，子どもの権利条約の視点からいえば，児童福祉法は子どもの権利を保障するための法体系とはなっていない。これらのことを総合すると，児童福祉法は，厚生省

第Ⅰ部　児童福祉法の基礎理論

児童家庭局所管の児童保護行政法にすぎず，社会法の一分野としての「児童福祉法」になりえていないといわざるをえない。

　子どもの権利条約を本当の意味で批准し，その基本的な考え方を日本の法制度の中に定着させるためには，まず第1に，子どもの権利保障の基本理念と方法を定める法律の制定が不可欠であろう[20]。たとえば，行政（省庁）の垣根を越えた「子どもの権利保障法」の制定なども検討に値する。もしこれが実現するとすれば，制定45周年を迎えた児童憲章を現代的に書き改め，法的拘束力をもたせる作業となる。

　次に，児童福祉法を「社会法」の一環に位置づけ，子どもの権利保障，とくに生存権保障を基本理念とする法律として全面的に改正する必要がある（「子ども家庭サービス法」への移行）。①要保護児童といわれる子どもたちの生活保障はもちろんのこと，市民的自由・意見表明権の確保も大切である。また，②要保護児童とはいわれないが，現実には保護を必要としている子どもたちも多数いる。そのような子どもたちの権利を擁護するためには，子どもへの援助だけでなく，その親・家族への支援・援助も必要である。そのような視点から，現行の措置制度を再検討しなければならないであろう。さらに，③一般の子どもと家族のウェルビーイングの増進にも，より積極的に取り組む必要がある。すなわち「子どもが健やかに生まれ育つ環境づくり」政策が，具体的に展開されなければならない。

　上記の2点は，いわれるまでもなく，すぐに実現可能な提言ではない。当面は，現行法の解釈と運用を通じて，子どもの権利保障を前提とした「社会的子育てシステム」を作り上げる努力が求められる。①児童福祉法1条2項を補強するものとして子どもの権利条約を位置づけ，条約の考え方を取り入れる形で児童福祉法の基本理念を再構成する。そして，それをもとに現行児童福祉法をはじめとする子ども関連法を再解釈するのである。②法の具体的な運用の場面で，条約の考え

第5章 子ども家庭サービスシステムの構築に向けて

方を取り込むことも可能である。また，③児童福祉の実践の場で，法を先取して条約の理念が生かされることは，大いにありうることである（また，そうあってほしいと思う⇒第7章1）。

いずれにしても，子どもの権利条約の理念を実現するためには，総合的な児童福祉法研究＝「子ども法」研究が必要である[21]。これまでのように，公法・社会法と私法を峻別するだけでなく，公法と私法の架橋となるような総合的・体系的視点が求められている。子どもの権利条約の批准を契機として，子どもの権利保障を目的とする「子ども法学」の成立を期待したい。

(1) ウェルビーイングの考え方については，高橋重宏『ウェルフェアからウェルビーイングへ──子どもと親のウェルビーイングの促進』川島書店，1994年，参照。
(2) このほか，各地の法務局・地方法務局の人権擁護課への相談・申立て，各地の弁護士会への相談および人権救済の申立て，などがあり，身近なところでは地域の人権擁護委員に相談したり，警察に通報することもできる。しかし，いずれの方法も緊急な場合に有効な救済手段とはなりにくい。根本的な制度改革が必要である。
(3) 少年法10条。このほか，民法の特別代理人制度もある（民法826条）が，特別代理人の選任を請求するのは，「親権を行う者」となっている。
(4) カナダ・オンタリオ州の子ども家庭サービス法（Child and Family Services Act）102条および103条(1)(b)。
(5) 同子ども家庭サービス法38条。
(6) 厚生省児童家庭局監修『児童相談所運営指針』日本児童福祉協会，1990年，11頁。
(7) 同上書38頁。
(8) 同上書83頁。
(9) 同上書84-85頁。
(10) 川嶋三郎『児童福祉法の解説』中央社会福祉協議会，1951年，254頁。
(11) 中央児童福祉審議会意見具申「児童福祉行政の諸問題に関する意見具

第Ⅰ部　児童福祉法の基礎理論

　　申」1956年5月2日。
(12)　厚生省児童家庭局監修『児童健全育成ハンドブック』(平成2年版) 日本児童福祉協会，1990年，22頁。
(13)　厚生省児童家庭局監修『児童健全育成ハンドブック』(平成6年版) 日本児童福祉協会，1994年［増補版］，28頁。
(14)　同上書 (平成6年版)，41-64頁。
(15)　「放課後児童対策事業」は，「昼間保護者のいない家庭の小学校低学年児童（『放課後児童』）等の育成・指導に資するため，遊びを主とする健全育成活動を行う地域組織として児童クラブを設置し，児童の健全育成の向上を図る」ことを目的とする（厚生省児童家庭局長通知「放課後児童対策事業の実施について」1991年4月11日）。
(16)　「たくましい子供・明るい家庭・活力とやさしさに満ちた地域社会をめざす21プラン研究会（子供の未来21プラン研究会）報告書」1993年7月29日。
(17)　「大阪府子ども総合ビジョン」は，施策目標の第1に，「子どもの豊かな遊びと文化の創造」をあげ，「すべての子どもたちが，その個性と豊かな可能性を最大限発揮し，健やかに成長することができるよう，子どもの成長に果たす遊びや文化の役割を再評価するとともに，遊びと文化活動の振興を図る」と解説している。
(18)　本節は，平成5年度および平成6年度厚生科学研究費補助金による家庭・出生問題総合調査研究（平成5年度は「家庭機能に関する研究：家庭養育機能及び家庭に対する社会的・公的支援に関する研究」，平成6年度は「子ども家庭サービスのあり方と実施体制に関する基礎的研究」）の共同研究の成果の一部である。
(19)　1951年に制定された児童憲章は，不十分ながらそのような内容を含んでいる（⇒本書第1章2）。しかし，子どもが受け身の存在として表現されており，またその権利性がきわめて曖昧である。児童憲章を全面的に改訂して，「子どもの権利憲章」を制定することも考えられてよいかもしれない。
(20)　「子どもの権利保障のための法律」といっても，いろいろなレベルのものが考えられる。法体系としては，次のように構造化できるであろう。
　　A　憲　法
　　B　子どもの権利基本法
　　B'　子どもの権利憲章
　　　＊　「児童憲章」を現代的に全面改定することも考えてよいのではない

第 5 章 子ども家庭サービスシステムの構築に向けて

か（注19参照）。本文中の①（とくに(b)）などは，法律よりも「憲章」という形のほうが普及しやすいかもしれない。また，子どもの権利基本法がむつかしいとすれば，「憲章」の形で，行政官庁の垣根を越えて，総合的な子どもの権利保障理念を明文化することがよいと思われる。

C 子どもの権利保障（手続）法
 ＊ 行政・司法・立法過程における子どもの権利保障の基本的な考え方や手続きを明文化することが必要である。

D 子ども家庭施策（サービス）基本法
 ＊ 厚生省所管の子ども家庭施策の基本理念を定める「子ども家庭サービス基本法」のようなものが構想されてもよいと思われる。その中には，子どもの権利保障の考え方を入れるとともに，子どもの養育に対する公的責任の明文化が必要である。現行児童福祉法の総則（主として1～3条）にあたる。

E 子ども家庭サービス法制──子どもと家族に対する公的支援・援助サービス法制
 ＊ 総合的な「子ども家庭サービス法」が現実的でないとすれば，具体的な子ども家庭サービスの提供に関する法律を，サービスの種類・態様に応じていくつかの法律に分けて制定することも考えられる。

F 子どもの権利基本条例（子どもの権利保障条例）

G 児童福祉分野における子どもの権利保障のための条例

以上は，考えられるものを，上位のものから順に列挙したにすぎない。具体化するにあたっては，現行の法体系との調整をしながら，また厚生省と他の省庁との連絡調整のもとに進められることが必要となる。

このうち，きわめて困難だが重要な課題として，私法との調整がある。どうしても民法の親権規定等に波及せざるをえないだろう。たとえば，子どもと親権者との利害が対立する場合，子どもの代弁者（代理人）をどのようにして確保するか（民法の特別法規定が必要──行政・司法手続における代理人，「措置」中［児童福祉施設入所・里親委託］の代弁者）などが問題となる。

(21) 少し別の角度から，今後の「児童福祉法研究」の課題を整理しておきたい。

① まず第1には，児童福祉法の基本理念を，今日的視点から再検討するという課題がある。一方で，児童福祉法の成立・展開過程の議論を丹念に追うことにより，児童福祉法の基本的性格を再評価すべきであると思

第Ⅰ部 児童福祉法の基礎理論

う。他方で,子どもの権利条約の審議過程を考察することによって,条約の趣旨および基本理念を明らかにし,それを手がかりとしながら,児童福祉法(子ども家庭サービス法)のあるべき姿を探求することが求められている。

② 次に,この分野における法社会学的研究の必要性を指摘できる。現実にはさまざまな場面で多様な子どもの人権侵害が起こっている。この機会に,子どもの権利条約を・も・の・さ・し・として,いったい児童福祉現場の何が問題なのかを徹底的に洗い出す作業が必要であろう。また,法運用の実態にも目を向けなければならない。事例や判例の分析を通じて法運用の実態を明らかにし,その問題点を分析することも大切な作業である。司法的対応とソーシャルワーク的対応とが対立する場面も多くあるので,その点にも配慮しなければならないであろう。

③ 3番目には,法解釈的研究の重要性をあえて指摘しておきたい。社会福祉の分野では法解釈といえば行政解釈であり,研究者や実践家による法解釈はほとんどないに等しい。そういった現状においては,児童福祉法の立法者意思,成立・展開過程を踏まえて,官僚解釈とは違った法解釈を提示することがきわめて重要となる。そして,その解釈は常に社会福祉現場にフィードバックして点検するとともに,裁判所に対しても積極的に問題提起をすべきだと考える。

④ 4番目には,立法論的研究も重要な研究課題である。児童福祉法は,私法と公法(社会法)との接点に位置しているにもかかわらず,現行法は必ずしも整備されていない。児童福祉現場の問題提起を受けとめながら,新たな時代に適合できるような新たな児童福祉法(子ども家庭サービス法)構想が検討されるべきである。本文で述べたように,子どもの権利条約を具体化するための立法が,いま期待されている。

⑤ 5番目に,今後は比較法研究が必要である。児童福祉制度は国によってかなり違いがある。したがって,単に法律の条文を見比べるだけでなく,背景にある社会のあり方や価値観(子ども観)——たとえばその社会で子どもがどういう位置を占め,どういうふうに見られているか——,ソーシャルワーク実践のあり方や専門職制度というようなところまで視野に含めて研究を進めなければならないであろう。

第Ⅱ部　子どもの権利と
　　　　社会的子育てを考える

第6章　子どもの権利をどう受けとめるか
第7章　子どもの権利を読む
第8章　子どもの権利を語る

第II部　子どもの権利と社会的子育てを考える

第6章
子どもの権利をどう受けとめるか

1　子どもの権利条約を活かすために

1）ひとりの父親として

　このお正月の休みに，帰省をかねて家族で小旅行をした。そのとき，行き先について5歳になる息子から抗議を受けた。「勝手に決めないでよね」というのである。
　旅行のときはいつも，「どこかに行く」ということは事前に子どもに告げるが，どこに行くかについては，親だけで話し合って決めていたように思う。親としては，子どもが喜びそうなところをいろいろと考えるのだが，子どもにとってみれば自分の関知しないところで勝手

第6章　子どもの権利をどう受けとめるか

に決められるのが気にくわないのであろう。「自分の意見もちゃんと聞いてほしい」というのである。

　考えてみれば，行き先を子どもに相談しても仕方がないと思い込んでいたのかもしれない。こちらは子どものためを思って計画しているのだから，「文句を言われる筋合ではない」といいたいところだが，当事者のひとりである子どもの意見をまったく聞かないでいたのは迂闊だった。おもちゃや本を買うときなどは，親が吟味したうえで子どもに選択させているのだが，どこかへ出でかけるときなどにも，子どもに一定の発言権が認められるのは当然のことである。子どもが主人公の旅行であればなおさらのことだ。

　息子は今度の3月で満6歳になるので，会う人ごとに「4月から小学校だね」といわれる。しかし本人にはまだその気がない。「学校には行きたくない」というのである。本人にいわせれば，「勉強するのは嫌いだから」ということになる。今から勉強が嫌いとはなかなかの大物だなと感心しつつも，親としては困ったものだと思っている。しかし，「無理やり行かせられる」という思いで学校に行かせたくはない。本人が自ら行くと決断してから行かせてやりたい。その方がはるかに意味があると思う。だから，聞かれた人には，本人の前で「今考えているところなんだよね」と答えることにしている。

　さて，どうやってその気にさせるか，思案のしどころである。とりあえずランドセルを買うことだけは納得したようであるが……。

　思えば，昨年秋には，幼稚園に行きたくないと親を困らせた時期があった。そのときも本人の意志をできるだけ尊重しようと思った。だから，一方的に叱ることはしなかった。泣いている子どもに，どうして行きたくないかを時間をかけて話させた。何か原因があるはずだとは思ったが，子どもが言うことが本当の原因だとは思えなかった。子

第II部 子どもの権利と社会的子育てを考える

ども自身も自分の気持ちをはっきりと意識しているわけではないし，自分の思いを正しく表現もできない。だが，とにかく子どもの言い分を聞くという姿勢は，間違っていなかったのではないかと思う。最後には，幼稚園を休むことは子どもにとっていい結果にはならないだろうと判断して，少し強引に幼稚園に連れて行ったが，幼稚園の中に入ると子どもはけろっとしていた。おそらく自分の気持ちを聞いてもらって，子どもなりに少しは落ち着いたのではないだろうか。

まだ甘える気持ちや，困難から逃れたい，楽をしたいという思いがあるのは当然のことだから，それを親がどうカバーし，援助するかが大切であると感じた。親の思いを一方的に押しつけるだけでは，問題の解決にはならないだろう。子どもはただ自分の気持ちを抑えつけ，あきらめるだけである。

　私のような父親は，おそらく「威厳のない父親」と映るだろう。よくいわれる「友だちのような父親」かもしれないと思う。しかし，私は自分の価値観ははっきりと子どもにぶつけている。好きなこと嫌いなこと。いやなこと，許せないこと。何が大切で何がそうでないか，など。子ども自身に関係あることであろうがなかろうが，私の考えは子どもに伝えているつもりである。だから小さいときから息子は，私の考えていることをよく知っている。最近は，私の気持ちを子どもなりに推測しようとするようになった。まだ当たっていないことの方が多いが，他人の気持ちを理解しようとする心の第一歩だと思って，喜んでいる。

　将来子どもに尊敬されるような父親になれるかどうかはわからない。「この世の中で一番尊敬するのはお父さん」などという子どもになっ

てほしいとも思わない。しかし，子どもに「ひとりの人間」として認められるような親になりたいとは思う。「親の権威」とは，力や形で示すものではなく，人間同士の対等な交流の中から自然と生まれ出るものだと思っている。

2） コルチャック先生

映画『コルチャック先生』（アンジェイ・ワイダ監督）の冒頭で，コルチャックがマイクに向かって次のように語るシーンがある。

「世のため，人のため，身を捧げるというのは嘘です。ある者はカードを，ある者は女を，ある者は競馬を好む。私は子供が好きです。これは献身とは違う。子供のためにではなく，自分のためなのです。自分に必要だからです。自己犠牲の言明を信じてはいけない。それは虚偽であり，人を欺くものです。」（映画パンフレット『コルチャック先生』岩波ホール，より）

ヤヌシュ・コルチャックは，1878年にポーランドに生まれたユダヤ人である。もともとは医者（小児科医）であるが，それとともに有名な児童文学の作家でもあった。1912年にワルシャワにあるユダヤ人の孤児院の院長となり，そこで子どもたちの自治権を認めた。コルチャックの孤児院には，子どもたちの法典があり，子どもたち自身による議会と裁判が行われた。

コルチャックは，心から子どもを愛し，子どもをひとりの人間として理解しようとした。子どもも自分の意見をもち，それを主張する権利があることを認め，実際にもひとりひとりの子どもの権利を擁護するために闘った。彼は子どもに「身を捧げた」のである。コルチャックは，それは「犠牲」ではないというだろう。なぜなら，彼は子どもたちから教えられ，学んだからである。彼は，子どもとともに生き，

子どもとともに死んだ。コルチャックこそ，真の子どもの権利の擁護者かもしれない（コルチャックは，1942年に孤児院の子どもたちと一緒に，トレブリンカ収容所で死んだといわれている）。

コルチャックは，欧米では著名な人物の1人である。子どもにも権利があることを唱え，その観点から数多くの著作を残した。1989年に国連で採択された「子どもの権利条約」の底に流れる理念は，このコルチャックの思想と一致する。そういう意味で，今コルチャックは再評価されようとしている。コルチャックの，子どもを受けとめる鋭い感性と子どもから学ぶ姿勢には，誰しもが感銘を受けるにちがいない。

3） 子どもの人権は侵害されている

「日本では子どもは大切にされてきた」とか，「日本の子どもは十分に幸せだ」などといわれることがある。発展途上国の子どもたちの実情を聞くと，「そうかな」と思うこともあるが，冷静に考えてみると，どうしても納得がいかない。大切にされているとはとても思えない事実が，たくさんあるからである。

私がとくに関心をもっている児童福祉の分野で考えてみても，明らかに人権を侵害されている子どもが多数いる。たとえば，最近になってやっとマスコミ等で取り上げられるようになった「児童虐待」がある。「児童虐待」といえば，かつては子どもに対する不当な取扱いや搾取のことであった。今では，親や保護者による子どもの人権の侵害をいう。ひどい体罰や暴行，性的虐待，放任や遺棄などである。本当であれば子どもの権利を擁護すべき親や保護者によって虐待されている子どもが，少なからずいるのである。

虐待を受けた子どもたちなど，何らかの事情で家庭から引き離された子どもたちが生活する場所として，児童福祉施設（乳児院，養護施

設，教護院など）がある。ところが，今の児童福祉施設は，その「最低基準」そのものがあまりにも低すぎて，そこで生活すること自体が人権の侵害にあたるともいえるほどである。食事こそよくなったが，職員の数，建物や部屋の基準，高校進学などの教育の保障等々問題は山積している。

児童福祉施設では，お互い「赤の他人」の子どもたちが，狭い部屋に何人もつめこまれて共同生活をしている。中学生・高校生になっても個室（自分の部屋）が保障されないのだ。「ひとりになってボーっとする空間」すら確保できないのが現実である。そろそろ，「施設の生活の方がよっぽど楽しそうだな」と思えるような施設づくりが，始まってもいいのではないか。

経済大国といわれる日本においても，基本的な人権である生存権すら満足に享受していない子どもがたくさんいることを，忘れないでほしいと思う。そんな子どもたちは，全体からいえば少数だからという理由で，切り捨てられがちである。しかしそれはおかしい。どんな境遇にある子どもであっても，将来の社会を担う子どもであることに変わりはない。政府はもちろんのこと，日本の社会全体がもっと関心を払うべきである。児童福祉法1条に，「すべて国民は，児童が心身ともに健やかに生まれ，且つ，育成されるよう努めなければならない」と書かれていることを，いつも覚えておいてほしいと思う。

4） 子どもの権利行使を援助する

それでは，普通の生活をしている子ども，つまり家庭があり，学校に通っているような子どもたちは，本当に幸せといえるのだろうか。そのような子どもたちの人権は，保障されているのだろうか。「子どもの権利条約は，発展途上国の子どもの救済を目的としたもので，日

第Ⅱ部　子どもの権利と社会的子育てを考える

本ではそれほど問題にはならない」などと，のんきなことをいう人がいる。そんな人がいること自体，日本で「人権を保障する」という考え方が弱いことの証にほかならない。子どもの権利条約の理念を忠実に実行しようとしたら，家庭や学校，地域で問題になることはたくさんある。

そもそも，子どもが権利の主体であるということが正しく認識されなければ，どうしようもない。子どもは，未熟であり発達しつつある存在であるが，それでもひとりの人間であり，独立した人格である。この当然とも思えることが，日本ではなかなか理解されない。前段の未熟であるということばかりが強調されて，子どもを大人が支配し，管理することに，何の疑いももたないできた。それが，「躾」であり，「教育」であるとされてきたのである。

だから，日本で子どもの権利条約を批准したら，学校や児童福祉施設は大混乱に陥る，というような指摘が出てくる。おそらく，子どもたちは自分たちの権利を正しく行使できないのではないかという懸念があるにちがいない。いいかえれば，子どもの意見や判断が，必ずしも子どもの最善の利益につながるとは限らない，ということであろう。だがそれは，2つの意味であたり前のことであり，やむをえないことである。

それは，1つには，今の子どもたちが，自分で考え，判断できるように教育されていないからである。これまで日本では，子どもが自ら権利を行使するという場面は，ほとんどなかった。学校でも家庭でも管理されている子どもは，自分なりに考え，自分の意見を表明する訓練など受けていないのである。子どもたちはいつでも受け身の存在であり，そのことに疑問すら感じていない。

また，1つには，子どもは未熟なのだから，適切な判断ができないのは仕方のないことである。いや，もともと子どもは過ちを繰り返し

第6章　子どもの権利をどう受けとめるか

ながら成長するものなのだ。だから，ほったらかしにしておいて，子どもは自分で自分の権利を守れないではないか，責任を取れないではないかと非難してみても始まらない。大切なのは，自分の利益になるように正しく権利を行使できない子どもを，どう導くことができるかである。間違った判断をした子どもに，どう助言できるかである。つまり，子どもの権利行使に対して，大人が援助するという視点が必要になってくるのである。

　ときには，間違うことを承知で黙って見ていることが必要な場合もあろう。自分自身や他人の生命・身体を傷つけることがない以上，長い目で子どもの成長を見守るべきである。子どもは可塑性に富む存在なので，どのようにでも変化できる。少々の失敗があっても，いつでもちょっとしたきっかけで軌道修正をすることができる。大人は，子どもの力を引き出すための黒子にすぎない。いずれ子どもは，正しく判断する力と自ら問題を解決する力を，自分自身で獲得するにちがいない。

　これからの時代には，自分の頭で考え，行動し，自己決定できるような子どもを育てることが，求められてくる。

5）　問われる大人の感性

　私も最近，児童相談所や児童福祉施設などで子どもの権利条約について講義する機会をもつようになった。そういうときに，「具体的な処遇において子どもの権利条約を活かすためには，まず何をすべきでしょうか」との質問を受けることがある。私はもともと法学の研究者なので，具体的な実践の問題については何も言う資格はないと思っていた。だから，これまではあいまいな答えしかしていなかった。

　しかし，このところ，一番大切なのは，子どもの権利を受けとめる大人の「感性」ではないかと考えるようになった。それは，いわゆる

第II部 子どもの権利と社会的子育てを考える

「人権感覚」にも通じるものであるように思う。コルチャックは，単に思想としてではなく，実践において子どもの権利を尊重しようとした。彼がきわめて困難な生活の中で子どもの権利を擁護しようとしたのは，彼のすぐれた「感性」が，子どもたちの思いを的確に受けとめることができたからである。そして，「人間の尊厳」についての深い洞察が，彼の「感性」を最後の最後まで鈍らせることはなかった。

これからは，何が子どもの最善の利益かを判断する，あるいは子どもの意見表明を正しく受けとめるための，大人の「感性」が問われてくる。そんな気がする。

そして，この「感性」というものは，年齢を経るとともに鈍くなっていく。だんだん子どもの気持ちが見えなくなっていく。これは，親であろうと，子どもにかかわる仕事をしている者であろうと，おそらく同じであろう。

生れつきすぐれた「感性」をもっている人もいる。また，そうでない人もいる。しかし，どちらにしても，「感性」は常に磨いておかなければならない。美しいものやすばらしい人間の営みに感動する心は，そういう経験をくりかえすことによって育てられる。「人間の尊厳」や「人権」についての理解が，「感性」にさらに磨きをかける。

子どもの権利条約を実践に活かしたいと思っている人には，なによりもまず，子どもの権利を正しく受けとめるられるような「みずみずしい感性」を磨いてほしいといいたい。

[1992.1.27]

[参考文献]
* ヤヌシュ・コルチャック『子どものための美しい国』（中村妙子訳）晶文社，1988年
* ヤヌシュ・コルチャック『もう一度子供になれたら』（近藤康子

訳）図書出版社，1993年
* 近藤康子『コルチャック先生』岩波ジュニア新書，1995年
* 近藤二郎『コルチャック先生』朝日新聞社，1990年
* ベティ・J・リフトン『子どもたちの王様――コルチャック物語』（武田尚子訳）サイマル出版，1991年
* 塚本智宏「資料紹介：コルチャック著『子どもの権利の尊重』」『季刊教育法』92号，1993年

（初出／『げ・ん・き』19号，エイデル研究所，1992年3月，60-65頁，原題「子どもの権利をどう受けとめるか――子どもの権利条約から学ぶこと」）

2　家庭崩壊と子どもの権利
―― 子どもの「親を選ぶ権利」とは

1）　子どもと家庭崩壊

　子どもは家族の中で生まれ，家族の中で成長する。また，子どもにとって家庭とは，基本的な生活の場である。

　しかし今，この家族が崩壊しているという。子どもにとってかけがえのない家族が解体するということは，その後に家族が再生するとしても，子どもにとっては重大なでき事であるに違いない。

　それでは，家族の崩壊とはどのような形で起こるのであろうか。もっともわかりやすい例は離婚である。離婚件数は，1960年代前半から近年まで増加の一途をたどり，離婚に巻き込まれた子どもの数は，1982年で20万人を超えている。アメリカなどに比べればはるかに少な

第II部　子どもの権利と社会的子育てを考える

い数字ではあるが，多くの子どもたちが現実に両親の離婚という事態に直面しているのは事実である。それが子どもの一生に多大の影響を及ぼすであろうことは，容易に想像がつく。

ところで，家族が崩壊するという場合には，離婚という法律上の婚姻の解消にとどまらず，内縁解消，事実上の離婚，別居や蒸発・家出なども含むし，精神病やアルコール・薬物中毒などによる家族関係の崩壊もある。さらにまた，「家族員の欠損も家族の分裂もなく，一見，普通の家族とすこしも変わらないにもかかわらず，家族が家族として十分な機能を果たせなくなってしまっている場合」もある。山根常男はこれを「潜在的家庭崩壊」と呼んでいるが[1]，このような潜在的家庭崩壊も子どもの成長発達に深刻な影響を及ぼすと思われる。潜在的家庭崩壊は潜在的であるが故にその数は不明であるが，わが国の家族にいろんな形で蔓延しているようにも見える[2]（なお以下では，家族の崩壊と潜在的家庭崩壊をあわせて家庭崩壊と呼ぶことにする）。

2）　養護施設入所児童と親の離婚

(1)　さて，本節の意図は，子どもの権利の観点から家庭崩壊の問題にアプローチするところにあるので，ここではさしあたり養護施設入所児童およびその親の実態を簡単に述べておきたい。というのも，養護施設に入所している子どもたちの多くは家庭崩壊の犠牲者であり，そこには崩壊の影響が集約的に具現していると思われるからである。

(2)　養護施設とは，児童福祉法が定める児童福祉施設の1つで，「乳児を除いて，保護者のない児童，虐待されている児童その他環境上養護を要する児童を入所させて，これを養護することを目的とする施設」である（同法41条）。かつては孤児院と呼ばれていたものであるが，今では文字通りの孤児は1割にも満たない。

第6章 子どもの権利をどう受けとめるか

表6-1 養護施設における養護問題発生理由別入所児童の構成割合
(%)

調査時期（年）	1961	1970	1977	1983	1987	1992
総数 (人) (%)	34,890 (100)	30,933 (100)	31,540 (100)	32,040 (100)	29,553 (100)	26,725 (100)
親 の 死 亡	21.5	13.1	10.9	9.6	7.5	4.7
親 の 行 方 不 明	18.0	27.5	28.7	28.4	26.3	18.5
親 の 離 別	17.4	14.8	19.6	21.0	20.1	13.0
棄 児	5.0	1.6	1.0	1.0	1.3	1.0
親 の 長 期 拘 禁	4.3	3.0	3.7	3.8	4.7	4.1
親 の 長 期 入 院	16.2	15.7	12.9	12.8	11.5	11.3
親 の 就 労	3.3	1.8	1.0	0.7	1.1	11.1
虐 待・酷 使	0.4	2.5	2.4	2.4	2.9	3.5
放 任・怠 惰	5.7	4.7	4.5	5.6	6.3	7.2
親の性格異常・精神障害		5.6	5.1	5.5	5.2	5.6
両 親 等 の 不 和	—	—	—	—	1.5	1.6
季 節 的 就 労	—	—	—	—	0.4	—
養 育 拒 否	—	—	—	—	—	4.2
破 産 等 の 経 済 的	—	—	—	—	—	3.5
児童の問題による監護困難	—	—	—	—	—	6.2
そ の 他・不 詳	8.1	9.8	9.9	9.3	11.3	4.5

出典：1961年は，厚生省児童局『児童福祉施設等における措置児童等の実態調査』。
1970年以降は，厚生省児童家庭局『養護施設等実態調査』。

それではどういう理由で入所するに至ったかを見てみると（表6-1），「親の離別」が増加しており，これに「親の行方不明」（理由はさまざまであろうが），「父（母）の精神障害」を含めると半数を上回る（ただし，1992年調査では，減少している）。養護施設の子どもたちが家庭崩壊の犠牲者であるというのは，根拠のないことではない[3]。ただ，注意しなければならないのは，ここで挙げられている入所理由は主たるものであって，その背後にはさまざまな問題が隠されているということである。現実には家庭崩壊のケースはもっと多く，父母の離別が絡むケースが7割を超えるという施設関係者もいる。

第II部　子どもの権利と社会的子育てを考える

(3) 次に，養護施設協議会が1982年9月に行なった「養護施設児童の人権と親の離婚についての調査報告」を紹介しておきたい[4]。

この調査結果によれば，1982年9月1日現在養護施設入所児童のうち，施設入所時に親が離婚していたのは38.2％であり，1981年度中に新たに入所した児童のうち37.1％は，入所時に親が離婚していた（ただし，ここでいう離婚には内縁解消も含まれている）。

1981年度中に入所した離婚家庭の児童（2014人）のうち，親権者が実父であるのは61.2％，実母は34.3％である。全国統計（1981年）を見ると，夫（父）が24.2％，妻（母）が68.8％で，年々妻が親権者となる傾向が強まっている。養護施設の場合には，父が親権者である者が多いという特徴をはっきりと示している。

施設側として親権者の設定を適当と思うかとの問いに対しては，「適当」と答えたのは45.5％で，「適当でない」が12.9％，「何ともいえない」が37.9％となっている。少なくとも適当とはいえない状況が半数近くあるということは，親権者の設定が子どもの福祉に適った方向で行われているわけではないことを伺わせる。

父母の離婚の原因と思われるものは，表6-2のとおりである。まず最初に目につくものは，母の「異性問題」と「家出・失踪」の多さである。これに対して，父の側では「酒乱」，「母への暴力」，「怠だ」などが多い。両方ともに多いのは「性格が合わない」であり，また，「親らしくない人格」が母7.0％，父4.5％あるのが注目される。これについては，「施設現場にある者として，現代はこうした人格の親が増加しつつあることが実感させられている」と述べられている[5]。

離婚が子どもたちに与えた影響のうち，好影響と思われるものが129人（6.4％）に見られる。その内容は，親などの虐待等からの解放（36人）や離婚・施設入所による安定（58人）などである。

子どもたちに与えた悪影響は，表6-3のとおりである。「生活難」

第6章 子どもの権利をどう受けとめるか

表6-2 離婚の原因と思われるもの

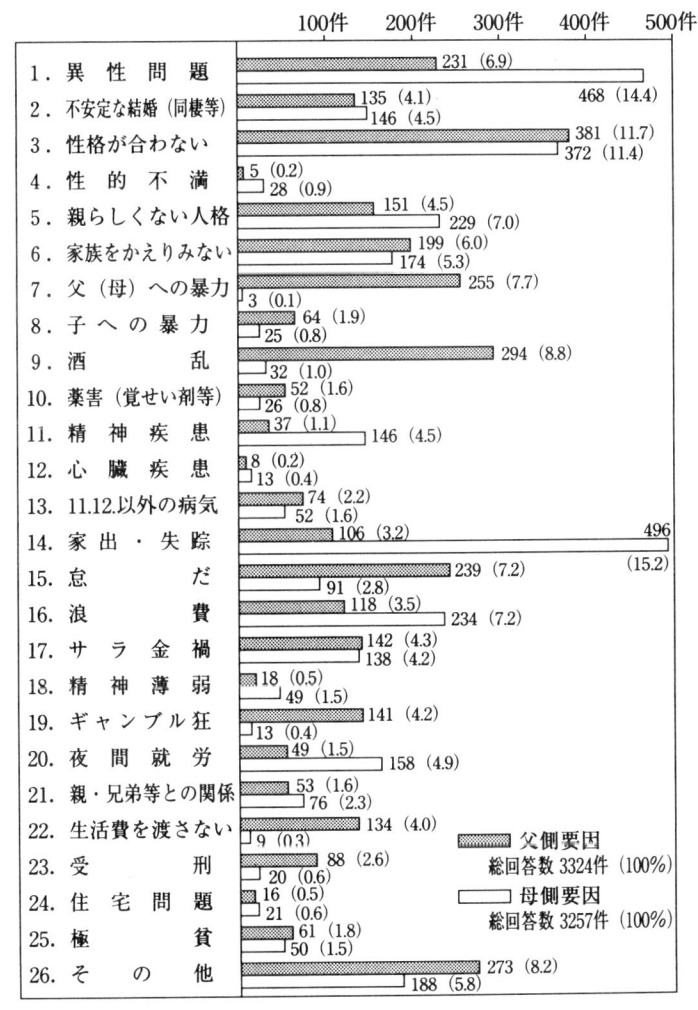

	父側要因	母側要因
1. 異性問題	468 (14.4)	231 (6.9)
2. 不安定な結婚（同棲等）	135 (4.1)	146 (4.5)
3. 性格が合わない	381 (11.7)	372 (11.4)
4. 性的不満	5 (0.2)	28 (0.9)
5. 親らしくない人格	151 (4.5)	229 (7.0)
6. 家族をかえりみない	199 (6.0)	174 (5.3)
7. 父（母）への暴力	255 (7.7)	3 (0.1)
8. 子への暴力	64 (1.9)	25 (0.8)
9. 酒乱	294 (8.8)	32 (1.0)
10. 薬害（覚せい剤等）	52 (1.6)	26 (0.8)
11. 精神疾患	37 (1.1)	146 (4.5)
12. 心臓疾患	8 (0.2)	13 (0.4)
13. 11.12.以外の病気	74 (2.2)	52 (1.6)
14. 家出・失踪	496 (15.2)	106 (3.2)
15. 怠だ	239 (7.2)	91 (2.8)
16. 浪費	234 (7.2)	118 (3.5)
17. サラ金禍	142 (4.3)	138 (4.2)
18. 精神薄弱	18 (0.5)	49 (1.5)
19. ギャンブル狂	141 (4.2)	13 (0.4)
20. 夜間就労	49 (1.5)	158 (4.9)
21. 親・兄弟等との関係	53 (1.6)	76 (2.3)
22. 生活費を渡さない	134 (4.0)	9 (0.3)
23. 受刑	88 (2.6)	20 (0.6)
24. 住宅問題	16 (0.5)	21 (0.6)
25. 極貧	61 (1.8)	50 (1.5)
26. その他	273 (8.2)	188 (5.8)

父側要因 総回答数 3324件 (100%)
母側要因 総回答数 3257件 (100%)

(注) 複数回答（3項目以内），回答者は施設職員。
(出典) 養護施設協議会『離婚と子どもの人権』1984年，18頁。

第II部 子どもの権利と社会的子育てを考える

表6-3 離婚によって子どもに与えられた悪影響と思えるもの

項　　　　　目	男　児 1,260名	女　児 713名	計 1,973名
1. 生　活　難	373 (29.6)	237 (33.3)	610
2. 親権者への不信	265 (21.0)	143 (20.0)	408
3. 非親権者となった親への不信	209 (16.6)	130 (18.4)	339
4. 兄弟分離による問題	81 (6.4)	47 (6.6)	128
5. 金　品　持　出	154 (12.2)	54 (7.6)	208
6. 万　　　　引	179 (14.2)	53 (7.4)	232
7. 無　断　外　泊	102 (8.1)	55 (7.7)	157
8. 不　純　異　性　交　遊	4 (0.3)	15 (2.1)	19
9. シンナー吸引	10 (0.8)	8 (1.1)	18
10. 親　へ　の　暴　力	21 (1.7)	2 (0.3)	23
11. チ　ッ　ク	50 (4.0)	17 (2.4)	67
12. 自閉・緘黙	84 (6.7)	51 (7.2)	135
13. 排　泄　障　害	98 (7.8)	51 (7.2)	149
14. 学　力　遅　滞	423 (33.6)	209 (29.3)	632
15. 進学意欲そう失	61 (4.8)	29 (4.1)	90
16. 同居実父母からの虐待（暴力）	38 (3.0)	21 (2.9)	59
17. 継父母からの虐待（暴力）	43 (3.4)	14 (2.0)	57
18. 継父母からの差別（食事など）	30 (2.4)	14 (2.0)	44
19. 実父からの性的加害	3 (0.2)	4 (0.6)	7
20. 継父からの性的加害		3 (0.4)	3
21. 実母の内縁の男からの性的加害	2 (0.2)	3 (0.4)	5
22. 実母からの性的加害	2 (0.2)		2
23. 継母からの性的加害	1 (0.1)		1
24. 親子心中（子殺し）	2 (0.2)	4 (0.6)	6
25. その他の悪影響	171 (13.6)	97 (13.6)	263
累　　　　計	2,406 (1.9)	1,256 (1.8)	3,662

(注)　1　複数回答（5項目以内），施設職員の主観的判断による。
　　　2　1～25欄の（　）内は男女別にみたパーセンテージ。
　　　3　「累計」欄の（　）内は1児童の問題項目数の平均。
(出典)　養護施設協議会・前掲書26-27頁。

第6章 子どもの権利をどう受けとめるか

とともに「親に対する不信感」(項目2・3)や「学業に対する影響」(14・15)の大きさが目を引く。離婚により「反社会的行動に走ったもの」(5～10)および「非社会的状態に陥ったもの」(11～13)も比較的多い。

3) 家庭崩壊に際しての子どもの権利保障

(1) 以上のように，多くの子どもたちが離婚をはじめとする家庭崩壊の犠牲者となっているのは，まぎれもない事実である。ここで私たちは，このような家庭崩壊に際して子どもの権利を保障する社会的な手立てを考えなければならない。

離婚に関していえば，わが国の民法は，世界でも類を見ない，夫婦の合意のみによって婚姻を解消する制度，すなわち協議離婚制度を規定している(763～769条)。この協議離婚制度は，少なくとも夫婦についてだけいえば，男女平等が達成されたとすればという条件つきではあるが，優れた制度であるといえる。なぜなら，個人の尊重と男女の平等という理念からして，対等な話合いによって合意さえすれば夫婦に離婚する自由があるのは当然だからである。破綻している夫婦を法律上の婚姻という鎖でつなぎ止める意味はないし，かえってそれは当事者にとってのみならず，社会にとっても不都合なことである。

だがしかし，それは夫婦レベルに限ったことで，子どものいない夫婦の問題はそれでよい。夫婦の間に子どもがある場合には，話はそう簡単ではない。子どもの立場からすれば，親が勝手に離婚するというのがほとんどであろうが，親の一方的な事情によって子どもの生活や福祉が脅かされるようでは，子どもという存在が全

第Ⅱ部 子どもの権利と社会的子育てを考える

く無視されていることになる。

後に述べるように,子どもは親とは別個の独立した存在であるから,子どもも子どもなりに幸福を追求する権利があるのである。

といっても,そのことを夫婦(両親)に対して理念として説くだけでは,絵空事で終ってしまう。離婚に際して誰かが子どもの権利を擁護する代理人とならなくてはいけないのだが,両親が子どもの代弁者とはなりえない以上,公的(社会的)な第三者が介在せざるをえない。

現行法の下では,子どもに何らかの養護に欠ける状態が発生すればともかく,離婚という事実だけでは,公的機関は夫婦の問題に関与できない仕組みになっている。いいかえれば,子どもの権利侵害を未然に防止する歯止めがないのである。裁判上の離婚であればまだ裁判所がチェックする可能性があるが,協議離婚にあっては野放しというのが現状である。

こうした現行法に対して,養護施設協議会からは,「協議離婚に際し子のあるものの親権の帰属に関しては家庭裁判所に届け出ることを法制度化されたい」[6]という声があがっている。現実問題としては,今の家庭裁判所にそれを期待するのはむつかしいのかもしれないが,子どもの権利保障のためには何らかのチェックが是非とも必要である。せめて,数か月の熟慮期間を設けて,その間に児童福祉司等のソーシャルワーカー(もちろ家庭裁判所の調査官でもいいのだが)が一度訪問なり面接して子どもの状況等を調査するくらいの改善ができないものであろうか。

また,公的機関の積極的な介入だけでなく,離婚に至る経過の中で,相談という形で夫婦に面接し,夫婦の問題のみならず子どもの問題も慎重に考えさせるという援助システムも必要であろう。こうした家族福祉サービスといわれるものも,わが国ではきわめて未発達である。

(2) 家庭崩壊の問題を子どもの権利の観点から検討する際には,子

第6章 子どもの権利をどう受けとめるか

どもは親の従属物・私有物ではなく,親とは別個の独立した人格であり,社会的存在であるという現代的な子ども観をもう一度確認しておくことが重要である。子どもは「人として尊ばれ」,「社会の一員として重んぜられ」なければならない(児童憲章総則)。また,子どもが社会的存在であるとすれば,子どもを養育する責任をすべて親や家族に押しつけその私事性に委ねるのではなく,社会もその責任の一端を担わなければならない。社会は,その一員である子どもの権利が親・家族によって侵害されている場合には,それを黙って見過ごすことはできないはずである。

子どもが社会的存在であるということは,夫婦が円満で家族にさしたる問題もなく,子どもも順調に育っているときは,それほど重要な意味をもたない。それが強調されなければならないのは,まさに何らかの原因で家庭が崩壊するときである。そのときに,子どもは親の勝手な都合にふりまわされ,その犠牲となる必要はない。子どもには子どもの生き方があり,親とは別個に幸福を追求する権利があるのだから,どういう生き方を選ぶかは子どもという主体に即して考えられなければならない。

もちろん,どちらかの親と一緒に生活することが子どもの福祉につながる場合は多いであろう。しかし,それが最善とは限らない。離婚後も両親が共同で監護・養育することも考えられる[7]。また,祖父母やおじ・おばといった親族が責任をもって育てる場合もあろう。こうした血縁にもとづく私的養育の形態だけでなく,社会的養護の形態もある。つまり,親や親族とは切り離されて,里親あるいは養親のもとで育てられるという家庭的養護と乳児院・養護施設に入所して養育されるという施設養護である(最近はその中間的形態であるファミリーグループホームも発展しつつある)。

重要なことは,このようなさまざまな選択肢の中から,1人ひとり

181

第II部 子どもの権利と社会的子育てを考える

の子どもの性格，生育歴，親の状況などを勘案して，その子どもにもっとも適切な養護形態を選択することである。私はこれを，子どもの「親を選ぶ権利」と呼んでいる。「親を選ぶ権利」とは，子ども自身が親（養護形態）を選ぶということだけを指すのではなく（子どもが自分の意思で選ぶことができるのは年長の場合だけである），それよりも，多くの選択肢の中から最善と思われる方向を選ぶことができるよう social が配慮することを意味する。家庭崩壊に際して子どもの権利を保障するのは，社会の責任でもあるということである。

そのためには，何が子どもの権利であり，何が子どもの福祉に適うかを調査・判定する専門のソーシャルワーカーが必要であるし，子どもの権利を保障する手続きと専門機関が必要である。また，さまざまな選択肢が可能となるよう法や制度も整備されなければならない。子どもが社会的存在である以上，社会に責任があるのは当然であるが，その責任の多くの部分は公的責任として国・地方自治体が引き受けなければならない（児童福祉法2条）。

社会的存在である子どもを，社会の責任において家庭崩壊の道連れにさせないためには，社会の側の思い切った対応が要求される。もちろん子ども自身や家族のプライバシーは最大限に尊重されなければならないが，そのことは社会が子どもを放置することの理由とはならない。子育ての私事性が打ち破られない限り，本当の意味での子どもの権利保障は達成されないと思う。

[1986年夏・執筆日不明]

---

(1) 山根常男「現代日本における家族の諸問題」生命保険文化センター編『ゆれ動く現代家族』日本放送出版協会，1984年，198頁。
(2) 山根・同上論文199-206頁参照。
(3) 養護施設入所児童は，崩壊家庭でさまざまな仕打ちを受けている。1979

第6章　子どもの権利をどう受けとめるか

年の調査によれば，入所児童の約3分の1が家族によって人権が侵害されている（養護施設協議会編『親権と子どもの人権』全国社会福祉協議会，1980年，106頁以下および293頁以下）。1985年調査でも，性的暴行（全体の0.6％）を含む種々の虐待を受けていることがわかる（第2回全国児童福祉研究会議運営委員会編『児童福祉年報1984・85年版』全国社会福祉協議会，1985，165頁以下）。
(4) 養護施設協議会『離婚と子どもの人権』同協議会，1984年，5頁以下。この調査は，全国の養護施設539か所すべてを対象とし，回答率は85.1％であった。
(5) 養護施設協議会・同上書19頁（文責・長谷川重夫）。
(6) 前掲『親権と子どもの人権』139頁。
(7) アメリカでは共同監護が法的にも認められ，すでに多くの実践がなされている（下村満子『アメリカの男たちは，いま』朝日新聞社，1982）。
（初出／『季刊教育法』65号［特集・教育と子どもの人権事典］，エイデル研究所，1986年10月，172—178頁）

［追　記］
　本稿が書かれたのは1986年のことであるから，私の論稿の中でも比較的初期のものである。本稿に対しては，戒能民江氏より以下のような過分の評価をいただいているので，ここに収録することにした。
　「家庭の崩壊を離婚だけにとどまらず，一見普通の家庭と変わらないようにみえて家族としての機能を果していない『潜在的家庭崩壊』も含めて，子どもの権利の視点から追求している。実態を明らかにした上で，筆者は家庭崩壊に際して，現行制度の子どもの権利保障が余りに不十分であり，改善すべきこと，その際，子どもを独立した人格として尊重すること，子どもの主体的な選択の権利を十分保障し，社会的配慮を行うことこそ，社会の責任であると主張する。さまざまな選択肢を準備し，その中から子どもに最善と思われる方向を選ぶことが出来るよう社会が配慮すること，それを筆者は，子どもの『親を選ぶ権利』として，主張している点が注目される。」（『子どもの人権』第2号，「子どもの人権」研究会，1988年3月，5頁）。
　今でも，子どもの「親を選ぶ権利」という発想は，なかなか的を射て

いるのではないかと考えている。本稿執筆後に『自由契約少年ノース』という小説が日本でも翻訳され，興味深く読んだことを覚えている（アラン・ツァイベル『自由契約少年ノース』常盤新平訳，新潮社，1989年，[Zweibel, Alan.; North]）。その表紙には，英文で，「フリーエイジェントを宣言し，完全な親を求めて世界を旅した9歳の少年のお話し」と書かれてあった。

なお，この小説は，その後「ノース 小さな旅人」として1994年にアメリカで映画化されている（コロムビア・ピクチャーズ，ロブ・ライナー製作・監督，アラン・ツァイベル製作・脚本・原作）。その結末はともかく，子どもが実の親との縁を切り，新しい親を捜す旅に出るというアイデアはユニークで，とてもおもしろかった。

また，アメリカで子どもが里親との養子縁組を希望して，実の母親との離縁を求める訴訟を起こし，裁判所がそれを認めるという前代未聞の事件もあった（「僕はママを勘当した――12歳の少年が実の母親を訴えた『グレゴリー裁判』の示すもの」『ニューズウィーク日本版』7巻40号，1992年10月22日）。時代が変わりつつあることを示唆している。

一般にはよく「子どもは親を選べない」といわれるが，この言葉は，子どもの権利という視点に立って，もう一度吟味してみる必要があると私は思っている。子どもに「親を選ぶ権利」をどう保障していくかが，これからの家族法学・児童福祉法研究の課題だと思えて仕方がない。

[1996.5.7]

3　子どもの権利と施設養護
―― 社会的子育ての視点

早いものでもう1年前の話になるが，昨年の夏，堺市内のある養護施設の臨海キャンプに参加させていただいた。子どもたちと寝起きを

第6章　子どもの権利をどう受けとめるか

共にするということは，私にとっては貴重な体験であったが，とても楽しいひとときでもあった。そして，養護施設で生活する子どもたちの実情も，ほんのわずか垣間見ることができた。

　そこでもっとも印象に残っているのは，高校生やボランティアとして来ている卒園生たちが，小さい子たちをかいがいしく世話している姿だった。何よりも小さい子たちが明るく，のびのびとしている様子に，深い感銘を覚えずにはいられなかった。愛らしい笑顔に，ついついこちらも笑顔を返すことになる。世話をしている高校生や大人たちも，とても楽しそうに見えた。こんな雰囲気は，一朝一夕にできるはずはない。これはひとえに，職員たちの長年にわたる努力とチームワークの賜物にほかならない。職員集団の力量には，ただただ敬服するばかりである。

　子どもたちの「自治」を基本に据えた集団養護の実践が，これだけうまく機能するということには少々驚かされた。だが，施設という場での子どもたちの生活は，よくも悪くも「集団養護」だと言わざるをえない。子どもたち，とくに小さな子たちは，大人（親に代わる存在）とのより深い関わりを，本当はもっと望んでいるのではないだろうか。たしかに小さい子たちが，大人たちや大きい子に甘えている様子は，しばしば見ることができた。しかし，集団の中で遠慮がちに大人に甘える姿は，普通の親子関係を知っている私には，とてもかわいそうにも思える。子どもたちには，個別的でより親密な人間関係の中で育つことも，保障していかなければならないはずである。しかし，それは現在の施設養護の基準や条件のもとではとても難しいことである。

第II部　子どもの権利と社会的子育てを考える

1）　社会的子育ての視点

　伝統的な児童福祉の基本型ともいえる養護施設で生活する子どもたちは，なぜもっと幸せになれないのだろうか。親や家族から離れて生活をしなければならない子どもたちだからこそ，もっと手厚い保護を受け，人権を保障しうるような環境を与えられなければならないのではないのか。
　戦前の孤児院から，戦後の児童福祉法による養護施設に至る日本の社会的養育施設は，施設長や職員たちの真摯な努力にもかかわらず，子どもたちの人権を十分に保障しえないできた。まずこの事実をはっきりと認識する必要がある。いや実は，子どもの人権を保障しようという観点すらなかったのかもしれない。ただ「恵まれない子」を「収容保護」することだけに，目が向けられていたのであろう。もちろん戦前・戦中や戦後の混乱期に，孤児院・養護施設が果たしてきた役割はきわめて大きい。そのことを過小評価するつもりはない。問題は，高度経済成長を経た後も基本的な考え方が一向に変化しなかったところにある。たとえば，高校進学率が上向いてきたのはここ数年のことである。なぜ養護施設の子どもたちは，高校に行けないのか——けっして本人の責めに帰すことはできないはずだ。
　私はここで個々の施設の批判をするつもりは毛頭ない。多くの施設が与えられた条件のもとで精一杯努力されているのをよく知っているからだ。私が述べたいのは，日本では「社会的子育て」という観念が弱いのではないか，ということである。つまり，《どんな境遇にあろうとも，あらゆる子どもの養育について，基本的には社会全体が責任をもつ》という考え方が，日本には定着していないといわざるをえない。児童福祉施設の子どもたちにもっとも苛酷な形でそのしわ寄せが来ているだけで，多かれ少なかれ多くの子どもたちが，社会からの支

援をあまり期待できないでいる。

2） 親と離れて生活する子どもの権利

私は、『世界の児童と母性』第30号（特集「児童養育の新たな展開——問われる社会の責任」）で、特集テーマの論点を踏まえて「子どもの権利条約の現代的意義——親の責任とそれを支える国の責任」という論稿を書かせていただいた。そこでは、子どもを養育する「社会の責任」という観点から、子どもの権利を保障する親の責任とその親の責任を援助すべき国の責任について論じた。とくに親の権利と責任を尊重しつつ国が果たすべき役割を、強調したつもりである（⇒本書第2章3）。本稿では、その続編として、「社会的子育て」のあり方、とくに親や家族から離れて生活せざるをえない子どもたちの権利擁護について考えてみたい。そのような子どもたちの人権が十分に保障されるような社会でこそ、すべての子どもの人権保障が可能になるからである。

子どもの権利条約によれば、子どもは親を知り、親によって養育される権利をもっている（7条）。それに対して親は、子どもの養育と発達に対する第1次的な責任を負う（18条1項）。国には、親がその責任を遂行できるように積極的に援助すべき責務がある（同2・3項）。

だが、親がその養育責任を十分に果たすことができない場合には、子どもの権利を保障するために、親に代わって国が直接子どもの保護に乗り出すことになる。もう少し正確にいうと、①何らかの理由で「家族という環境」を失なった子ども、また②家族のもとにとどまることが子どもの最善の利益に反するような子どもは、「国によって与えられる特別な保護および援助を受ける」権利をもっているのである（20条1項）。さらに国は、親が子どもの人権を侵害している場合には、

適正手続きの保障のもとに，親と子を強制的に分離することもある（9条）。

このような国の役割は，子どもの最善の利益を優先的に確保するという条約の基本的な理念に基づいている。

3） 児童福祉法制の具体的課題

子どもの権利条約20条は，親・家族から離れて生活せざるをえない子どもの代替的養護としては，まず最初に里親ケアと養子制度を挙げ，「必要な場合には」施設でのケアを含むことができる，としている（同3項）。施設ケアは，ひとりひとりの子どもの自己実現を図るにはさまざまな問題を内包しており，必ずしも最善とはいえないのであろう。そういう意味で，世界的な潮流からすれば，施設ケアは後順位に位置づけられることになる。日本でも，代替的家庭によるケアである里親制度や養子制度をもっと発展させる努力が求められている。しかし，日本の現実を考慮に入れると，これからも当分の間は，児童福祉施設におけるケアが中心とならざるをえないと考える。したがって，問題の核心は，施設養護において子どもの権利が保障される状態にあるかどうかという点にある。この点をまず点検してみる必要がある。

(1) 児童福祉施設最低基準の低劣さ

現在の児童福祉施設（とくに入所型の施設）の環境は，物質的には豊かになったといわれる日本にあって，きわめて貧弱で劣悪な状況にある。それは，施設に入所していること自体が子どもの人権の侵害にあたるといえるほどである。食事や衣類などは以前よりはるかによくなっているが，職員の数や専門性，施設環境，とくに建物や部屋の狭隘さ（高校生になっても個室が与えられることは稀である）などは，劣

第6章　子どもの権利をどう受けとめるか

等処遇そのものである。さらに，教育条件の未整備，低い進学率（高校等）などは，子どもの自ら成長し，発達する権利を保障しえていない。

　何が問題なのかというと，①まず何よりも，「児童福祉施設最低基準」そのものがあまりにも低劣すぎる，ということがある。戦後の1947年に児童福祉法が制定され，それにともない1948年に「児童福祉施設最低基準」が厚生省令として定められた。ところが，その内容は，制定当時と今とでは基本的にはそれほど大きくは変わっていない。②次に，その最低基準が措置費の基準になっているということである。そのために最低基準が「最高基準」化して，最低基準を上回る施設養護はほんの一部の施設でしか行われていない。③さらに，現在暫定定員制というきわめて不合理なやり方を採っている（入所児童の数＝現員が定員を大きく下回った場合には，暫定定員を敷き，それを基準に措置費が支払われる）ために，子どもの数が減っても養護水準は向上するどころか，場合によっては低下することもある。

　子どもの権利条約からみて日本の児童福祉法制のもっとも深刻な問題は，この「児童福祉施設最低基準」にあると私は考えている。子どもの権利条約を批准するためには，まず何よりも厚生省令であるこの基準を全面改正することが必要である（できれば，法として制定することが望ましい）。子どもたちは，「身体的，心理的，精神的，道徳的および社会的発達のために十分な生活水準に対する権利」をもっているのであり（条約27条1項），子どもたちが将来に不安を抱かずにのびのびと安心して生活できるように条件を整備するのは国の義務である（同3条2項・3項，20条）。

(2)　措置にかかわる子どもの権利

　以上のほかにも児童福祉法制の課題は山積している。ここでは最後

第Ⅱ部 子どもの権利と社会的子育てを考える

に，児童福祉法上の「措置」にかかわる子どもの権利についてのみ指摘しておきたい。

現行「措置制度」はさまざまな問題を抱えており，子どもの権利を保障するシステムとはなりえていない。つまり，「措置権」者による措置という職権主義が貫徹しているために，子どもや親の児童福祉サービスを利用する権利という考え方が入り込みにくいのである。利用制度は公的責任を曖昧にするという側面があるので，すべて利用制度化するのがいいとは思わない。現行の措置制度を，公的責任を維持しつつ，どう変えることができるかが課題となろう。

とくに，措置における適正手続きの保障が，今後は求められることになろう。たとえば，条約との関係では，措置についての子どもの意見表明権や親などの権利の保障がもっとも重要である（条約9条，12条，21条など）。また，親子分離の手続きをどう考えるか，司法審査をどうするか，などが問題となる。また，子ども自身によるものも含む不服申立てのシステムが確立される必要がある。

「児童福祉」は，今まさに変わろうとしている。社会福祉制度改革の大きなうねりの中で，出生率の大幅な低下が社会問題となり，児童福祉政策の見直しが進められている。それと時を同じくして，国連では子どもの権利条約が採択され，「先進国」日本としては，それを無視することはとうてい許されない。そのような背景の中で，親・家族がその養育責任を遂行できるように国が援助するという子どもの権利条約の視点が，やっと採り入れられるようになった。これは，出生率の低下という要因があったにせよ，日本の児童福祉にとって大きな転換点である。児童福祉法2条の解釈が，やっと原点に戻ったといえる。

しかし，そのことばかりに目を奪われてはならない。いつの時代にも，親による十分な養育を受けることのできない子どもたちが必ずい

第6章　子どもの権利をどう受けとめるか

るのである。もちろん，親と子が離れて生活しないですむような積極的な施策を講じるべきである。しかし，親と離れていても，家庭にいる子どもたちと同じように，「ウェルビーイング（well-being）」を享受できるような「社会的子育て」のシステムを整備することもまた重要である。すべての子どもの最善の利益を実現するためには，もっとも弱い立場にある子どもたちの人権を保障することが出発点となる。

　子どもは，どんな境遇に生まれたとしても，「社会の子ども」としてその人権が尊重されなければならない。また，ひとりの人間として，それにふさわしい環境のもとで発達する権利がある。社会と親は，協同して子どもの成長を見守り，国は，可能な限り親を通じて，子どもの自己実現を積極的に支援する責任を負っている。

[1993.8.4]

(初出／『世界の児童と母性』35号［特集・家族と子どもを支える理念と制度］，資生堂社会福祉事業財団，1993年9月，13-16頁，原題「子どもの人権と社会的子育て——条約からみた児童福祉法制の課題」)

第II部 子どもの権利と社会的子育てを考える

第7章
子どもの権利を読む

1 中澤弘幸著『常識福祉のウソ』から学ぶこと
—— 養護施設湘南学園の先駆的実践

＊中澤弘幸『常識福祉のウソ』日本評論社，1992年
（とくに断りがない限り，本文中の頁数は本書の頁を示す）

1) 中澤弘幸との出会い

人生には忘れられない出会いがあるものだ。

私が中澤弘幸氏と最初に会ったときのことは，今でもはっきりと覚えている。あれは，1988年8月3日，私が滋賀県大津市にある湘南学

第7章　子どもの権利を読む

園を初めて訪れた日のこと，湘南学園のシンボルである「湘南のドア」の前でばったり中澤氏と出会ったのだった。私は，実習生派遣大学（当時在職していた淑徳大学）の一教員として彼に紹介された（以下，敬称を省略させていただく）。

　中澤は，アポイントメントを取っていなかったにもかかわらず，長時間にわたって熱っぽく語ってくれた。彼は，同席した2人の学生の方を向いて話し続けたが，その言葉は明らかに私に向けられていた。淑徳大学第1期卒業生である中澤は，母校に対する捨て去りがたい思いをずっと抱き続けていた。それにもかかわらず，母校淑徳大学は彼に対して「冷淡」であった——実は，淑徳大学の教員は私を除いて誰も，中澤の西日本での活躍を知らなかったのだ。私は，養護施設の問題に関心を持ち始めていた頃だったので，湘南学園と中澤の名前だけは知っていた。しかし，中澤が淑徳大学の卒業生であることは，迂闊にも知らないでいた（彼は，「知らないはずはない」と言っていたが……）。

　私はその当時，湘南学園と中澤の派手とも思えるうわさを耳にしていた。今までの福祉の世界ではとうてい考えられないような新しい試みが行われている，と。だが，湘南学園を訪れるまでは，それがどれほどのものか懐疑的であった。だから実習を言い訳に，とにかく見てやろうという気持ちで出向いて行ったのだった。それが，こんな貴重な出会いになるとは想像だにできなかった。中澤と私の邂逅は，私にとってはもちろんのこと，淑徳大学にとっても大きな意味のあるものとなった（それ以後中澤は淑徳大学とのかかわりを取り戻すことになる）。

2）　中澤弘幸という人物

　中澤と出会って，私は多大の影響と刺激を受けたように思う。中澤

第Ⅱ部　子どもの権利と社会的子育てを考える

と話していると,自分が研究者であることが情けなくなってしまう。彼との関係ではいつも,彼が話し手(教師)であり,私が聞き手(学生)である。私はいつも,たくさんのおみやげと宿題を抱えてしまうのである。

　中澤の斬新な福祉論・児童養護論は,これまでの福祉の基本的な考え方(彼のいう「福祉の常識」)に発想の転換を迫るものである。考えている土俵が,すでに私たちと違うといえる(したがって,彼の考え方についていけない人は,彼の土俵に乗れない人である)。そういう意味で,私は中澤弘幸という人物は,日本の社会福祉を変える力のある人だと直感した。そして,今もそう思っている。問題は,私たちの側に,あるいは行政に,彼の発想を受けとめるだけの度量と器量があるかどうかである。

　ところで,中澤のこのような発想は,どこから来ているのだろうか。興味深いところである。

　私は,中澤の生い立ちに起因するところも大きいのではないかと思っている。湘南学園で過ごした子ども時代に,彼は子どもとして悔しい思いをいっぱいしている。とくに,父親との葛藤が彼のその後の生き方に大きな影響を及ぼしたことは,彼自身が指摘するように,おそらく事実であろう(157-164頁)。だが,それらの原体験を彼の人生においてプラスに転化できているのは,彼の鋭い感性と類いまれなる能力の賜物ではなかろうか。彼は今でも,子どもの目で施設や社会を見ることができる。

　糸賀一雄や田村一二を初めとする滋賀県の福祉界の重鎮たちの影響を少なからず受けていることも,間違いないであろう。当初,滋賀県の湘南学園ですぐれた実践が行われているということについては,広い意味で滋賀という土壌が彼の思想を育んだとしても,直接的なつな

がりはないと思っていた。しかし，中澤と田村一二との親密な交流を目のあたりにして，彼の中に田村たちの思想が深く染み込んでいるのを知った。中澤は，彼の信条から，田村たちの考え方を否定しようとして生きてきた。しかし今，否定しようとしても否定しきれない何かに気がついている。

また，中澤は芸術家でもあると思う。私は，彼の絵や書はほんの少ししか見せてもらったことはない。また，それを批評する能力も持ち合わせていない。しかし，彼の芸術家としてセンスが，彼の考え方に反映しているであろうことは感覚的に理解できる。彼のすぐれた感性が，子どもたちや障害者，そして老人の心を受けとめさせるのである。福祉の仕事には，この感性が強く要求されることはいうまでもない。

今でも私は，中澤と会うたびに新しい発見をしている。それくらい中澤というのは奥の深い人物である。私が知っているのは，まだ中澤の一部にしかすぎない。

3） 子どもの権利を保障する養護実践 ── 湘南学園の試み

中澤との出会いによって，私は研究者として意を強くしたこともある。それは，「子どもの権利」の考え方についてである。

私は10年ぐらい前から「子どもの権利」に関心をもち，それ以降自分なりに子どもの権利論を展開してきた。しかし，それは机上の空論に過ぎないという自覚は常にあった。せいぜい自分の子育てにおいて試行錯誤することしか，私にはできなかった。

児童福祉分野での子どもの権利についても，私なりにこれまで問題提起をしてきたつもりである。だが，現場の人や学生と話していると，それは理想論だということで片づけられてしまう。私はそれに反論したいのだが，反論するだけの材料と確証がない。しかし，中澤と会い，

第II部　子どもの権利と社会的子育てを考える

　中澤の話を聞き，そして中澤の本を読んでいると，私の考えていたことがけっして的外れではなかったことがわかる。彼はすでにそれを実践していたのだ。彼は「子どもの権利」などという言葉をあまり使わない。しかし，湘南学園の実践は，まさに子どもの権利を擁護し，保障する実践にほかならない。湘南学園では，実際に，子どもの権利条約の考え方を・先・取・りするような取組みが行われていたのである。
　前置きが長くなったが，以下では，中澤弘幸の著書『常識福祉のウソ』を読み解きながら，子どもの権利保障という視点に立って，中澤の養護理論と実践を整理してみたい。

(1)　**湘南学園憲法 ── 人権を保障する視点**

　湘南学園を語る場合にまず最初に特筆すべきことは，「強い立場の者が弱い者を侵さない」という1か条の憲法の存在であろう。この湘南学園憲法は，まさに基本的な人権を保障する視点をもっている。中澤がいうように，他人の「生きる力」を奪うことは，何人にも許されない。なぜならば，他人の生きる力を奪うことは，人が「人間らしく生きる自由を奪うこと」になるからだ（『湘南学園物語』126頁）。だから，湘南学園では，このたった1つの約束を，子どもも大人も守るように求められる。
　この湘南学園の憲法が重要であることは理屈ではよくわかるが，なぜこれが1か条の憲法なのかということは，当初は必ずしも十分理解できなかった。だが，中澤の子ども時代を知れば，それはおのずから分かってくる（53-57頁）。子どもの施設というところは，少なくとも一部の施設では今でもそうであるが，弱肉強食の世界なのだ。強い者が当然のこととして弱い者を侵す（子ども間のいじめや暴力だけでなく，職員によ

る体罰なども含まれる)。中澤自身もそういった環境の中で育ってきたのである (55, 110頁。『荒廃のカルテ』,『春の歌うたえば』などにもかつての養護施設の実態が記されている。たとえば『春の歌うたえば』184-188頁)。だが，この悪循環を断ち切らねば，本当の意味で子どもたちの福祉は保障されない。子どもは, のびのびと安心して暮らせる環境でこそ，本来の自分を表現し，子どもらしく育って行くのである。

　人権のもっとも基本的な原理を，子どもにもわかるように表現したところに，中澤の真価がある。1人ひとりの人権が大切にされなければならないこと，そして他人の人権をも尊重しなければならないことが，1か条の湘南学園憲法の中に見事に表現されている。

(2) 規則の全廃 —— 管理主義的養護を否定する

　湘南学園憲法制定の背景には，中澤が園長になる以前にあった学園の規則を，全部廃止してしまったことがある。当時100以上もあった規則を点検してみたら，すべてが大人に都合のいいだけの規則，つまり子どもを管理するためだけの規則であったからだ。中澤によれば,「子どもをある一定の『あるべき姿』にあてはめていく管理主義」によって,「個性の若芽は……確実に摘み取られてしまう」(125-126頁)。そこで，中澤は「湘南学園にあった数えきれないほどのたくさんの規則を1つひとつ取り払うことから，管理主義を改める道を模索」することになる (24-25頁)。

　規則を全廃した当初は，湘南学園は大いに混乱したはずである(42-44頁)。しかし，子どもたちに楽しいことをたくさん提供するうちに，だんだんと子どもたちは落ち着いてきたのである (その過程は,『湘南学園物語』に詳しく描かれている)。

　だからといって，中澤は生活上のルールをすべて否定しているわけではない。「子どもたちとおとなたちが生活していく上に必要なルー

ルは，生活の中で子どもとおとなが一緒に話し合って決めていく」ことにしただけのことである（『湘南学園物語』126頁）。湘南学園には今，細かい規則は一切ない。それぞれの家（子どもの家）で，子どもたちも参加しながら決めたいくつかのきまりがあるにすぎない（70頁）。

(3) 自由と勝手気ままの違い
　　── 子どもの権利と子どもにとっての責任

　中澤の子どもの権利論の正しさは，「自由と勝手気まま」の違いの説明にはっきりと示されている。

　中澤は，「子どもがよりたくさんの自由をもつことで，子どもは厳しく育つ」と指摘し（126頁），さらに「子どもを厳しく育てるためには，さまざまな『自由』のなかで選ぶ場と機会があり，その選択について自分なりに考え，責任がとれるようになるプロセスが大切です。もちろん，その自由が多くなればなるほど，大人の側にも手助けをしていく負担がふえます」（127頁）と述べている。日本では，子どもに自由を与えると，子どもはわがままばかりいうようになり，結局子どもを甘やかすことになる，などとまことしやかに主張する者がいる。そして，《子どもは規則で縛り，力で支配するのが一番よい》という管理主義が台頭することになる。だが，中澤もいうように，「自由」とわがままや「勝手気まま」とは本来別物である。ただ，その違いを多くの人（子どもも大人も）が理解できないでいるだけのことである。

　「自由をもつ」ということは，実は大変厳しいことである。それは，自由には責任がともなうからである。つまり，自分で選択し決めた以上，責任をもって最後までやり遂げなければならなくなる。それは，子どもであっても同じである。だからといって，子どもを放っておいて，お前らは自由なのだから勝手にやれということにはならない。ここが重要な点である。子どもは大人の手助けを必要としているのであ

る。自由と勝手気ままの「違いを整理し」(127頁)，本当の意味での「自由」を獲得するためには，どうしても大人の援助が必要となる。

　湘南学園では，何をするにも子どもたちに「選択する自由」が保障されている。その中には，「何もしない自由」も含まれる。たとえば，学園で何か行事がある場合でも，「参加しない自由」が保障される。しかし，子どもがいったん自分で選択したら，責任をもって最後までやりぬくように援助される。「結局，大切なのは，自由のなかで『選択』をして，その選択を通して判断力を身につけていくことなので」ある (128頁)。

(4) 子どもの考えを尊重する —— 意見表明権の保障

　子どもの権利条約では，よく知られているように，子どもの意見表明権が定められている (同12条)。子どもは，自分に関係するあらゆる事柄について，自分の思いや考え，意見などを自由に言い表す権利がある，というのである。これまでは未熟ということで子どもの思いや意見はほとんど無視されてきたが，これからは子どもに意見を述べる機会が提供され，その意見が尊重されなければならなくなる。

　この子どもの意見を尊重するという考え方は，中澤の頭の中にはとっくにあったようである。

　中澤の指摘できわめて重要だと思えるのは，児童相談所での措置会議に子どもを参加させるべきであるという見解である (115頁)。このことは，子どもの権利条約が話題になるまではおそらく誰も考えてもみなかったことであろう。そして批准を前にした現在でも，具体的な提案は一切なされていない。しかし，子どもの権利条約の意見表明権の考え方からすれば，子どもには当然，措置会議に参加し自分の意見を述べる資格があるということになる。中澤にすれば，それが当たり前ということであろう。

第Ⅱ部　子どもの権利と社会的子育てを考える

　中澤の実践の中で高く評価できることの1つとして，湘南学園を建て替える際に設置された建築委員会の構成がある。湘南学園では老朽化した建物を改築するために，子ども13人と大人5人からなる建築委員会が組織された。「新しい家は，生活の主体である子どもの意見を取り入れなければ，本当の意味での子どもの家はありえない」（『湘南学園物語』65頁）という中澤の発想によるものである。これは，おそらく日本の児童福祉施設の歴史でも画期的なことではないだろうか。子どもを建築委員会のメンバーに入れたことによって，湘南学園には，今までの「施設」の概念を打ち破る新しい建物（子どもの家）が完成するのである。
　湘南学園のエピソードとしてもっとも興味深いのは，「犬の裁判」である。中澤が園長になってから犬を飼うことを認めたため，あっというまに犬の数が増えてしまった。そのため，近所から苦情が寄せられ，学園自体も困ることになる。そこで，犬を飼うかどうかについて，子どもたちと大人たちが対等に議論をし，それを複数の第三者（裁定委員会）に聞いてもらい，裁決を下してもらうことにしたのである。この「裁判」によって，子どもたちは自分たちの意見を堂々と主張し，それをちゃんと聞いてもらうという経験を初めてすることになる。この「裁判」の過程で子どもたちは――そしておそらく大人たちも――多くのことを学んだにちがいない（『湘南学園物語』26-53頁。なお，このエピソードをもとに書かれた小説として，今関信子『小犬の裁判はじめます』がある）。

　以上紹介をしてきたことは，中澤の考え方と実践のほんの一部である。このほかにも，中澤は施設養護の新しい考え方をたくさん提供している。子どもの権利にかかわることだけでも，①子どもの施設への受け入れ方――入所のシステム（110-114頁），②養護施設に家庭機能

第 7 章　子どもの権利を読む

を取り入れること（67-74頁），③14歳になれば児童記録を本人に開示すること（117-119頁）等々，重要な問題を指摘している。

なお最後に，中澤のアジアに向けられた視線にも言及しておく必要があろう。湘南学園は，現在アジアの4か国の児童施設と姉妹提携を結び，さらにアジアの子どもたちのネットワークをつくろうと考えている（194-200頁，『OPEN DOOR』73-76頁，杉立隆一「湘南学園の国際交流」317-328頁）。中澤の視野の広さを示すものにほかならない。

4）　中澤弘幸から学ぶこと

私が好きな中澤の言葉に，「人間は違いがあって当たり前，それを認めることから始めたい」というのがある。この言葉は，中澤の人生哲学を言い表したものにほかならないと，私は理解している。彼は，大切なのは「おたがいがおたがいの違いを認めて受け容れること」だと言っている（88頁）。そしてそれは，「いろんな人がいてこそ社会」（97頁）という中澤の福祉哲学でもあるのである（これは，田村一二の「混在共存」の思想とも通じる――『第23回近養協BIWAKO大会報告集』15頁）。

また，「人間は違いがあって当たり前」という考え方は，彼の養護理論の基本でもある。「大人が子どもにしてあげられることは，ひとりずつの『個』としての存在を，あるがままの姿で認めること」と述べている（まえがき3頁）。彼の「個別化」の理論，施設における家庭機能論，そして子どものプライバシー尊重の考え方には，これからの施設養護のあり方が実に明瞭に示されている（68-69，75-79，88-90，100-102頁）。

このような考え方の背景には，中澤の，自分（「個」）を大切にし，それを前提として他者とのかかわりを重視するという基本的な姿勢が

第II部　子どもの権利と社会的子育てを考える

ある。そして，他者である子どもにも彼は大人に対するのと同じような熱いまなざしを向ける。彼は，常に「子どもに対して，尊敬と敬意の念をもって出会える大人でありたい」と願い（まえがき3頁），親も施設職員も，「子どもとともに変わっていく」存在であると捉えている（87，97，150-151頁）。そしてさらに，「子どもたちが育っていくプロセスは，あくまでも大人と子どもの共同作業」であるというのである（まえがき3頁）。この中澤の姿勢こそ，子どもの権利を保障する養護実践を支える基盤となっている。

　中澤の実践の底流には，このような人間観があることを知るべきであるが，中澤の真髄は，何といっても「常識を疑う」という彼の発想法にある。私自身，中澤の話を聞いて，これまでの「思い込み」に鋭くメスを突きつけられた気がした。考えてみれば，私も高校時代にボランティア活動を始め，福祉の世界にどっぷりとつかりこんでいたのかもしれない。中澤は，今までほとんど誰も疑いをもってこなかったことに，次々と疑問を唱えている。そして，それは実にもっともなことなのである。

　私は，必ずしも湘南学園が理想的な施設だと思っているわけではない。現在の湘南学園がさまざまな問題を抱えていることもよく知っている。しかし，そのことと，私たちが中澤から何を学びとるかは別問題であろう。多くの社会福祉関係者が，この本を通じて中澤の考え方を理解し，彼の主張に謙虚に耳を傾けることを望みたい。そして，ぜひ施設の改革に立ち上がってほしいと思う。この本は現在の社会福祉，とりわけ施設養護に問題を提起する貴重な書物であるが，この本の価値が5年も10年も引き継がれることは御免蒙りたい。

　中澤弘幸氏は，「いまの生業である福祉もまた，実は寄り道の1つにすぎない」（166頁）と書き，いずれ福祉の世界から身を引こうと本

第7章　子どもの権利を読む

気で考えている——私にはそれがよくわかる。私としては，社会福祉（児童福祉）が変わろうとしているこの時期に，中澤氏がそれなりの影響力を行使し，その変革をせめて中途までででも見届けてくれることを期待して，この稿を閉じることにしたい。

[1992.12.17]

［参考文献］
* 矢吹紀人『湘南学園物語——心をひらく子どもたち』労働旬報社，1986年
* 湘南学園パンフレット『報道で見る湘南学園』湘南学園，1989年
* 中澤弘幸「21世紀の主人公たちへ」『第23回近養協BIWAKO大会報告集』第23回近畿養護施設研究協議会BIWAKO大会実行委員会，1992年
* 中澤弘幸「地域福祉における施設の役割」『砂川紀要』17号（創立30周年記念誌），大阪府立砂川厚生福祉センター，1991年
* 湘南学園創立85周年記念誌編集委員会『OPEN DOOR 1989.10.27』湘南学園，1989年
* 小坂和夫「施設紹介・湘南学園」『季刊児童養護』20巻1号，全国社会福祉協議会養護施設協議会，1989年
* 杉立隆一「湘南学園の国際交流」谷勝英編『現代の国際福祉——アジアへの接近』中央法規出版，1991年
* 横川和夫編『荒廃のカルテ——少年鑑別番号1589』共同通信社，1985年
* 神田ふみよ（全国養護問題研究会）編『春の歌うたえば——養護施設からの旅立ち』ミネルヴァ書房，1992年
* 田村一二『賢者モ来タリテ遊ブベシ——福祉の里茗荷村への道』日本放送出版協会，1984年
* 今関信子『小犬の裁判はじめます』童心社，1987年
* 黒田ジャーナル『抱きしめて琵琶湖』角川書店，1989年
* テレビ放送「中澤弘幸／私の福祉論」NHK教育テレビ，1989年1月20日放映

第II部　子どもの権利と社会的子育てを考える

(初出／『社会問題研究』43巻2号，大阪府立大学社会福祉学部社会問題研究会，1994年3月，395-407頁，原題「《研究ノート》子どもの権利を保障する施設養護——中澤弘幸著『常識福祉のウソ』から学ぶこと」)

[追　記]

中澤弘幸氏の児童福祉界への登場は，10年早すぎたのではないかと思う。

現在であれば，彼の主張や実践は，それほど大胆なことでもないし，驚くほど先進的なものでもない。しかし，彼が湘南学園の改革を始めたころには，旧態依然とした児童福祉界，とりわけ施設養護の世界にあっては，湘南学園の実践ははるかに時代を先取りしていた。そして，中澤氏の個性によるところも大きいが，彼は一部できわめて高い評価を受けながらも，児童福祉「業界」では反発すら受けたのであった。

中澤氏は，新聞報道された湘南学園の不祥事や施設経営問題の責任を取る形で，1993年3月1日付けで湘南学園理事長を辞任された。いずれ辞めるつもりではあったにしても，中澤氏が志半ばでこの世界から身を引かれたことは，私個人としてはとても残念なことであった。今の児童福祉改革の時期にこそ，中澤氏の卓越した発想が必要だったと思う。日本の児童福祉界は，改革の牽引車の1つを失ったのである。

このような経緯を踏まえると，あらためて『常識福祉のウソ』という本の重要性を指摘できる。中澤氏がこの本で投げかけたさまざまな問題を，児童福祉に携わるものが受けとめることができるかどうかが，今後の課題となろう。児童福祉改革の真価が問われているのである。

[1996.5.18]

第7章 子どもの権利を読む

2 児童養護研究会編『養護施設と子どもたち』に寄せて

1) 親と子の絆

「子どもを捨てる親なんか許せない」
「子どもを虐待するような親に，親の資格はない」
私は以前そう考えていた。いまも，そんな思いにかられることがよくある。

子どもを見守り，育むのが親の役割なのに，子どもの人権を侵害している親がいる。そしてそのような親が増えているということは，とても信じがたいことである。だから，親たるに値しないような親からは，「親としての資格」を剥奪すればよい，と考えたくなる。

「親としての資格」とは何だろうか。もちろん親にライセンス（免許証）があるわけではない。いまの法律では，親であれば誰でも「親権」をもつ。「親権」とは，現在の民法学では，親の職分であり，権利義務の総体であると理解されている。民法にも，「親権を行う者は，子の監護及び教育をする権利を有し，義務を負う」と書かれてある（820条）。

しかし，一般に「親権」は，その言葉どおり「親の権利」あるいは「親の権力」と理解されている。民法にも，懲戒権とか職業許可権などが定められているのだから，そのような誤解も当然かもしれない。

それでは，「親権」とは永久に親（実の親＝血のつながった親）のものなのだろうか。そうではない。養子に行くと養子先の親が親権者になるし，また親権は剥奪されることもある。親が「親権を濫用し，又

第Ⅱ部 子どもの権利と社会的子育てを考える

は著しく不行跡であるときは」，家庭裁判所は親の親権の喪失を宣告することができるのである（834条）。この親権喪失宣告の請求は，子の親族だけでなく，児童相談所長もできることになっている（児童福祉法33条の6）。

そうであれば，親たるに値しない親からは，もっと積極的に「親権」を取り上げればよいではないか。それが通常の感覚ではないかと思う。

今日のように，深刻な児童虐待が増え，子どもの人権のみならず子どもの生存すら親によって脅かされている事態となれば，親からその親権を剥奪することも必要なケースが出てくるだろう。親権喪失の事例が日本でほとんどないということは，子どもの人権があまりにも軽視されていることの反映ではないかとも思えてくる。明らかに子どもの人権が侵害されており，その程度が重く，改善される可能性がない場合には，親の親権を喪失させて強制的に親子分離を行うことも，子どもの人権を擁護するためのやむを得ない措置として考慮する必要がありそうだ。

ただ，問題はある。ひとつは，親の親権を喪失させた後，子どもの面倒を誰がみるかという問題である。いまの児童福祉制度では，親権喪失宣告後に「子どもの最善の利益」が確保される保証は何もない。本来であれば，生みの親に代わる「新しい親」（養親・里親）を探す努力をしなければならないのであろう。しかし，日本の伝統的な家族観・親子観のもとでは，「子のための養子制度」「里親制度」がなかなか発展しない。だから，親から切り離され，身寄りのない子どもたちは，養護施設に入所せざるをえないことになる。だが，親と無理やりに引き離された子どもたちが，施設の生活で本当に自立するまでやっ

第7章　子どもの権利を読む

ていけるのだろうか。いまの施設ではとてもそこまで面倒を見きれないのではないかと思う。それは，自立のための条件が十分に整えられていないからである。子どもをないがしろにする親などよりも施設の方が「まだましではないか」というような単純な比較衡量では済まされない。親子分離がなされた後の代替的養育システムを整備しなければ，《親によって子どもの人権が侵害されていても，親子を分離することができない》ということになってしまう。

　それだけでなく，もっと重大な問題が残っている。それは，「親と子の絆」をどう考えるのか，という問題である。子どもにとって「親」（実の親）というのはかけがえのない存在である。その代わるべきもののない親との関係を断絶するということは，子どもの人生にとっても重大な出来事である。どう考えても，親と子の絆を簡単に断ち切ることは適当ではない。

　養護施設にいる子どもたちは，親への捨て去りがたい思いをずっと抱えて成長している。それは，ひどい仕打ちを受けた親であっても，自分を捨てて行った親であっても変わりはない。また，会ったことのない親であればなおさら思いがつのるのである。

　親と別れて生活する子どもたちにとって，そのような親への思いを整理できるかどうかが，自立のための重要な試金石となる。「親が憎い」，「親を恨む」といった感情，その反面いつまでも「親を慕い」，「親を追い求める」気持ち。許せない親だからこそ，多くの子どもは親への思いを捨て去ることができないのだろう。このような複雑な感情の交錯は，年齢をへるとともに次第に整理されてはいく。しかし，心の整理には莫大なエネルギーを必要とする。

　親と子の絆は，誰も断ち切ることはできない。
　「親権」の喪失宣告は，実は法律上の親の資格の剝奪であるにすぎ

第II部　子どもの権利と社会的子育てを考える

ない。けっして親子関係の断絶ではないのである。

そうであれば，これからの施設養護に課された最大の使命は，「親と子の絆」をつなぎ止めることではないかという気がする。それぞれの親子関係の事情に応じて対応は異なるだろうが，まずは親子関係を切らないような努力が求められる。そのためにあらゆる援助を惜しむべきではないであろう。そして，親子関係を修復できない子どもには，子ども自身がそのことを受容し，それを乗り越えていくだけの力をつけさせなければならない。そのような力を獲得したときにはじめて，子どもたちは自立していくのである。

本書の職員たちの記録からは，子どもたちの親への思いを一生懸命支え，親と子の関係を必死に改善しようとする姿が見受けられる。それがうまくいったとき，子どもたちは親を乗り越え，親を許す気持ちになるのであろう。「施設養護の真髄がここにある」といったら，言い過ぎだろうか。

2）　家庭へのあこがれ

「家庭にまさるものはない」といわれる。ここでいう「家庭」とは，どのようなものを指すのであろうか。

養護施設は「代替家庭」といわれることがある。ここでいう「家庭」とは，どのような意味を持つのであろうか。

私は，子どもたちにとって大事な「家庭」とは，大人（多くの場合親）との信頼関係を築きながら，1人ひとりが「個」として大切にされるような「場」ではないかと思う。そのような「場」があってはじめて，子どもたちは自己を主張しながらのびのびと成長していくのである。

それでは，養護施設は「家庭」になりうるのであろうか。結論から

第7章 子どもの権利を読む

　先に言えば、施設は「家庭」ではない。しかし「家庭の機能」のいくつかは、持つことができると考える。

　私は、ときどき養護施設を訪れることがある。そこで出会う子どもたちは、みんな素直でしっかりした子どもたちばかりである。あまりわがままもいわないし、自己主張もしない……。
　しかしそれは、施設の子どもたちが自己を覆い隠しているからではないだろうか。彼らは、あきらめることに慣れ親しんでしまっている。いいかえれば、自分の思いや欲求がまったく受け入れられない経験を何度も積み重ねることによって、我慢することがとても上手になったのだ。施設に入る前の生活でも多分そうであったし、施設に来てからもそうである。もはや自分の要求がかなえられるなどという希望は、捨ててしまったかにみえる。
　施設にいる子どもたちは、なんらかの理由で親や家族とは一緒に暮らすことができない子どもたちである。つまり親と「別れた」子どもたちである。子どもたちにとって、「親と別れる」ということは、「親に捨てられた」、「親に裏切られた」という思いにつながる。だから、多くの子どもたちは、そのことによって身近な大人への信頼をすっかり失なってしまっている。何も自分の思いどおりにはならないと悟ってしまったのである。
　何もかもあきらめてしまった子どもたちに、もっとも必要なものは何だろうか。私は、何よりも大人との信頼関係だと思う。自分の思いを本当に受けとめてくれる大人の存在が、彼らには不可欠なのだ。いいかえれば、子どもには、1対1の個別的なかかわりが必要なのである。そのような親密な人間関係は、家庭では簡単にできるが、施設の中では作り上げるのが困難である。しかし、子どもにとっては、ときにはわがままを言って、それが受け入れられるという経験も大切だと

第Ⅱ部　子どもの権利と社会的子育てを考える

思う。子どもというのは，密度の濃い人間関係においてこそ，自分を自由に表現できるのである。

　集団生活が当然の前提とされてきたこれまで施設養護においては，個別的な人間関係を確立することはとてもむずかしかったといえる。

　たしかに，「集団」のいい面はたくさんある。また，すぐれた「集団養護」の実践もいくつも行われてきている。「集団養護」がうまく機能すると，子どもたちは見事に集団の力で成長発達を遂げる。

　しかし，子どもを1人の人間として尊重し，その「個」としての発達を保障するという観点からは，やはり「集団」には限界もあると思われる。親と十分なかかわりを持てなかった子どもたちを受け入れて，大人への信頼を回復し，確固とした人間関係の基礎を築くためには，個別的な人間関係も必ず必要である。それが施設における「家庭の機能」ではないだろうか。

　ところで，本書に登場する施設職員たちは，少なくとも子どもたちと真剣に向かい合っている。子ども1人ひとりをしっかり受けとめようと精一杯の努力をしている。まずその真摯な態度に，深い感銘を覚えずにはいられない。

　養護施設は，そこで働いている職員にとっても，とても「恵まれている」とはいえない職場である。それは，いまの「児童福祉施設最低基準」があまりにも低劣で，十分な職員配置や養育環境の整備ができないからである。このような中で，親と離れて生活する子どもたちを支えるということは，おそらく血の滲むような苦労があったに違いない。家庭の味を知らない子どもたちが，家庭の大切さを実感できるということは，職員たちの努力の成果である。

　施設を巣立っていった子どもたちは，「家庭」というものにあこがれる。そして，急いで家庭をつくろうとする。しかし，彼らの多くは

第7章　子どもの権利を読む

幸せな家庭を築くことができないようだ。それは，彼らに家庭生活の経験がなく，家庭のモデルがなかったためと推測される。

　施設の子どもたちが本当に自立をして，社会生活においても家庭生活においても成功を収めるためには，施設での大人との人間関係がやはり基盤となる。親との信頼関係もなく，施設職員との親密な関係も結ぶことができなかった子どもが，施設を退所した後にどうして他者との密接な人間関係を築くことができるだろうか。

　この子どもたちにとっての基本は，やはり施設における大人との個別的な信頼関係だと思う。それが，一部の熱心な職員のすぐれた実践においてのみ可能だということが，この国の児童福祉のレベルを端的に表している。

　施設は「家庭」ではない。施設職員は「親」ではない。この当たり前のことをごまかすことは，もはや許されない。《家庭ではない施設において，親ではない職員が，いったい何ができるのか》を，真剣に考え直すことが重要である。児童福祉法が成立してから47年，施設養護のあり方を再検討すべき時期が到来した。

[1994.8.19]

（初出／児童養護研究会編『養護施設と子どもたち』朱鷺書房，1994年，18-21頁および168-171頁）

3　ほんの紹介

1）　少年事件に思う──2冊の本を読んで

　最近2冊の本を読んだ。横川和夫・保坂渉共著『かげろうの家』（共

211

第II部 子どもの権利と社会的子育てを考える

同通信社,1990年）と佐瀬稔著『うちの子が,なぜ！』（草思社,1990年）である。ともに,先頃東京地方裁判所で第1審判決が出された,少年たちによる女子高生監禁殺害事件——いわゆる「コンクリート詰め」事件（私はこの呼び方は好きではないが）——の家族的背景などを追ったすぐれたルポルタージュである。

　この事件は,あまりにも凄惨な事件であったがために,罪を犯した少年たちは「野獣」とか「鬼畜」とか呼ばれ,その親までもが社会的断罪を受けることになった。ある週刊誌は,少年事件では本来許されていない実名報道までやってのけた。また,「甘すぎる」とされた判決（主犯格とされた少年が懲役17年）に対しては一部マスコミや市民から非難の声があがり,それを理由に検察は控訴した。

　たしかに少年たちの罪は重い。人間として許しがたいと思う。しかし,それだけですませてよいのだろうか。こうした事件が起きたとき,私たちは自分にはかかわりのない「異常」なでき事として受けとめ,自分とはまったく「異質」な犯人たちを感情的に非難する。そして,そのうちに忘れてしまう。このような少年たちを生み出した社会に目が向かないのだ。横川氏らはいう。「どこにでもある平均的な家庭から,想像を絶するような残酷な事件を引き起こす少年たちが生まれてきたのである。おそらく,これからも類似した事件はつづくであろう。そういう病んだ不気味な時代に日本の社会は,突入しはじめたのである」と。私も2冊の本を読みながら,自分とはまったく関係のない別世界のでき事だとは思えなくなった。自分の子どもがこうした事件をけっして起こさないと断言するだけの自信は,もてなくなってしまった。

　もちろん,子どもたちをそんな目に合わせるわけにはいかない。そのためには,親はよほどの覚悟をしなければならない。これは大変な責任である。親になるのがとてもむつかしい時代になってしまったと

第7章　子どもの権利を読む

思う。

　それにしても，親にそれだけの責任を押しつける今の社会とは，なんと住みにくいのだろう。　　　　　　　　　　　　　　[1990.11.20]

　　（初出／『ルンビニー学園だより・あひる』403号，明福寺ルンビニー学園，1990年，4頁）

[追　記]

　この事件に関しては，その後すぐれたルポルタージュがもう1冊出版されている。それは，藤井誠二『少年の街』（教育史料出版会，1992年）である。同書は，前2著とは違い，「4人の少年たちの家族関係や詳細な事件の経過ではなく，4人の少年を含めた『街』の少年たちがこの事件をどう捉え，いまいかなる心象でいるのか，また，どんな現実に接しているかを描くことに主眼を置い」ている。

　著者の藤井は，事件を起こした少年たちに近い世代であろう。彼は，事件の舞台となった足立区綾瀬を時間をかけて歩き回り，100人を超す少年たちに会っている。そして，次のように指摘している。「90年代をむかえ，子どもたちの『人間破壊』はますます進み，われわれのごく身近に起こる事実として存在している。教育の荒廃，家庭不和，地域の分断など，その背景を語る言葉はすでにつかい古され，人々は事件そのものに鈍感になり，不感症に陥っている。『凶悪な』当事者たちの呻きや呟きを世間は直視しようとしない。報道の洪水のなかに浮き沈みしているそれらは，悲しいかなわれわれの生きる『時代の声』なのに」と（同219頁）。

　私たちは，藤井のいう『時代の声』を，まだ聞くことができないでいるのではないだろうか。　　　　　　　　　　　　　　[1996.6.12]

第Ⅱ部　子どもの権利と社会的子育てを考える

2） 稲子宣子著『ソ連における子どもの権利』（日本評論社，1991年）

稲子宣子先生

　大阪はこのところ蒸し暑い日が続いておりますが，先生はいかがお過ごしでしょうか。ご無沙汰しております。

　大阪府立大学に赴任して3年目，大阪堺で本格的な生活を始めて2年目となりました。まだまだ落ち着きませんが，どうにか元気にやっておりますので，ご安心ください。

　過日は先生のご著書『ソ連における子どもの権利』をお送りいただきありがとうございました。お礼を申し上げるのが遅くなって申し訳ありません。

　実はこの本が出版されると知ってすぐに書店に注文したのですが，こんな値段がついているとは知らず，驚きました。もちろん先生の長年のご労苦を安価に求めようというのは虫がよすぎますが，学生や社会福祉関係者など多くの人たちにぜひ読んでもらいたい書物だけに，やむをえないことなのでしょうが，とても残念な気がしています。大学図書館だけでなく，地域の図書館にも備え付けてほしいものです。

　『ソ連における子どもの権利』という題名にも，私は少し不満が残ります。この本が旧ソ連の家族法における子どもの権利の詳細な研究書であることは事実なのですが，それと同時に，日本の家族法と児童福祉法の研究書でもあると思うのです。先生は，随所で日本の法律や児童福祉の実態に言及しておられますよね。私は，先生が日本の児童福祉の現状や児童福祉法の運用の実態などについて細かく調べておられたのを知っているだけに，このような表題では十分に内容が伝えられないと思えて仕方がないのです。

　たしかにこの著書が，ソ連家族法の研究書としてたいへん価値のあ

第7章 子どもの権利を読む

るものだということは、私にもよくわかります。また、日本とソ連の家族と児童福祉の実情を踏まえた比較法研究は、「比較法研究」のあり方を示唆するものとしても有益だと思います（具体的な事例をたくさん取り上げてくださっているので、興味深く読むことができます。とても法律書とは思えない！）。そういう意味では、この本は先生の長年にわたるご研究の「結晶」だといって間違いではないでしょう（もちろん、ご研究の一部だとは思いますが）。だから、ソ連が崩壊したからといって、この書物が過去の遺物になるというようなものではけっしてないはずです。

　しかし、私にしてみれば、先生の著書は、日本の児童福祉法と子どもの権利の研究にとってとても貴重な本なのです。とくに、家族法と児童福祉法の接点にある問題について、子どもの権利保障という視点から考察した数少ない研究書として重要な意味をもつのです。というのも、この分野では、これまで法学者の熱心な議論がほとんどなされてこなかったからです。

　養子と里親を考える会が、民法上の養子制度と児童福祉法上の里親制度を統一的に捉えようとしているように、これからは、子どもの親や社会から養育を受ける権利（養護請求権）、とくに先生が指摘する「親の監護のない子の権利」を保障するためには、民法と児童福祉法の総合的な研究が不可欠です。法学者のみならず、児童福祉の研究者や実践家も、先生の本から学ぶことは多いでしょう。また、子どもの権利条約の批准を前にして、子どもの権利の視点から家族法学を見直すことも必要になると思います。家族法学者として先生がこの分野に本気で足を踏み込まれたことは、今後の児童福祉法と子どもの権利研究にとっては、とても喜ばしいことですし、ありがたいことです。

第Ⅱ部　子どもの権利と社会的子育てを考える

　先生にもお話ししておりませんでしたが，今年の5月の連休を利用して，日弁連の少年問題視察団に同行させていただき，アメリカ・カリフォルニアの児童虐待にかかわる裁判所と民間の諸機関を見てまいりました。そこで一番強く印象に残ったのは，アメリカの民間（団体）のパワー，ボランティアの活躍でした。先生の著書によれば，ソ連でも「自主的な社会団体」である「児童基金」が，子どもの権利の擁護と向上のための積極的な役割を担っているとのこと。そしてさらに，「児童基金」は「子どもの権利法」の制定・実施を求めているとのこと。カリフォルニアでも，児童虐待防止訓練法（1984年）の法案を作成し議会を通したのは，CAP (Child Assault Prevention Training Center of California) という民間の団体でした。「児童基金」の運動は，おそらくソ連の解体に影響されずに続いているのでしょうね。もしロシアで「子どもの権利法」が制定されれば，画期的なことだと思います。日本でも，民間団体（民間施設を含む）がもっと力をつけて，その独自性を活かしながら運動を展開する必要があることを痛感しました。

　私は先生が本を出されると聞いたとき，書評をぜひ書かせてくださいといいましたよね。未だにそのお約束を果たせずにいることを心苦しく思っています。正直申しますと，まだ全体を読み通すことができないでいます。私は，内容を十分に検討することなしにただ誉めるだけの書評ならば，まったく書く気がしないのです。それよりも，自分の課題を考察する中で，先生の問題提起を受けとめることこそが，意味のあることだと思っています。いずれ自分の論文の中ででも，先生の問題提起に対する論評をさせていただくつもりです。

　思えば先生と初めてお会いしてから，10年近くが経つことになります。申し訳ないことに，それまでは稲子宣子先生といえば，「子の権

第7章 子どもの権利を読む

利としての面接交渉権」を唱えられた方だという程度の認識しかありませんでした。あの頃から私は，家族法と児童福祉法の接点にある問題について，児童福祉法の側から研究をしようと考えていました。私の研究は遅々として進みませんでしたが，私のようなものの論文に先生が目を通してくださるというだけでも感激でした。児童福祉法の研究が法学の世界でなんらかの評価を受け得るということについては，ほとんど希望をもっておりませんでしたので，なおさらです。私のものに限らず，先生が，これまで日の目をみなかった児童福祉（法）の研究者の業績を，これだけ丹念に取り上げてくださったことは，感謝にたえません。

　これからも私たち後進の研究者に，暖かく，ときには厳しく激励の言葉をかけていただければ幸いです。何歳になっても誉められるというのはうれしいものです。励ましてくださっているんだということがわかっていても，私たちにとっては，それは次の研究への活力となるのです。研究する意欲が湧いてくるものなのです。

　季節柄，お身体大切にお過ごしください。そして，（こんなことをいったらかえって叱られそうですが）いつまでも若々しい現役の研究者として，私たちの模範になってくださいますよう，心よりお願い申し上げます。

1992年6月16日

許　斐　有

(初出／『新しい家族』21号，養子と里親を考える会，1992年，44-45頁)

3） 神田ふみよ編『春の歌うたえば
──養護施設からの旅立ち』(ミネルヴァ書房, 1992年)

　日本の児童福祉施設は, 関係者の血の滲むような努力にもかかわらず, 子どもの人権を十分に擁護できないできた。そのことを, 当事者の目から明らかにしたのが, このほど刊行された神田ふみよ編『春の歌うたえば──養護施設からの旅立ち』である。

　この書物は, 全国養護問題研究会の20回大会の記念事業として編まれたもので, 全国の養護施設出身者の手記を集めたものである。ここに掲載された手記は, 現在の施設養護のあり方に多くの問題を投げかけている。この本の中には, １人ひとりのかけがえのない人生が綴られており, 複雑な思いを交錯させながら読まざるをえない。

　養護施設入所児童にとって, 家族とは重い荷物のような存在なのだろうか。普通の家族生活を送ってきた私たちには想像もつかないが, 彼らは親や家族に対して複雑な感情を抱いている。「自分でも『家庭ってなんだろう』という疑問を半ば劣等感に似た思いで考え続けていた」(151頁),「私にとって家族なんて必要ありません。……思いやりのかけらもない家族は, 私にはいりません」(124頁)という独白を, どう受けとめたらよいか。「よく他人はどんな親でも自分の子どもは可愛いと思っていると言いますが, そんなことはないと思います」(132頁)といわせる親とは, どんな親なんだろうと考え込んでしまう。しかし, どんな親であろうと, 彼らは親の影を引きずって成長していくことになる。

　彼らにとっては, 施設というところも, 残念ながらのびのびと安心して暮らせる場ではなかった。施設では「力の強い者が弱い者を支配していく法則がすべてであった」(184頁)。しかし, 施設職員の思いや努力は, いずれは子どもたちにも理解されることになる。「先生の

第 7 章　子どもの権利を読む

気持ち，必死に私に教えようとしたことを，……理解できるようになったのは，私が社会に出てからのことでした」(59頁) と振り返る卒園生がいることに，安堵の気持ちを抱く。「私達には，施設で生活し，施設で育ったことを武器にして闘うよりないのです。楽しい思い出をいっぱいもっていれば，耐えることもできます」(69頁) という指摘には，施設における子育ての大切さを痛感せざるをえない。

　大きな荷物を背負いながらも，子どもたちはたくましく成長を遂げる。多くの困難を乗り越え，「この世に生まれてきて良かった」(112頁)，「お母さん，私を産んでくれてありがとう」(103頁) といえる日があることにわずかな救いを感じながら，この本を閉じた。

[1992.12.10]

(初出／『学内学会通信』33号，大阪府立大学社会福祉学会，1992年12月，5頁)

第II部　子どもの権利と社会的子育てを考える

第8章
子どもの権利を語る

1　「子どもの権利を保障するということ」
講演記録(1)──1994年6月10日・大阪市

1）　児童福祉をめぐる状況

　まず最初に，今年は国際家族年であること，そして最近児童福祉をめぐる状況が大きく変化してきているというお話をさせていただきます。
　社会福祉の世界では，ここ数年高齢者福祉に関心が集まることが多かったようですが，最近になってようやく子どもの問題に目が向き始めたという印象を受けます。

第8章 子どもの権利を語る

　その背景には，出生率の低下，いわゆる「1.57ショック」があります。これが高齢化社会にも大きな影響を及ぼすということが自覚されるようになり，平成元年ごろから社会問題になってきました。そこで，政府部内でもどのように子どもを健やかに生み育てる環境を作って行くのかということが問題になってきたわけです。時を同じくして，1989年に子どもの権利条約が国連で採択されました。したがって，今まさに児童福祉は，変わらざるを得ない状況にあるのです。

　そのような中で出てきたのが，『子供の未来21プラン研究会』の報告書です。そこでは国際家族年の考え方，子どもの権利条約の考え方が前提となっています。

　私たちが何となく「家族を大切にしよう」といいますと，何か旧来の伝統的な家族を大事に守っていくという印象を受けますが，国際家族年は基本的な発想が違います。そこでは，家族の中のひとりひとりの人権をどう保障していくのかということが，大きなテーマになっているのです。

　その7つの原則の1番目では，「社会は，家族がコミュニティのなかで家族の責任を完全に果たせるように，幅広い可能な保護と援助」を，条約などにしたがって実施していかなくてはならないといっています。日本では，老親の扶養とか子どもの保育については家庭が責任を持つべきだというような伝統的な考え方がありますが，そうではなくて，社会全体が家族が十分責任を果たせるよう保護と援助をしていくという考え方に立っているのです。

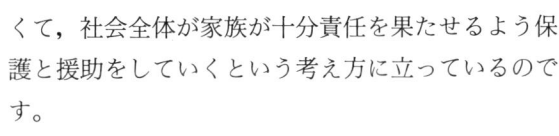

　2番目に，「多様な家族のニーズのすべてに応じるものでなければならない」。これも日本的な発想ですと，伝統的な家族のイメージがあって，それに対して援助していくということがあるわけです。そ

221

第Ⅱ部　子どもの権利と社会的子育てを考える

こから少し離れた家族（たとえば，ひとり親家庭，未婚の母の家庭など）に対しては十分な援助ができないのですが，国際的には，家族というものは多様な形態がある，だからそれぞれに応じて援助していくべきだということになります。

　3番目に，「すべての個人は同等であり，たとえ家庭内のいかなる地位にあっても，その家族がいかなる形と条件下にあっても，個人の基本的人権と基礎的な自由の促進を求められなければならない」ということです。家族の中での平等の問題，ひとりひとりの人権の保障の問題，自由の問題ということが明確に語られています。これは明らかに，これまでの日本の家族政策，あるいは児童家庭政策とは，基本的な視点が違っています。

　しかし先ほど申し上げた『子供の未来21プラン研究会』の報告書は，この国際家族年の趣旨を踏まえて，これから日本で児童家庭政策を展開していこうという立場に立っています。

　この報告書が，厚生省の中で十分にコンセンサスを得たものかどうかはよく分かりません。しかし，これからの1つの方向性を指し示そうとしたものというのは，間違いのないことだろうと思います。また児童福祉法を改正するという話も聞いております。聞いたところでは，来年ぐらいに部分改正を行い，いずれは全面改正したいようです。さらに，「福祉」という言葉には要保護性の補完や救貧対策というイメージがありますので，それに代えて「ウェルビーイング」という言葉も出されています。言葉だけではなく，これから「児童福祉法」自体が変わって行くと思います。

　ここで重要なのは，1番目として「子どもの権利」をどう保障して行くのかということ，2番目には，これからは子どもだけを対象にするのではなく，子どもを育てる親や家族をも巻き込んで行かなければならないということです。これが世界的な流れでもあります。また，

第8章 子どもの権利を語る

出生率の低下ということもありますので，日本もそういう方向に向かわざるをえないと思います。

1つつけ加えるとしますと，これからの時代は，現場から声を上げ，変えて行く必要があると思います。今後は，私たちあるいは皆さんが議論をして，方向性を指し示して行く必要があるのです。今はまさに，現場から変えて行くことが求められている時代だというふうに思います。

2）条約の批准について

次に，子どもの権利条約の成立とその経緯についてお話ししたいと思います。1979年が国際児童年ということで，このときから権利条約の本格的な審議が始まりました。そして10年後の1989年11月20日，1959年に国連が児童の権利宣言を採択したちょうど30周年目のその日に，権利条約を採択したのです。そしてその後，人権条約としては異例の早さで世界各国が批准をしました。

日本政府は，これまで人権条約の批准が遅かったのですが，当初からこの子どもの権利条約についてはなぜか熱心で，当時の中川外務大臣が，ぜひ1年以内に批准したいと言っておりました。しかしPKO問題や国会の解散等で，早期批准は達成されませんでした。また，国内法の改正もなされませんでした。しかし，その間にさまざまな議論があったことだけは確かです。

私はいつも「子どもの権利条約」という用語を使っておりますが，政府訳は「児童の権利に関する条約」となっております。私たちはずっと「子どもの権利条約」という訳で批准していただきたいと言ってきました。その趣旨は，従来の児童福祉法で言う「児童」という観念と，基本的な発想が違う，捉え方が違うということです。これについ

第II部 子どもの権利と社会的子育てを考える

ては，国会でかなり熱心な議論をしていただきました。最終的には，正式名称は「児童の権利に関する条約」だけれども，これから広報活動をしていく場面では「子どもの権利条約」という用語を積極的に使って行くということを政府が承認しましたし，文部省の通達でも「子どもの権利条約」も適宜使ってくださいと言っています。したがいまして，私も意を強くして，「子どもの権利条約」でこれからも通していきたいと思っています。

基本的には国内法の改正はないし，予算もつけない，という形で批准されましたが，現実にはいろんな動きが出てくるだろうと思います。例えば，明らかにこの条約に抵触している国内法の1つとして，非嫡出子の問題があります。この権利条約の草案を作ったときのワーキンググループの議長であるアダム・ウォパトカ氏が来日したときに，このことについてお聞きしましたところ，「私は日本の国内法のことはよく知らないが，非嫡出子を区別していることはもうそのこと自体が差別である」ということを言っておられました。ご存じのとおり日本では，民法で非嫡出子の相続分が嫡出子の半分だということ，それから戸籍上の記載が異なるというようになっていますが，これは明らかにこの条約に抵触しております。その他細かい点で抵触している国内法がいくつかあります。これらについて国会では，抵触していないという形でいったん乗り切りましたが，恐らく法務省も真剣に考えているはずです。

なお，非嫡出子の差別の問題については，ご存じの通り，東京高等裁判所が，この条約の趣旨を踏まえて決定を下しています。このように条約は，これからは裁判官にたいしても一定の法規範となっていくでしょう。日本では，条約は国内の法律よりも上位の法ですので，この2つが明らかに矛盾する場合は，国内法は無効といえます。裁判官がどこまで踏み込むかはこれからの課題ですが……。以上が2番目の

第 8 章　子どもの権利を語る

問題です。

3）　子どもの権利とは何か

　3番目に，子どもの権利とは何かについてお話ししたいと思います。ここではとくに意見表明権を取り上げます。

　まず3条。国際教育法研究会訳では，「子どもにかかわるすべての活動において，その活動が公的もしくは私的な社会福祉機関，裁判所，行政機関または立法機関によってなされたかどうかにかかわらず，子どもの最善の利益が第1次的に考慮される」となっています。政府訳のように「社会福祉施設」と限定するのは適切ではないと思いますが，とにかくそういう機関では子どもの最善の利益が最初に考慮されなければならないということです。子どもの権利とは，いいかえれば「子どもの最善の利益」をはかることだといえるでしょう。1959年の国連の児童の権利宣言にもこの言葉は出ており，アダム・ウォパトカ氏によると，ポーランドの民法から来ているとのことです。

　子どもの最善の利益を判断する主体は，かつては大人と考えられていましたが，今回の条約では，子どもに話を聞いてみようという姿勢が見受けられます。このことは，12条に意見表明権として書かれています。ただし，この条文は，子どもに自己決定権を認めているのではありません。したがって，そこに大人の判断が介在する余地を残しているのですが，その手続きとして子どもの意見を聞こう，尊重しようということです。

　国際教育法研究会訳で12条は，「締約国は，自己の見解をまとめる力のある子どもに対して，その子どもに影響を与えるすべての事柄について自由に自己の見解を表明する権利を保障する。その際，子どもの見解が，その年齢および成熟に従い，正当に重視される」となって

第II部　子どもの権利と社会的子育てを考える

います。

　この条文の権利主体は，「自己の見解をまとめる力のある子ども」です。私はかなり低年齢の子どもを想定していると考えています。この範囲については，これからの国内での解釈にゆだねられますが，話すことだけではなく行動も意見表明にはいると考えられます。次に，「その子どもに影響を与えるすべての事柄」とありますので，適用される問題はすべてです。「自由に自己の見解を表明する権利を保障する」とのことですから，自由に自分の考え，思いを表明できる機会が保障されなければなりません。大人は子どもに関する何らかの決定をするときに，必ず子どもの意見を聞かなければならないということが，そこに書かれているのです。

　12条1項の第2文の解釈ですが，ここでは子どもの年齢だけではなく，ひとりひとりの子どもの発達まで考える必要があるという前提に立っています。この条約では，従来の日本の法律にはなかった発達の視点が入ってきているのです。したがって，子どもの発達の度合いによって，子どもの意見の重視・配慮のしかたが異なってきます。例えば親が離婚をする際，子どもがどちらの親を選ぶかという問題があります。日本の場合，15歳以上の子どもに対しては家庭裁判所がその意見陳述を聞くということになっていますが，この条約ではもっと小さい子どもの考えも聞くということになるでしょう。しかし，3歳と15歳の子どもでは，同じことを言っても重みが違います。つまり状況に応じて受けとめ方が違ってくるということです。したがって裁判官が子どもの将来を考えて行う判断は，結果的には子どもの考えと違う場合もあるでしょう。

　権利条約の建前から言いますと，子どもは18歳になった時点から自己決定をしなければなりません。しかしそのためには，準備段階が必要です。これまでの日本の考え方は，そこが欠落していました。民法

第8章 子どもの権利を語る

では20歳になると成年として扱われますが，20歳未満ですと基本的には親権に服するという形で，自己決定権が全く保障されていません。しかし，権利条約では18歳になった時点から自己決定をしなければなりませんので，その準備段階としても意見表明を認める必要があります。だから，16～17歳の子どもについては，大人が助言をするとしても，できるだけ本人に考えさせて決めさせていこうということでよいと思います。その子どもの判断が結果的に間違いであっても，それはある程度やむをえません。なぜなら，子どもは失敗をしながら成長・発達していくものだからです。しかし3歳や5歳の子どもについては，本人の意向を聞くけれども，最終的にはやはり大人が子どもに代わって子どもの最善の利益を判断するということになってくるでしょう。そうしますと，結果的には子どもの意見が無視されるということもあり得ます。

　例えば，児童自立支援施設入所が適当かどうかの判断は，最終的には専門機関としての児童相談所が行います。ただその過程において，家庭・学校の環境などの情報を，できるだけ客観的に理解できるよう子ども本人に提供する必要があります。そして子ども自身に考えさせ，時間をかけて本人と話し合いながら進めていかなければなりません。もし子どもが「施設には行きたくない」と言っても，このような過程を踏まえたうえで複数の児童福祉司・心理判定員・親・教師等が一致して児童自立支援施設入所措置が子どもにとって最善の利益であると判断した場合には，子どもの意に反した措置を取ることもあり得ます。ただそのことを可能な範囲でできるだけ子どもに納得させる努力が必要ですし，措置後にもまた不服の申立てという形でもう1回あるいは定期的に子どもの意見を聞く必要があります（ここでは，今の教護院において子どもの人権が保障されうるのかどうかという問題は，一応おいて考えます）。

以上の点を踏まえたうえで,もう一度子どもの最善の利益をだれが判断するかを考えますと,やはり大人が判断するという前提に立つことになります。ただ今までとは違って,子どもの意見を最大限尊重する必要があります。大人とは,法定代理人である親や学校の教師,児童福祉司等子どもにかかわるすべての大人を指し,その大人たちが子どもの最善の利益を発見する努力をしていくことが求められます。そのために,子どもの意見をどのようにどれだけ取り上げていくのかということが,これからの大きな課題でしょう。

皆さんはこれまでにもそういった努力をされていると思います。ただ,これまでと明らかに違うのは,12条が手続的権利であるということです。12条は,13条の表現の自由とは異なるものです。さまざまな理由から施設入所が必要になったとしても,そのプロセスの中で子どもの意見を聞き,大人がそれを受けとめ,再び子どもに返していくということが,子どもの権利保障のために必要な手続きであるということです。したがって,もし子どもの知らないうちに入所が決まっていたということですと,これは手続的に違法であるということになります。

4) 子どもの選択する権利

従来私たちは,子どもに何か判断させると間違うに違いない,だから,子どもに代わって大人が判断する方がいいと思い込んでいたと思います。しかし,大人の判断が本当に正しいのかどうかということは,最終的には結果をみないと分かりません。確率的には確かに大人が判断した方が子どもにプラスになるかもしれません。しかし大人の判断だって間違うことがあります。相対的な問題であれば,子ども自身が考えて判断することを尊重していくべきでしょう。それで少々失敗が

第8章 子どもの権利を語る

あっても、子どもなりになんとかしようと努力するのです。自分が全く考えてもいないことを人から押しつけられたら、子どもであっても腹がたちますし、あまりやる気がしません。でも、子ども自身に考えさせれば、たとえ失敗しても、子どもはそのことについてあまり不平は言いません。

例えば、おもちゃを買う場合でも、ついつい大人の目で子どもにいいものを選びがちですが、しかし子ども自身に選ばせることも大切です。「何でもいいから、おもちゃ買ってきなさい」というわけにはいきませんから、場合によってはいくつかのおもちゃの中から選ばせる、あるいは子どもが選んだものの中から親が決める、ということをやったことがあります。しかし子どもには、おもちゃひとつ選ぶのもなかなか大変なことのようで、時間のかかることです。しかし、選択する機会を与えることによって、子どもはいろいろ考え、自分できめられるようになります。そうやって自分で選んだものに関しては、子どもは文句はいわないものです。大人が与えたおもちゃは、最初は喜びますが、あまり大事にしないようです。

ひとつ例をあげますと、うちの子どもは以前からファミコンを欲しいといっていました。親としてはあまり買いたくないという思いもあったのですが、仕方ないかなと思い、誕生日に買うという約束をしたのです。ところが、『茗荷村見聞記』の著者である田村一二先生の個展を仲間とやったときに、子どもを連れてその個展に行ったのですが、どういうわけか子どもが気に入った絵があって、あれが欲しいというのです。このときに、子どもに「もしファミコンをあきらめるのであれば買えるよ」といったのです。そうしたら子どもは「それでいい」といいました。それではということで、ファミコンをあきらめて、絵を買ったのです。それから1年くらいは、ファミコンを買って欲しいとはいいませんでした。自分が決めたことなので、それ以上欲しいと

第Ⅱ部　子どもの権利と社会的子育てを考える

はいえなかったのでしょう。

　もう１つ余談を話しますと，私が大阪府立大学に来た当初は単身赴任をしていましたが，１年後に家族もやってきて，子どもは近くの幼稚園に通うことになりました。東京で行っていた私立幼稚園は，子どもに何か強制するということは一切ないところでしたので，大阪の公立幼稚園に変わりますと，子どもには違和感があったようです。それでも１学期は何事もなく行っていたのですが，ちょうど運動会の練習になってつまずきました。登園拒否が始まって，最初のころは自転車に乗せて半ば無理やりに連れて行ったりもしました。何がいやなのかと聞いたところ，運動会の練習がいやだということでした。あるときお父さんが見ててくれたら行くというものですから，子どもと一緒に幼稚園に行き，子どもたちが運動会の練習をしているときに教室に入って壁を見たら，立派な表が貼ってありました。それは，鉄棒ができたとか，縄跳びができたという表なんですが，うちの子どものところにはシールが１つもついてないんです。子どもなりに１つの挫折を感じていることが分かりました。私はここで無理をしたらだめだという思いと，しかしやっぱりこれを乗り越えてほしいという思いが交錯して，親としてどう判断したらいいのかと悩みました。結局，ここで挫折をしたままで終わらせるのはよくないと思い，子どもに「鉄棒や縄跳びができなくてもあなたの評価には関係ない。お父さんやお母さんはあなたがとても優れた能力を持っているということはよく知っている。しかし，この機会に縄跳びが飛べるようになるといいね」ということをわかりやすく話しました。そしたら家で練習を始め，一生懸命努力して，縄跳びがとべるようになってシールがついたのです。

　運動会の当日も「行きたくない」といってましたの

第8章　子どもの権利を語る

で，私が自転車の後ろに乗せて強引に連れて行ったのですが，着いたらにこにこして運動会に参加していました。運動会の最後の閉会式で子どもたちひとりひとりに金メダルが渡されるのですが，それをもらうととてもうれしそうに「お父さん，今日はいい日だったね。運動会はいいね」といって，こちらの心配を吹き飛ばしてくれました。子どもの思いをちゃんと受けとめて，親の思いも伝えて行く。子どものいいなりになるのではなく，一緒に最善の途を探ることが大切だと感じました。

　その後，小学校1年生になる前の秋に，今度は，「僕は小学校に行かないからね！」と宣言しました。どうしてかと聞きますと，「勉強が嫌いだから」というのです。そのときに小学校は行くのが当たり前だと子どもにいっても仕方ない。だから，私は分かったと一応受けとめたのです。「あなたの気持ちは分かった。小学校というものは別に行かなくてはいけないというものでもない。時間もあるし，よく考えてみよう」とその場を収めました。それから幼稚園では小学校の説明があり，また家でも小学校はこんないいこともあるよと話をしました。年が明けて，みんながランドセルを買う時期になったら，子どもが欲しいというのです。それでデパートにランドセルを買いに行き，小学校に行くのかと聞くと，「いや行かない」と言う。ところがしばらくしてから，子どもから「小学校に行くことに決めたから」と突然言ってきました。理由を聞きますと，「小学校は給食があるから」というのです。それが決め手となり小学校に行くことになりました。

　学校に行き始めてから1週間目くらいの土曜日に，「学校に行かない」とまたいい出しました。でも「学校はやめない，ときどき行くのがいい」というのです。しかし1時間ほど話をしたらだんだん落ちついてきて，「分かった，行くことにする。でもおなかがすいたから，もう1回ご飯を食べてから行く」というもので，1度家に帰ってご飯

を食べなおしてから行きました。幸い登校拒否はこの1回だけでした。小学校は自分で決めて行っているんだという気持があるようです。だからそう簡単には挫折しません。

このように，自分自身で選択したことには，子どもなりに責任をとろうとします。大人のように決めたことに全部責任をとれというつもりはありません。子どもなりの方法で責任をとればいいと思っています。責任のとり方についても，大人が援助していく必要があると思います。

これまで日本の子どもたちには，このような選択の機会があまり提供されていませんでした。すべて周りの大人が決めてきました。だから，何も考えなくても1日が過ぎてしまうのです。そして自分だけの力で何かしなければならないとき，とても困ってしまいます。その結果を，私たち大学教員は引き受けているのです。大学生になっても自分で判断できない傾向が強いように思います。指示されたらよく動きますが，自分なりに考えて行動することが苦手です。そういう子どもたちを育ててきてしまったのではないかと思います。

ところで，とても大切なことがひとつ残っています。それは，子どもひとりひとりの権利を保障するということは，その子どもも他人の権利を尊重しなければならないということです。もともと人権という考え方の中には調整原理があるのです。これを子どもたちにもきちんと教えなければ，単なるわがままな主張となってしまいます。

5） 子どもと大人のパートナーシップ

最後にまとめの時間をいただきたいと思います。

重要なことは，これからは大人も子どももパートナーだということです。ある東京の女性の弁護士さんからそのような考え方で自分の子

第8章　子どもの権利を語る

どもを育ててきたという話を聞き，とても感銘を受けました。そういう目で子どもを見ていると，子どもは応えてくれる。最初は親として手を出さないというのはなかなか大変だったが，ある時期になったらものすごく楽になる，というのです。子どもと対等な関係になって，最近では子どもが親を支えてくれることがある，ということを話してくださいました。

　子どもを1人の人間，独立した人間として尊重して，どのようなつきあい方ができるのかが，これから一番大切な課題となってくると思います。これが最初に申し上げた「児童」ではなく，「子ども」だという発想の転換なのです。このことが，子どもの権利条約の基底にあるわけです。ポーランドが世界に問題を提起したのは，ただ単に法制度の問題ではなく，子どもをどう捉えていくのかということだったと思います。子どもと大人のパートナーシップが本当に日本に定着するのか，ということが問われているのです。

　要は人権感覚が研ぎ澄まされているか，ということです。私も法律を学ぶ者として，人権を語ることはできますが，人権感覚とは知識ではなく，子どもや障害を持つ人たちなどとつきあう中で，本当に対等だと感じることです。人権感覚をとてもよく持っている方，または鈍感な方といろいろですが，そこらへんを磨いていかないと本当に子どもの人権を保障することはできません。これはそんなに簡単にできることではないと思います。これから時間をかけて，日本の中で人権感覚を育てていかなくてはいけません。

　「大人の人権が十分保障されていない中では，子どもの人権は保障されない」という意見もありますが，大人と子どもがパートナーであるならば，人権も同時に保障されなくてはならないと思います。これからは，大人の人権を保障していくことはもちろんですが，子どもの人権も同じように，またはそれ以上に大人が保障していかなくては

なりません。子どもの人権が保障される世の中であれば、当然大人の人権も保障されると思うのです。次の時代には、人権を十分保障されて育った子どもたちが、他人の人権も尊重するようになります。そのような子どもたちを育てることによって、社会のあらゆる人たちの人権も保障されていきます。これはまさに21世紀の課題ではないでしょうか。しかしそのために、今私たちは努力をする必要があるのです。

　長い間ご静聴ありがとうございました。

＊近畿児童相談所職員研修会（平成6年度前期），大阪市立北区民センターにて
（初出／『大阪市中央児童相談所・紀要』7号，大阪市中央児童相談所，1995年2月，70-78頁，原題は「子どもの権利を保障する」　＊部分的に修正および削除を行った）

2　「子どもの権利を擁護するシステムづくり」
　　講演記録(2)——1995年7月21日・大阪市

　早いもので、私が大阪府立大学に赴任してきてから5年が経過しました。この間、子ども家庭センターをはじめとする大阪府の児童福祉の現場の方々と、たくさんの貴重な出会いがありました。大阪に来る前までは必ずしも現場の方と深いおつきあいがあったわけではありませんので、とても幸運だったと思っています。また、いろんな刺激を与えていただいて、研究者として大変ありがたいと思っています。

　この5年間は、日本の「児童福祉」にとっても重要な時期だったように思います。平成元年の「1.57ショック」と子どもの権利条約の採択が、じわりじわりと児童福祉に影響を及ぼしています。いずれ近い

第8章 子どもの権利を語る

うちに変化がはっきりと見えるようになるでしょう。大阪府でも，この間にさまざまな取組みがありました。私もその一部に参画する機会をいただきました。私のようなものが，大阪府の児童福祉の発展にもしお役に立てるのであれば，たいへんうれしいことです。

さて，今日は，基本的には3つの点に絞ってお話しを進めていきたいと考えています。第1は，児童福祉が今転換期にあるということです。2番目には，子どもの権利の基本的な考え方について，少しだけお話しします。そして，3番目に，子どもの権利を擁護するシステムについてです。第3の点が，今日の主題ということになります。

1） 児童福祉から子ども家庭サービスへ

まず最初に，研究者としてとても面白いと思っていることは，今がまさに時代の変わり目だということです。戦後50年ということでいろんなことがいわれていますが，社会福祉の世界でもさまざまな動きがあります。児童福祉に限定してみても，たとえば措置権限の委譲の問題，市町村に降ろすのか降ろさないのかという制度改革の問題。そして出生率の低下に伴う家庭支援政策の問題，さらに子どもの権利条約の問題などがあって，児童福祉は変わらざるを得ない状況にあると思われます。

先日，私どもがやっている「子ども家庭サービス研究教育ネットワーク」の大会が東京で開催され，神奈川県，大阪府等からの報告がありました。その話を聞いても，またその後会員の方々と夜を徹して語り合ってみても，針はすでに動き始めていると感じます。その結果としては，児童福祉法の改正というところまで行くのではないか。児童福祉法は成立50年目の1997年には，かなりその姿が変わっている，もしかしたら名前も変わっているのではないかとさえ予想されます。

第II部　子どもの権利と社会的子育てを考える

　児童福祉改革では，子ども家庭支援政策が1つの目玉になっていますが，そこにもう1つの視点──子どもの権利保障の視点も入れていこうというのが，厚生省の「子供の未来21プラン研究会」の報告書です。また大阪府が近く策定を予定している「子ども総合ビジョン」では，子どもの権利擁護を基本方向の1つの柱にすることが検討されています（⇒本書序章）。神奈川県の「子ども未来計画」（正確には，「『かながわ子ども未来計画（仮称）』検討委員会報告書」）にも，はっきりと子どもの権利保障という考え方が出てきています。

　それから，親への援助という視点は，児童福祉法を作るときにすでにありました。当時一般の子どもたちの福祉も考えていこう，親たちの問題も含めていこうという議論があったのですが，残念ながらいろんな事情があって日本の児童福祉は要保護児童対策に限定されてきました。親が養育できないときにだけ児童福祉が機能するということになってしまったのです。しかし，この数年の状況の変化で，子どもの権利を擁護する，そして親に対する援助も行う，場合によっては一般の子どもたち，一般の家庭への支援も積極的にやるという流れができつつあります。そして，私たちの一部では，「児童福祉」という言葉を止め，「子ども家庭サービス」という言葉を使い始めています。「福祉（welfare）」という言葉は限定された意味で使われてきたということで，「子ども家庭サービス」という用語を使い始めたのです。この言葉が定着するかどうかまだ分かりませんが，大阪府が「子ども家庭センター」を設置したのは，そういう意味からも先見の明があったといえるでしょう。

　これまでの児童福祉は，問題を抱えている子どもをどう支えていくか，保護していくかに終始してきました。とにかく親から身柄を預かりなんとか育てていくことに精一杯だったと思われます。しかし，子ども家庭サービスでは，可能であれば家族の中で成長，発達できるよ

第8章 子どもの権利を語る

うに援助する，それがむつしい場合でも，単なる保護ではなくて，子どものウェルビーイング，人権の保障ができるような態勢を作っていくことが必要になります。本当に時代が変わって来ているのだということを，ご理解いただきたいと思います。

　おもしろいことに気がついたのですが，子ども家庭支援がいわれ始めた頃の政府の政策は，「健やかに子供を生み育てる環境づくり」と呼ばれていました。しかし，今は「子どもが健やかに生まれ育つ環境づくり」に変わっています。いつからそうなったのかは調べていませんが，厚生省の誰かが気がついたのでしょう。まさに子どもが主体になったのです。「健やかに生み育てる」では，子どもは対象でしかなく，子どもの数が減ってきたからどうにか子どもを生んでもらおう，そのために環境づくりをしようというのがありありと見えるのです。しかし，子どもの権利条約の考え方が入ってくると，子ども自身がどう育っていくかということを家庭，地域，公がどう支援していけるかに焦点が移ってくるはずです。そういう意味で，「子どもが健やかに生まれ育つ環境づくり」ということが，これからの課題とならなくてはいけないのです。

　大阪府ではそのために「子ども総合ビジョン」を作るということ，それから，社会福祉審議会の「答申」も，まもなく公表されるでしょう。また，今回の「子どもの権利ノート」の作成も，その一環だといってよいでしょう。この「権利ノート」は，内容的にはまだまだ不十分です。しかし，できてみてやはり必要なものなのだと感じています。現時点では，一歩前進だといってよいでしょう。養護施設にいる子どもたちが権利の主体であるということを確認しただけでも，十分に意味があったと考えています。

第II部　子どもの権利と社会的子育てを考える

2）　子どもは権利の主体である

　第2の話題に入りますが，子どもが権利の主体であるということ，これは考えようによっては当たり前のことで，何を今さらということになるかも知れません。しかし，よくよく考えてみると，必ずしもまだ定着しているわけではありません。それどころか，日本の子どもたちは，今でも1人の人間として尊重されていないと思います。

　日本の児童福祉は，おそらくそれに携わっている方々の善意や情熱などによってここまで発展してきたのでしょう。そのことを否定するつもりはまったくありません。しかし，戦後50年の今，もう一度原点に戻って考え直してみる必要があるのではないでしょうか。一生懸命やってきた，子どものためにやってきた，それだけでは済まされないのです。また，親が責任を持てない子どもたちなのだから，とにかく保護をすればよいのだということでは終わらない。1人ひとりの子どもが権利の主体であり，個性をもった人間であるということ。その1人ひとりをどう支えていくのかということが，今問われているのです。

　学生から次のような話を聞きました。高校生時代に教師から「お前たちは自分の頭で考えるとどうせろくなことは考えないのだから，余計なことはいっさい考えるな。俺たち教師に黙ってついてくれば悪いようにはしない」というふうにいわれた，と。そして，つい最近まで，それがおかしいことだとは思わなかった。私の授業で子どもの権利条約のことを学んで初めて，おかしいということが分かった，というのです。その教師は熱心な教師で，「生徒のため」を思って一生懸命やる教師だったのでしょう。しかし，それが結果的には子どもの人権を侵害していることもあるのです。

　例えば，体罰の問題などがそうです。体罰をする側は，必ず「子どものため」だといいます。しかし，体罰を受けた子どもたちは，多か

第8章　子どもの権利を語る

れ少なかれ心が傷ついています。一見効果があったように見えても，それは表面的なことです。元気そうにしていても，子どもたち自身が気づかないうちに，心の中に深い痛手を負っていることだってあるのです。一生懸命にやるということだけでは，必ずしも子どもたちの人権の尊重につながっていかないのです。

　福岡の養護施設での体罰事件が問題になっています。恐らく体罰というものは，残念ながら学校でも無くなっていないし，全国の養護施設でかなりの程度まだ残っているのではないでしょうか。体罰の問題だけを取り上げて議論するのはあまり意味がないと思います。しかし，1つの典型的な問題として，私はいつも話すのです。子どもを1人の人間として尊重するというのであれば，大人同士の暴力が許されないのですから，子どもに対する暴力が許されないのは当然のことです。子どもたちの発達という観点からいっても，マイナスの効果しかないと思います。

　ときどき，私は体罰でよくなった，あるいは体罰によってその子が立ち直ったという話があります。そのようなことが・た・ま・にあることは認めますが，その陰でどれだけ多くの子どもが傷ついているかを考えていただきたい。たしかに，一時的にはその子どもに何らかの効果があったかもしれない。しかし，長い目で見れば，子どもは大変な重荷をしょったことになるのです。また，そのそばにいた子どもがそれを見てショックを受けたかも知れないのです。私の友人の娘さんは，自分の友人が叩かれるのを見て学校に行きたくなくなったいうことです。いろんな影響があるのです。だから子どもの視点に立って，子どもが体罰をどう受けとめるのかを冷静に考え直してみる必要があると思います。

　私たち大人は，子どもが1人の人間であるということを尊重しながら，あくまでも子どもを支えていく存在なのです。子どもの代わりに

第II部　子どもの権利と社会的子育てを考える

何かをするのではなく，子どもがいろいろ考えたり，悩んだり，判断したりするのを支えていく，応援をしていく立場でしかない。子ども自身が考えて行動するということが大事なのです。

　場合によっては，子どもたちは間違うこともあるでしょう。しかし間違うことも子どもの人生なのです。失敗してはいけないからと先回りをして大人が何かをするということは，大人の思い上がりではないでしょうか。失敗することによって子どもが成長・発達する，ということだって，保障していかなければならないのです。

3）子どもの権利を擁護するシステム

　子どもの権利を保障するということは，子どもには権利があるから大事にしましょう，ということではありません。つまり，法的な手続きにより，あるいはシステムの中で子どもの権利が擁護されなければならないのです。そういう意味では，今まで児童福祉の領域でそういう法的なものの見方・考え方があまり尊重されてこなかったということは，子どもの権利をちゃんと受けとめてこなかったということではないでしょうか。

(1) 子どもの弁護士 ―― カナダの場合

　子どもの権利を尊重していこうというのであれば，手続きの問題とか，権利擁護のシステムを考えなければなりません。そういう意味で，法律家である弁護士がこの問題にかかわるのは，とても大切なことです。幸い大阪弁護士会は，子どもの権利問題について非常に熱心で，とくに若手の情熱あふれる弁護士さんがたくさんおられますので，とても力強く感じています。

　実は，昨年行ったカナダのオンタリオ州には，児童福祉専門の弁護

第8章　子どもの権利を語る

士がかなり多数おりました。日本の児童相談所に当たるのがChildren's Aid Society（CAS）——すべて政府の補助金で運営されている民間の児童相談所——ですが，そこにはフルタイムの弁護士がいます。それも1人や2人でなくて，5〜6人とか7〜8人とかいう数の専任の弁護士が働いています。そして，虐待の問題などはソーシャルワーカーと一緒に裁判所に行って，裁判官とやり合うのです。彼らは児童相談所を代表する弁護士であって，子どもの弁護士ではありません。私は最初勘違いして，児童相談所の弁護士だから当然子どもの立場に立つと思っていました。しかしそうではなくて，あくまでも日本でいう措置をする側の弁護士なのです。

それでは，子どもの代弁は誰がするかというと，オンタリオ州の場合，司法省の管轄のもとに「子どもの弁護士」（Children's Lawyer）制度があります。「子どもの弁護士」事務所（Office of the Children's Lawyer）には専任のスタッフ，つまりフルタイムの弁護士とソーシャルワーカーが配置されていて，子どもにかかわる問題が裁判所に提起されたとき，裁判所の命令で弁護士をつけるのです。場合によっては，日本の調停みたいなこともやるそうです。また，オンタリオ州全体では，専任の弁護士だけでは手がまわらないので，契約弁護士を何百人と抱えていて，子どもの代弁活動をするのです。もちろん，弁護士は公費でつけられます。

この事務所には，弁護士だけでなく，ソーシャルワーカーもいて，両者がそれぞれの専門性を活かしてお互いに協力するということになっています。子どもの意見を聞くといっても，子どもは，自分の考えをストレートに言葉で表現することはなかなかできません。大きい子どもでも，自分がどうすればいいのか，どうしたいのかを，裁判所でちゃんとはいえない。まして小さい子どもたちには何がいいことなのかについて判断もつかない。したがって，子どもの代弁人は子どもと

深くつきあうなかで，子どもの思いは何なのか，何を子どもは求めているのかを考えていくのです。

ただ，「子どもの最善の利益」の考え方が，弁護士とソーシャルワーカーでは少し違うというのが，興味深いところでした。弁護士は，子どもの代弁者として，子どもが表明した意見をそのまま代弁することが多いのですが，ソーシャルワーカーは，子どもの発達ということも考慮に入れて，長い目で「最善の利益」を考えるというのです。

(2) 子どもの権利擁護の3つの機能

子どもの権利を擁護する機能には，①人権救済機能，②権利代弁機能，③権利調整機能の3つがあると，私は考えています。これは機能ですから，機関というものではありません。ある機関が複数の機能を持つこともあります。

①人権救済機能についていえば，例えば虐待を受けている子ども，施設でいじめを受けている子ども，体罰を受けた子ども，人権が侵害されたと思っている子どもがいたときに，子ども自身が助けてくれ，あるいはどうにかしてくれ，どう考えてよいか分からないから相談したいということを，子ども自身が駆け込める，そういう機関が必ず必要だろうと思っています。

カナダの場合には，そのような機関が複数用意されています。カナダでは，インケアの子どもは施設ではなくすべてグループホームか里親家庭にいますが，そこにいる子どもは，もちろん職員や里親に相談できます。また，CASのソーシャルワーカーに相談することもできます。そこでうまくいかないと思ったときには，アドボカシー事務所に電話をすることができます。オンタリオ州のアドボカシー事務所（正式には，子ども

第8章　子どもの権利を語る

家庭サービス・アドボカシー事務所／Office of Child and Family Service Advocacy）は，法律（子ども家庭サービス法）にもとづいて設置された公的機関で，10名のアドボケイトが専任のスタッフとして配置されています。

　インケアの子どもには，事前にこういうところに相談できますよという情報が提供されています。子どもたちがもっている「ハンドブック」には，「子どもの弁護士」事務所の弁護士にも相談できます，アドボカシー事務所には連絡する権利があります，電話をしてもよいし，会いに来てもらうこともできますと書かれています。そこにははっきりと「権利（right）」という用語が使われているのです。逆にいうと，政府にとってそれは義務ということで，アドボカシー事務所は子どもが通報してきたら必ず調査に入る，会いに行かなければならないのです。

　現場の施設長さんに聞くと，実際には偽の通報，たとえば，子どもが事実ではないことで職員を告発するということもないわけではないようです。その施設長さんは，子どもの権利保障が行き過ぎるといろんな問題が出てくると指摘されましたが，私はそのとき，子どもの権利が行き過ぎて保障されるという状態を一度は味わってみたいと感じました。

　私はそのようなシステムを用意することのもう１つの重要な点は，システムができることによって，大人たちが今まで以上に子どもの権利に配慮するようになることだと考えています。子どもが直訴するシステムができることによって，子どもの権利がちゃんと受けとめられるようになるのです。

　次に，②子どもの権利代弁機能についてですが，子どもが何かをいいたいときに十分にいえない，その時にまさに子どもの立場にだけ立って代弁するアドボカシーが必要だと思います。それについては，子

第II部　子どもの権利と社会的子育てを考える

ども自身が相談したり，代理人を選任したりできるということが重要だと思われます。カナダでは「子どもの弁護士」は裁判所が付けるのですが，子ども自身が「子どもの弁護士」に相談することもできます。また，これとは別に，子ども青年法律扶助事務所（Justice for Children and Youth）というのもあって，ここでも専門の弁護士が代弁活動を行っています。

このように，カナダでは公費で子どものアドボカシーをやっていますが，アメリカのカルフォルニア州では，ボランティアが子どもの代弁活動をしていました。裁判所が採用して訓練したボランティアのアドボキットが，裁判に際して子どもの思いや考えを受けとめる存在なのです。アメリカの場合，子どもにも弁護士がつきますが，アメリカの弁護士は忙しくてなかなか子どもから直接話を聞くことができないそうです。本来アドボキットは裁判官に報告するのが任務ですが，弁護士にも情報を提供するそうです。

③3番目に，子どもの最善の利益といいますが，いったい何が最善の利益なのかそんなに簡単に決められるものではありません。子どもの最善の利益とは，最初からこうだと決まっているわけではないのです。そこで子ども自身も含めて，大人たちがその子どもにとって何が最善の利益なのかということを議論する場が必要です。それを私は「調整機能」といっています。カナダでは，「子どもの弁護士」事務所やアドボカシー事務所がそういう機能をあわせもっています。

もちろん，どこの国でも最終的に判断する機関として，司法機関，つまり裁判所が用意されています。しかし，細かいことを含めて，すべての問題を裁判所で審理するわけにはいかないので，裁判所まで行かないようなケースを調整するシステム，その中に子どもの意見が反映されるような調整システムが必要なのです。

また，1つひとつのケースについて調整するシステムとともに，シ

ステムや法律自体がどんな問題をもっているのか監視する機構，オンブズマンが必要になります。オンタリオ州のアドボカシー事務所は，州政府直属の機関ですので，政府に対して直接意見具申をする権限をもっています。

(3) **大阪府におけるシステムづくり**

子どもの権利を擁護するには，以上のような機能が必要なのですが，実際に制度を作るときには，複数の機能をもっているものを作らないといけないと思います。神奈川県の「子ども未来計画」の中では，私は基本的にはアドボケイトシステムだと思いますが，「オフィシャル・ガーディアン」という用語を使って子どもの権利擁護のシステムを作りたいと書かれています。大阪府でも是非そういうシステムを作っていただきたいと思います。

いろんなシステムがありうるわけですが，理想的にいうと，知事直属の機関を作るのがもっともよいと思っています。しかし現実的には，中央子ども家庭センターに置くということでいいだろうと考えています。その機関には第三者——つまり府の職員以外の者——がかかわる。当面はそのメンバーが，子ども自身に会うことはむつかしいかもしれませんが，なんらかの形で上がってきた問題をそこで検討するということになるでしょう。

実は，「子どもの権利ノート」を作る過程で，私が指摘したのは，そういうシステムがないということで，それが最大の問題であるといってきたのです。つまり，「子どもの権利ノート」を配布して，子どもたちにあなた方にはこういう権利がありますよと知らせていく，これは大事なことです。子どもは自分の権利が保障されていないと感じるときに「ノート」を見る。すると，「あなたの子ども家庭センターの担当の先生は」とあって，その名前が書いてある。これは一歩前進

第II部 子どもの権利と社会的子育てを考える

です。今までは養護施設の子どもたちが自分の担当のワーカーが誰だか知らないというケースがだいぶあったと思います。担当のワーカーに相談できるということも大事なことでしょう。しかし，そのワーカーにも相談できない，別の人に相談したいということもあるかも知れない。別の人でないといえないという時の窓口を用意しないといけないのです。

「子どもの権利ノート」には，その下に「子どもと家庭電話相談室」とあるが，これはなんのことかよく分からない。システムの説明も含めて，何か問題があった時には，ここに連絡をすれば必ずあなたのために動いてくれますよと，子どもたちを安心させる。安心してシステムを利用できるようにしないと，あなたには権利がありますよといっても，それは「絵に描いたもち」になってしまう。これは重大な問題です。しかし，私は，この問題は次の課題として少なくとも確認されていると理解しています。

おわりに

私は，大阪の児童福祉は，全国的に見れば比較的高い水準にあると考えています。もちろん，私の理想とするところから見ればまだまだですが……。大阪府が全国に先駆けて子ども家庭センターを設置したように，これからも大阪の児童福祉が日本の児童福祉の発展をリードするものであってほしいと念願しています。大阪では，児童相談所と児童福祉施設，民間の児童福祉機関などの連携が比較的うまくいっているのではないでしょうか。それに弁護士さんたちが児童福祉に熱心なのもありがたいことです。われわれ大学の研究者も含めて，大阪で「新しい児童福祉」を作っていきたいものだと考えています。

最後に，児童福祉法研究の重要性について指摘しておきたいと思い

第8章 子どもの権利を語る

ます。日本では，児童福祉法研究といえばほんのわずかな人たち――私もその1人ですが――によって行われていますが，カナダでは，実務家も含む多くの法律家・研究者が「児童保護法（Child Protection Law）」の研究に従事しています。それも，現場の実践に結びついた研究が行われているように思われます。私は「児童福祉の法社会学的研究」というものに関心をもっています。つまり，児童福祉現場の実践を踏まえたうえで，児童福祉の実際と法と関係を追求したいと思っているのです。現場の方々とのやりとりの中でこそ深まって行くものだろうと思います。そういう意味で，現場の方々と議論を積み重ねていくことが，私に課せられた使命だと受けとめています。これからも今まで以上におつきあいいただくことをお願いして，今日の私のお話しを終わりたいと思います。どうもありがとうございました。

　　＊　大阪府平成7年度児童福祉施設・子ども家庭センター職員研修　大阪府社会福祉指導センターにて
（初出／『大阪府子ども家庭センター・紀要』6号，大阪府子ども家庭センター，1996年，5-11頁。　＊同誌所収の講演記録に対し大幅に加筆・修正を行った。）

3　「カナダ・オンタリオ州の子どもの権利擁護システム」

　今年（1995年）の9月も，昨年に引き続き，カナダ・オンタリオ州のトロントに3週間滞在して，児童福祉制度および子どもの権利擁護システムについて，見聞してきた。日本では残暑が厳しかったようだが，トロントはとても過ごしやすい気候で，充実した調査を

第II部 子どもの権利と社会的子育てを考える

行うことができた。カナダの人たちはとても親切で，貴重な時間を割いて，私の訪問を快く受け入れてくれた。本当に頭が下がる思いである。

結論からいえば，オンタリオ州においては，子どもの権利を擁護するシステムはかなり充実していると思う。とくに子どもの権利条約12条の意見表明権（自分の考えや思いを聞いてもらう権利）には多大の配慮が払われている。これは決して条約の影響ではなく，条約に先立つ先駆的な実践であり，その制度化である。

今回の訪問調査でもっとも印象に残っているのは，アドボカシー事務所（正式には，子ども家庭サービス・アドボカシー事務所 Office of Child and Family Service Advocacy）である。事務所の代表であるジュディ・フィンレイ（Judy Finlay）さんは，私のためにまる2日間を用意してくれた。第2回目の訪問のときには，5〜6人のスタッフも同席してくれて，有意義なディスカッションをすることができた。なんと昼食までごちそうになってしまった。

このアドボカシー事務所は，形式的には州政府のコミュニティ・ソーシャル・サービス省（日本の厚生省にあたる）に所属している。しかし，その歴史を聞いてみると，もともとはレス・ホーンさんという人（Les Horne 現在DCIカナダ・アングロフォンの代表）が1978年に政府部内で1人で始めたということであった。それが1984年成立の子ども家庭サービス法（児童福祉法の全面改正法）という法律で制度化されたとのこと（これがカナダのすごいところである）。ここは政府機関ではあるが，独立した権限を付与されており，政府に対してもさまざまな提言をすることができる。人事などもすべてジュディさんに任されている。

この事務所に，子ども自身や家族から連絡（多くの場合電話［日本でいうフリーダイヤルの電話番号をもっている］）が入ると，事務

第 8 章　子どもの権利を語る

所のメンバー（アドボキット）がチームをつくって関与をすることになっている。カナダの子どもたちも，報復を恐れてなかなか自分の名前をいわないということであるが，ホームの名前や場所を告げたり，友だちの名前を語ったりするそうである。

　子どもたちはウソをつくこともあるのではないかという質問をしたところ，「それは100パーセントない」という答えであった。それは，子どものいっていることがすべて真実であるという意味ではなく，子どもがアドボカシー事務所に連絡をしてくるということは，多かれ少なかれそこに何か問題があるはずだという受けとめ方だと理解した。子どもを全面的に信頼してこそ，アドボカシーの意義があるということを教えられた気がする。

　子どもたちの声を聞いたり，代弁するシステムとしてはこのほか，司法省の機関である「子どもの弁護士」事務所（Office of the Children's Lawyer）や法律扶助制度にもとづく子ども青年法律扶助事務所（Justice for Children and Youth）がある。両事務所には，多数の子ども専門の弁護士が政府の費用で雇われている（フルタイムとパートタイムがいる）。

　オンタリオ州の子どもの権利擁護システムは，かなり複雑で全体像を理解することはなかなかむつかしいが，それだけ幾重にも網の目がはられているということでもある。それは，子どもであっても1人の人間として尊重するのは当然であるという基本的な考え方がしっかりと根づいていることによる。カナダから学ぶことはとても多いように思う。

[1995.10.2]

　（初出／『子どもの権利条約』［子どもの権利条約ネットワーク・ニュースレター］22号，子どもの権利条約ネットワーク，1995年10月，7頁）

第Ⅱ部　子どもの権利と社会的子育てを考える

補　章
その後の児童福祉施策の動向

　本書旧版はしがきの冒頭にも書いたように，1996年3月6日の朝刊各紙を，「児童福祉法50年ぶり改正へ」，「児童福祉を抜本見直し」などの見出しが飾った。朝日新聞は，「厚生省は5日，戦後間もなくできた現行の児童福祉制度が社会環境の変化によって『制度疲労を起こしている』として，抜本的に見直すことに決めた」と報じた。児童福祉行政の改革が予告されたのである。

　あのとき日本の児童福祉（法・行政・システム）は明らかに「曲がり角」に差しかかっていた。そして今後，どういう方向に進んで行けばいいのか，展望はまったく開けていなかった。1996年3月から試行錯誤が始まったが，今に至るまで明確な方向性は指し示されていない。本来であれば，これまでの常識を超えた大胆な改革に着手すべきところであるが，それだけのリーダーシップは誰にもない。国会議員にも，厚生官僚にも，そして大学等の研究者たちにも。山積している個別具

補　章　その後の児童福祉施策の動向

体的な課題に対する調査研究はかなり多く行われているが，日本の児童福祉（法・行政・システム）の基本的な課題に真正面から取り組むような研究は皆無に等しい。

　それはおそらく，今の広義の児童福祉をめぐる状況がかなり複雑だからだと想像される。しかし，そういう時代だからこそ，大きな視野に立った発想なり問題提起が必要なのではないだろうか。

1　児童福祉改革の背景的要因

　ところで90年代後半に日本の児童福祉政策が大きな変容を迫られた要因は何だったのだろうか。序章と重複するが，もう一度振り返ってみよう。たしかに官僚機構の「制度疲労」が現実とそぐわなくなったことは否定できない。しかし，私は，次の3つの背景的要因がちょうど同時期に重なったために，児童福祉政策は変更を余儀なくされたと考えている。

　その第1は，出生率の大幅な低下である。1989年（平成元年）に「1.57ショック」と言われ，合計特殊出生率が史上最低となった。その後出生率はなかなか回復に向かわず，低下の一途をたどっている。多様な少子化対策が採られはしたが，1999年には1.34人にまで減少した。少子化は日本の児童福祉にとってはきわめて深刻な事態であり，省庁の垣根を超えた政府全体，そして各地方自治体にとっても重大な関心事であるはずである。子育て家庭支援政策が各方面で声高く主張されるのは無理からぬことである。しかし，そのわりには少子化対策はほとんど実を結んでいない。縦割り行政の弊害がストレートに反映しているように思われる。

　第2に，社会福祉の基礎構造改革問題がある。「臨調・行革」以降，

第II部　子どもの権利と社会的子育てを考える

　日本の社会福祉制度そのものが改革の俎上に上げられ，大きな制度改革のうねりにもまれることになる。戦後50年の間に築きあげられてきた措置制度が全面的な見直しを受け，「契約制度化」されることになった。児童福祉は必ずしも同一歩調を取っていないが，児童福祉といえどもその埒外に置かれることはありえない。児童福祉分野にも近いうちに基礎構造改革の荒波が押し寄せるのは必至である。だが，多くの場合親と子の利益が相反するという児童福祉（児童保護システム）の特殊性に対してどこまで配慮がなされるのかがカギとなる[1]。

　第3は，これらの国内事情とは違って，日本の児童福祉を揺り動かす国際的な動向がある。国連は1989年に子どもの権利条約を採択し，日本政府は1994年4月に批准の手続きを取り，同5月から日本国内でも同条約が効力をもつこととなった。また，日本政府は，1996年5月に第1回目の報告書を国連子どもの権利委員会に提出し，同委員会は審査の上，1998年6月5日づけで厳しい内容の勧告を含む「総括所見」を採択している[2]。条約は児童福祉の問題だけではないが，日本の児童福祉にとっても，大胆な変革を要求していることは間違いない。これからの児童福祉を考えるうえで，子どもの権利条約の条項や理念，子どもの権利委員会の勧告等を軽視することは許されない[3]。

　また他方で，子どもをめぐる社会情勢はますます劣悪になっているように見える。子どもの非行・犯罪は，マスコミ等では凶悪化していると報じられている。子どもの不登校・引きこもり，学校でのいじめなどの問題は，一向に好転する気配がない。狭義の児童福祉問題に限定しても，親または親に代わる養育者による子どもへの虐待，そしてその典型例としての子ども殺人が，このところマスコミを賑わしている。また，児童福祉施設内での虐待等人権侵害も徐々に表面化してきている[4]。児童福祉行政にとってはきわめて深刻なでき事である。

　このような背景をもつ日本の児童福祉は，それでも，1990年代の後

補　章　その後の児童福祉施策の動向

半以降, 少しずつではあるが変化の兆しを見せている。さまざまな要因が折り重なっているので複雑な様相を呈しているが, 私の目には, 確実に変わりつつあるように見える。そこで, 本章では, 私なりの視点——とくに子どもの権利擁護という視点から, 児童福祉法第50次改正 (1997年) 以降の児童福祉施策を概観し, 最近のおおまかな動向をつかんでおきたい。ここでは, 厳密な資料により実証するというやり方はせず, 複雑な動きの中の象徴的な部分だけを取り上げるという方法で, 児童福祉の変化を推測してみたい。

2　児童福祉法第50次改正

1)　児童福祉法の改正経過

　厚生省は, 1996年3月に中央児童福祉審議会に基本問題部会を設置し, 児童福祉法改正に向けての審議を開始した。同12月, 同部会は「少子化にふさわしい自立支援システムについて」という「中間報告」を提出したが, 児童福祉法の基本的な考え方を全面的に改革するような大胆な報告ではなかった。

　国会では, 参議院が,「『児童の権利に関する条約』の趣旨を踏まえ, 児童福祉法の理念及び在り方等について早急に検討し, その結果を踏まえて必要な措置を講じるとともに, 施策の実施に当たっては, 児童の最善の利益を考慮した取り扱いが図られるように努めること」という付帯決議を採択した。本決議は, 改正案がきわめて限定的であり, その内容も部分的なものにとどまっているということを示唆しているように思われる。とくに一部で期待されていた子どもの権利条約の趣旨・理念を何らかの形で取り入れるという構想は, 結局肩透かしにあ

い，上記決議に盛り込まれただけであった。政府関係の抵抗が強かったのではないかと想像される。

当初大幅な改正が予定されていた児童福祉法第50次改正は，「児童福祉法等の一部を改正する法律」(平成9年法律第74号) として，1997年6月に公布された[5]。改正法の中には「自立」という用語が多用されており，「自立支援」が今回の改正の一つの目玉のようにも言われている。しかし，「自立支援」とは何かについては改正法は何も答えておらず，審議過程でも十分な議論はなされなかったようである。立法者にも明確な概念規定がなかったのではないかと疑いたくなる[6]。

2） 児童福祉審議会への意見聴取義務

当事者の人権擁護にかかわる法改正として期待されたのは，都道府県知事（児童相談所長）の措置権限をチェックするシステムを用意しようという点であった。改正法には，子どもの措置にかかわって都道府県知事は児童福祉審議会の意見を聴かなければならないという規定が置かれた（27条8項）。

本来であれば，第三者機関を設置して当事者（子ども本人・親・家族）からの苦情や不服の申し立てを受け，審査（再審査）するシステムが必要だと思う。しかし，新設された審査システムは，当事者が申し立てるのではなく，都道府県知事が判断するようになっている。つまり，「児童若しくはその保護者の意向が当該措置と一致しないとき，又は都道府県知事が必要と認めるとき」に，措置そのものの正当性や措置の見直しなどについて，審議会の意見を「聴かなければならない」というのである（児童福祉法施行令9条の8）。

「聴かなければならない」という義務づけ規定にかかわらず，要件が必ずしも明確ではないのが気になるところである。要は都道府県知

事（児童相談所長）に任されており，どのようにでも解釈・運用できるので，これは本当の意味での当事者の権利擁護，不服申し立てのシステムにはなりえていない。きわめて中途半端な制度になってしまった。

しかし，見方を変えると，これまで都道府県知事（児童相談所長）に一切委ねられていた措置権限を部外者にチェックさせようというのだから，大きな変更には違いない。やり方によっては，当事者の権利擁護にも児童相談所のチェックにも機能しうる可能性はあると思う。制度としてはおそろしく不備で不公平であるが，都道府県がいかに運用するかに成否がかかっているともいえるだろう（現にいくつかの地方自治体では有効に機能しているように聞く[7]）。現存する法律をどれだけうまく利用し運用するかは，それにかかわる官僚と実務家の手腕に左右されることを，あらためて認識すべきである[8]。

3　児童福祉施設における体罰の禁止

今回の法改正にかかわって唯一子どもの人権への配慮が示されたのは，児童福祉施設での体罰の禁止条項の新設である。

児童福祉法47条1項では，親権者・後見人が存在しない児童については一時的に施設長が親権を代行することになっている。それはそれでいいのだが，同2項でも，施設長は親権者等がいる児童についても，「監護，教育及び懲戒のために児童の福祉の措置を採ることができる」としている。この規定は，その成立過程（児童福祉法第5次改正）の議論を見ると，明らかに施設長の親権代行権を大幅に制約し，「児童の福祉」に必要な限りにおいてのみ一定の措置を採る「権限」を認めたものである[9]。しかし，規定があまりにも曖昧なために，実際には，多くの入所施設の長が「親代わり」の意識をもち続け，すべての入所

児童に対して親権代行権を付与されているかのような錯覚に陥っていた。したがって、施設長には「懲戒権があるはずだ」との法律に反する認識が定着し、親代わりであれば多少の体罰も許されるという常識がまかり通っていた。

　これに対して、施設での虐待・体罰事件が発覚し、厚生省としても放置できなくなってきた。国会でもその点について厳しい追求がなされた。そこで、厚生省は、児童福祉法改正を契機として、児童福祉施設最低基準を改正し（平成10年厚生省令第15号）、体罰その他の施設内での人権侵害行為を禁止するための条項を新設することにした（9条の2）。また、この条項を補強するための通知「懲戒に係る権限の濫用の禁止について」(1998年2月18日付け）を提出し、「規定創設の趣旨」や「権限の濫用に当たる行為」の解説など、丁寧な説明を加えている。この厚生省の対応ぶりからは、体罰が実際には黙認されていた実態がよくわかる。しかし、本規定と通知により、児童福祉施設長による懲戒権の行使は、親権者等が存在しないという例外的な場合を除いては否定され、体罰は明文をもって全面的に禁止されることになった。結果的には、厚生省令や通知が、児童福祉法47条の解釈を確定したことになる。

4　児童虐待防止法の成立

　数年前から親または親に代わる養育者による児童虐待行為がマスコミ等で積極的に取り上げられるようになり、社会的な関心事となるとともに、国会で熱心な審議が行われるようになった。これまで児童虐待がけっして少なかったわけではないので、私たち専門家にとっては不思議な現象でもあった。そして、世論は児童虐待に対応するための

補　章　その後の児童福祉施策の動向

法の制定を求めた。少なくとも一部の国会議員は法制定に並々ならぬ情熱を傾け，紆余曲折をへて，2000年5月11日に児童虐待の防止等に関する法律案が議員立法として起草された。同法案は，5月17日に参議院本会議で可決，成立し，5月24日づけで公布された（以下児童虐待防止法という）。

　1980年代末から今日の事態を予想して児童虐待へのさまざまな取り組みを開始していた大阪（府・市）の経験[10]から言えば，たしかに現行児童福祉法には不備が多く，使いづらい面があるのは事実である。しかし，それでも試行錯誤を繰り返しながら，具体的なケースにおいて子どもの保護のために職域を超えて多大の努力が続けられてきた[11]。逆に言えば，他の多くの都道府県は，現行法すら使いこなせていないのではないかという気がする。たしかに，世論喚起や行政の責任を自覚させるために新たな立法が必要だったというのも理解できるが，私などには，もう少し時間をかけて，実効性のある法律，たとえば児童福祉法の抜本的改正に向けての努力をすべきだったのではないかと思われて仕方がない。この領域でも，子どもの単なる保護・救済だけでなく，子どもの権利の積極的な擁護が最大の目標になるべきであると考える。

　子どもを親から引き離して保護することに障壁となっているのが，親の親権だと言われている。だから，子どもの保護と親権制度との整合性をどうはかるのかがもっとも重大な課題であったはずである。一方で親権制度そのものをどうするのかという長年の課題もあるが，現行の親権制度を前提にしたとしても，子どもの権利条約が指摘するように，親権に対する公的介入の方法や限界についてはっきりとさせておかなければ現場は混乱するだけである。

「児童の親権を行う者は，児童のしつけに際して，その適切な行使に配慮しなければならない」（児童虐待防止法14条1項）などという当た

第II部　子どもの権利と社会的子育てを考える

り前の条文――これは，新法による民法の解釈に過ぎない――を置くことだけではほとんど何の意味もない。啓蒙的意味すらないように思われる[12]。

　また，保護機関（児童相談所）の専門性の確保や向上も，一朝一夕に済まされる問題ではない。人的および財政上の裏付けがなければ，「何も変わらなかった」ということにもなりかねない。公的責任が厳しく問われる領域であるが，立法者にそれだけの覚悟があったとはとても思えない[13]。

5　児童福祉施策を読み解く視点

　1996年3月以降2000年の今日に至るまでの児童福祉施策の歩みを簡単に紹介してきた。問題は，これらの事実をどう読み解くかである。以下では，将来の方向性を見据えながら，私なりの解説を加えてみたい。それが的を射ているかどうかは，読者諸氏の判断にお任せすることにしたい。

　これからの児童福祉施策を検討する際には，重要な2つの視点があると考える。第1は，少子化対策にかかわり，公を含む社会全体が子育てにどうかかわるのかという視点（社会的子育ての視点）である。第2は，一人ひとりの子どもを人格の主体と認め，その権利を積極的に擁護するという視点（子どもの権利擁護の視点）である。

1）社会的子育てシステムの必要性

　少子化対策については本章ではほとんど触れていないが，各省庁ごと，各都道府県ごとに実施され，ほとんど功を奏さなかったといって

補　章　その後の児童福祉施策の動向

も過言ではないだろう。エンゼルプランなどでは,「健やかに子どもを生み育てる環境づくり」政策と呼ばれたが, この時代に「産めよ増やせよ」政策が一般の家族（とくに若い夫婦）に浸透したとはとても思えない。たしかに子どもを産む母親の立場に立とうとする努力は見られたが, 子ども自身も含めた家族の視点に立っていたかどうかは疑問である。

　私は, 子育て家庭支援政策においては, 子ども自身がのびのびと育つのにふさわしい環境づくり（「子どもが健やかに生まれ育つ環境づくり」）政策への視点が欠落していたのではないかと思う。つまり, 子ども施策においては, 大人の理屈による施策展開ではなく, 子どもが「主人公」でなければならないというものの考え方が必要だったのではないだろうか。そういう理解があれば, 従来の縦割り行政を排して, 教育, 保育, 児童福祉, 女性労働関係などだけでなく, 子どもの遊びや文化, レクリエーションなどを含む総合的な子ども施策が切実な課題になったはずである。

　1995年9月に策定された大阪府の『子ども総合ビジョン』は, その先駆けとなるはずのものであった。それが少しでも実現していれば, 大阪府の子ども施策の現状も多少は変わっていたかもしれないが, 縦割り行政のもとでの施策の総合化の壁は厚かったようである。

　生まれたときから「社会的存在」であるべき子どもが, 今の世の中で一定の養育条件・環境を保障されるためには, 多くの場合, 社会的条件整備とともになんらかの社会的支援・援助・介入等が必要である。いいかえれば,「子どもが健やかに生まれ育つ環境づくり政策」を実現するためには, 社会全体が子育てにかかわるという考え方が不可欠である（社会的子育てシステム）。かかわり方はさまざまであっていいが, 親あるいは家族だけに子育ての責任のすべてを押しつけるという考え方はもはや通用しない。それは不可能を迫ることだからである。

国・地方自治体の公的責任を軸に，地域社会や各界・各層が応分の負担をしないと，子育てそのものが崩壊する危険性すらある（すでにその兆しは見えている）。

2） 子どもの権利擁護システムの必要性

「子どもが主人公である」という捉え方は，一人ひとりの子どもを一人の人間として尊重する，その人権を正当に保障するという考え方に通じる。すべての子どもの権利を擁護するというのは，子どもの権利条約以降，児童福祉施策のもっとも重要な原理である（そうでなければならないはずである！）。

だが，実際には，子どもの権利という考え方そのものに揺れが見られるし，どのようにして子どもの権利を擁護すればいいのかという具体的な方法や手段，システムについては，やっと試行錯誤に入った段階である。そこで，本章では，最後に子どもの権利擁護システムに言及しておきたい[14]。

子どもの権利を擁護するシステムについては，子ども自身が自ら主体的に利用できるということを前提に考えてみると，国レベルの制度や具体的な手続きがほとんどないことに気づく。もちろん児童相談所等の相談機関や法務省の人権擁護委員などは用意されているが，子どもが自らこれらの機関等にアクセスすることは現状ではなかなかむずかしい。何よりも，子どもたちが機関等の存在を知らないという決定的な問題が存在する。

これに対して，この数年地方自治体の一部が独自の事業として子どもから直接相談を受けたり，また，人権救済の訴えや苦情申し立てを受け，第三者機関が解決に乗り出すというシステムづくりが進んでいる。東京都や神奈川県の権利擁護システムは，初めての制度としては

補　章　その後の児童福祉施策の動向

よく整備されており，実際に成果も生まれつつある。また，狭義の児童福祉に限定しないが，兵庫県川西市のオンブズパーソン制度も独自の歩みを続けている[15]。

　子どもの権利を真に保障するこのような取り組みがスタートするまでには長い準備期間が必要であったが，それでも各自治体がそれぞれ工夫をこらして権利擁護システム構築に動いているのは，大変興味深いことである。

　もちろん各自治体の独自性も大切であるが，この点に関しては，国の果たすべき役割も小さくないはずである。法律（児童福祉法）に子どもの権利擁護システムを位置づけること，権利擁護機関の運営や同種機関の連携に一定の責任をもつことなどは，当然国がやるべきことであろう。

　権利擁護システムは，国と諸自治体が重複して設立も，連携さえあればなんら問題はない。それどころか，子どもが選択をして，もっともアクセスしやすいものを利用すればいいのである。あるいは，ある機関に不満があるときには他の機関を再度利用することによって全体としての満足度を高めるという相乗効果もある。

結びにかえて

　この5年間を振り返ってみると，日本の児童福祉（法・行政・システム）が遅々とした歩みではあっても，着実に変わりつつあることが伺える。

　子どもの権利条約を批准してもなんら変わることはないと豪語した官僚もいたが，今や児童福祉は明らかに質的変化の時代を迎えている。

　表面化しているのはたしかに悲惨な事件ばかりである。しかし，そ

第II部 子どもの権利と社会的子育てを考える

の奥では，一人ひとりの子どもの権利をしっかり護っていこうという各地・各所の大人が，子どもたちとのパートナーシップをめざして絶え間ない努力を続けている[16]。その中には，親たちだけでなく，児童福祉にかかわる実務家や実践家，学校の教師や公務員，地域の人たちも含まれる。これらの小さな積み重ねが，いずれ児童福祉の大きな潮流になることを信じて，本章を閉じたいと思う。

[2000.8.30 順天堂浦安病院にて]

(1) 措置制度および措置費制度は，戦後50年を経過した今、克服されるべき多くの問題を抱えていることは事実である（⇨本書190頁）。しかし，それに代わるいわゆる「契約制度」なるものによって本当に問題解決になるのか。サービス受給者とサービス提供者が対等に契約を交わすことがうたわれているが，そもそも対等な契約が本当に可能なのだろうか。そのためのさまざまな装置は用意されようとしているが，サービス受給者の側に立って検討すべきだと思う。まして児童福祉分野では，誰がサービス受給者側の契約の主体となるのか。たとえば子どもを虐待している親が契約主体となるのか，それとも子ども本人なのか。検討を要する課題は山積している。親権制度の問題など，根本的な法制度にまで立ち入らなければ解決はむずかしいと思う。

(2) 国連子どもの権利委員会の「総括所見」の懸念事項や勧告等については，真摯に耳を傾ける必要があるだろう。また，「総括所見」に書かれた指摘だけでなく，審査の中で行われた議論も注目すべきものが多い。このような議論や指摘から，日本の児童福祉の今後の方向性を探るのも重要な作業になると思う（子どもの人権連他編『子どもの権利条約のこれから』エイデル研究所，1999年，およびDCI日本支部編『子ども期の回復』花伝社，1999年，参照）

(3) 子どもの権利条約の総合的な参考書としては，永井憲一他編『新解説・子どもの権利条約』日本評論社，2000年，をお勧めしたい。その他の参考文献については，同書の「文献案内」（同書259—262頁）を参考にされるとよい。

(4) マスコミで大きく取り上げられた児童養護施設恩寵園，同鎌倉保育園事件は，間違いなく氷山の一角にすぎない（『季刊子どもの権利条約』8号，

補　章　その後の児童福祉施策の動向

エイデル研究所，2000年5月，の特集記事参照）。
(5) 柏女霊峰編『改正児童福祉法のすべて』ミネルヴァ書房，1998年，および『世界の児童と母性』44号（特集：児童福祉法改正の意義と展望），資生堂社会福祉事業財団，1998年4月，などを参照されたい。
(6) 厚生省児童家庭局全国児童福祉主管課長会議資料「改正内容に関する主要問答」（1997年6月23日）によれば，「今回の改正においては，……個々の児童が個性豊かにたくましく，自立した社会人として生きていくことができるように支援していくことを基本理念としたものです。」と説明されている（柏女霊峰編『改正児童福祉法のすべて』ミネルヴァ書房，1998年，148頁）。この程度の説明では現場は混乱する。
(7) 私自身，大阪府の社会福祉審議会児童福祉専門部会（児童福祉審議会にあたる）の児童措置審査部会の専門委員の委嘱を受けた経験をもつが，同部会では毎回かなり熱心な議論が交わされ，児童相談所（子ども家庭センター）に対する有意義な助言が行われていたと思う。とくに当該児童の最善の利益や権利擁護には十分な配慮がなされていたと自負している。
(8) 日本の社会福祉界においては，これまで現行法を上手に解釈して，一定の目的のため（たとえば当事者の利益のために）に運用するという発想が乏しかったのではないかと思う。児童虐待防止システムについても同様のことが言える。津崎哲郎氏（大阪市中央児童相談所）が現行法を最大限活用しながら虐待を受けている子どもの保護に奔走されてきた経験から，私たちは多くのことを学ぶべきである（津崎哲郎『子どもの虐待』朱鷺書房，1992年）
(9) 少なくとも47条2項は，その成立過程から見ると親権の代行ではないので，入所児童に親権者・後見人等がある場合には，施設長には「懲戒権」は付与されていないというのが正当な解釈である（許斐有「児童福祉法上の親権規定の成立・展開過程」『淑徳大学研究紀要』22号，1988年，参照のこと）。そのため，厚生省は，最低基準や通知の中では，「懲戒に係わる権限」というわかりにくい用語を使用している。

なお，私自身は，懲戒権は親権者にも認められるべきではないと考えている。民法が定める「懲戒場」も存在しないのだから，民法822条は死文化していると考える。また，子どもの権利条約19条は明確に親および親に代わる養育者による体罰等の人権侵害行為を禁止しているのだから，親等による体罰や過度の懲戒が否定されているのは間違いない。
(10) 大阪のChild Abuse研究会の発足（1987年2月）に始まり，大阪の児童

第Ⅱ部　子どもの権利と社会的子育てを考える

虐待防止協会の設立（1990年3月），津崎哲郎氏および大阪市中央児童相談所の実践（同児童相談所の『紀要』各号，とくに1989年3月発行の「特集：児童虐待の処遇について」），大阪府の子ども家庭センター（旧児童相談所）の実践（各年版の『紀要』ほか事例集など多くの資料がある）は，他の都道府県の参考になるはずである。

(11)　児童虐待防止制度研究会編『子どもの虐待防止──最前線からの報告』朱鷺書房，1993年。同研究会設立（1990年）以後，大阪弁護士会の弁護士がボランティアでケースにかかわってくれたのは大きな成果であった。

(12)　簡単ではあるが，同法で「児童虐待」の定義がなされたことは，大きな前進だったかもしれない（児童虐待防止法2条）。⇒本書113頁

(13)　児童虐待防止法4条1項は，児童虐待防止等のため「必要な体制の整備に努める」国および地方公共団体の責任を定めている。また，同2項は，関係機関の「職員の人材の確保及び資質の向上を図るため」に必要な措置を講ずる責任を明定している。しかし，国に財政的な裏付けを含む本当の意味での公的責任を果たす用意があるかについては，残念ながらほとんど期待ができない。議員立法の限界だろうか？

(14)　詳しくは，許斐有「子どもの権利擁護システムの必要性と課題」『社会問題研究』49巻2号，大阪府立大学社会福祉学部，2000年，および許斐有「児童福祉領域における子どもの権利擁護の課題」『研究紀要』16号，子ども情報研究センター，1999年，を参照されたい。

(15)　雑誌等にいくつかの特集記事がある。たとえば，「特集：子どもの権利擁護」『世界の児童と母性』46号，1999年4月，あるいは，シンポジウム「子どものSOSを受けとめて──子どもの救済をどうすすめるか」『季刊子どもの権利条約』7号，エイデル研究所，2000年2月，など。

(16)　『はらっぱ──こどもとおとなのパートナーシップ誌』（子ども情報研究センター）各号，および『季刊子どもの権利条約』（エイデル研究所）各号を参照されたい。

　　　　（初出／『行財政研究』44号，行財政総合研究所，2000年9月，
　　　　　9－16頁。本書に収録するに際して若干の加筆・訂正を行った）

付録 1
書評「子どもの権利の実現のために」
許斐有著『子どもの権利と児童福祉法　社会的子育てシステムを考える』

執筆　安藤博［茨城キリスト教大学教授］
『季刊教育法』　110号［1997年6月，エイデル研究所］

　自分の本の増補版にその本に寄せられた書評を収録するなど，前代未聞のことではないかと思う。
　本を出版し，著者の立場になってはじめて，書評を書くというのがどんなに大変なことかよくわかった。著者からすれば，評者がどの程度その本を読みこなし，どの程度理解しているかがはっきりと見えてしまうからである。
　この書評を書いてくださった安藤博氏は，児童福祉法の研究者ではないが，私の本をすみずみまで丹念に読んでくださったことが手に取るようにわかった。まずその熱心さに，敬意を表さざるをえない。
　書評というのは一般的には好意的に書かれるものだが，それを十分に割り引いたとしても，安藤氏の書評は私の本の特色をうまく言い当てていると思った。筆者がほとんど意識していなかった指摘もあった。とてもありがたいことである。これから本書を読む読者には，とてもいい羅針盤になると思う。
　安藤氏は，この本の問題点や弱点についてはさりげなくしか書かれていない。専門領域ではないことからの遠慮もあったかもしれないが，少し残

第Ⅱ部　子どもの権利と社会的子育てを考える

念な気もしている。安藤氏から寄せられた課題や宿題については，とても一人で解決する能力を持ち合わせていないが，若い児童福祉法研究者とともにご期待に沿うよう努力をしたいと考えている。
　最後に，今回書評のこういう形での転載に快くご了解をいただいた安藤博氏に，心より感謝を申しあげる。

●はじめに

　現在，児童福祉法の改革がテーマになっている時，タイムリーな本が出版されたことをまず喜びたい。
　私は，非行問題を専攻し，児童福祉法の専門家ではないが，ここ数年子どもの人権に関わる問題を関心をもって取り組んできた立場から感想を含め，本書の意義を述べさせていただきたいと思う。
　私が児童福祉法について長年疑問に思っていたのは，「なぜ児童福祉の研究者は多くいるのに児童福祉法の研究者はいないのか」ということであった。本書を読みだいぶ疑問が解けたが，同時にますます児童福祉法の専門家と専門性の必要性を認識した。

●本書の特長

　本書は，数少ない児童福祉法の研究書として一つの到達点を示したものである。子どもの視点に立ち，子どもたちの事実から出発し，子どもの生活の中に人権と権利を見，実践において権利を問おうとした意欲的な作品である。児童福祉の範囲は広く，学校教育と密接に関連している。ぜひ「教育と子どもの人権」に関心をもつ研究者・教師にお勧めしたい。
　私は，本書の特長を以下の5点にあると理解している。第一は，「子どもの権利擁護の立場の一貫性」である。著者は，子どもの側に一貫して身を置いている。第二は，いたるところで法と権利の実質的な機能を模索している点である。著者の権利実現への意欲は強い。第

付録1　書評「子どもの権利の実現のために」

三は，論述が批判に終始せず，提言と対案を出している点である。有意義な提言を試みている点は好感が持てる。第四は，現場に学び，現場に生かす理論の視点を持っている点である。著者みずから「現場からの発想，現場の実践家との交流・共同研究により時間を割きたい」としている。第五は，研究と生き方との整合性である。著者は，権利の研究をみずからの生き方，人との関わり方においても実践しようとしている。権利を主張しながらみずからの行為がそれをなしえていなければ矛盾であるからである。

さらに，付け加えれば，わかりやすさとその伝える方法の多様さがあろう。書評，講演記録にも子どもの権利と存在をめぐる鋭い指摘がある。追記にふれている小説や映画の紹介もいい。

●児童福祉法の課題

本書は二部構成をとっている。第Ⅰ部が「児童福祉法の基礎理論」であり，第Ⅱ部が「子どもの権利と社会的子育てを考える」である。私は，読者に第Ⅱ部から読まれることを勧めたい。そこには，「事実から理論へ」「子どもと著者との関わり」「日常から学問へ，そして実践へ」という脈絡のなかでわかりやすさと親しみがあるからである。

それでは，私がとくに考えさせられた点を述べておこう。

序章の「『児童福祉』が変わる」では，「戦後要保護児童の保護に終始してきた」児童福祉法が「社会福祉の制度改革のうねり，出生率の低下，子どもの権利条約，子育ての社会的責任」の中で変わらざるをえない状況が簡潔に述べられている。「わが国の児童福祉は，いまだはっきりした進路を確定できないでいる。だからこそおもしろい」と著者はいう。

第Ⅰ部の第1章「児童福祉法の成立と子ども観の総合化」では，歴史的に児童の問題が教育問題（文部省），保護問題（厚生省），行刑問題（司法省）の三つに分裂されてきた事情と「福祉・教育の憲章たる

第II部 子どもの権利と社会的子育てを考える

児童憲章の意義」を理解したが，さらにその総合化をどのように進めるべきなのか考えさせられた。第2章「子どもの権利条約と児童福祉」では，子どもの権利条約の具体化の点で不十分な日本の児童福祉が，子どものウェルビーイングを促進するために親・家族に対してどのような論理でどのような内容の支援・援助をするかというきわめて現実的なことがらを考えさせられた。日本の児童福祉は要保護児童対策に限定されてきたため，家庭の中で成長発達できるように援助する子ども家庭サービスの面は非常に遅れたのである。第3章「子どもを養育する責任主体」では，「親・保護者に第一次的養育責任があり，それが不可能，困難あるいは明らかに不適切である時に限り国・地方公共団体が親に代わって保護するという二元論を日本の児童福祉は長い間克服できなかった」という。この克服こそ民法と児童福祉法の連携の課題であろう。児童虐待を中心に論じている第4章「親権法制と子どもの権利擁護」では，「現在の親権法は，子の利益を確保するシステムが脆弱であり，子どもの権利を実現するものとなっていない」。したがって，親権制度の改革，血縁神話の克服，子どもの権利を保障し得る親子法，親権法の必要性を具体的に論じている。

第5章「子ども家庭サービスシステムの構築に向けて」は，これからとりわけ重要となる視点であろう。とくに158〜160頁（なかでも［注］がいい）は，これからの子どもの人権・権利の実現を具体化する方向がのべられていて刺激的である。子どもの権利保障法の制定，子ども法学の構想など，子どもの人権研究にとって示唆的である。「児童福祉とは，本来子どもの権利擁護をその主たる目的とすべきものである。そして児童福祉は，それ自体が人権擁護のシステムでなくてはならない。しかし，現行の児童福祉法にはほとんど用意されていない」。「家庭における児童養育の援助，地域における健全育成の推進，児童の遊びの活動の推進」については，「基本的な思想もなければ，

付録1　書評「子どもの権利の実現のために」

体系的な施策もないのが実態であり」，「健全育成は，要保護児童対策ではない諸施策の『寄せ集め』に過ぎず，子どものためのウェルビーイングを推進するという視点はほとんどなかった」と指摘する。

●問われる大人の人権「感性」

第II部では，著者の生き方としての人権感覚が出ている。これまで学問研究・理論あるいは成果は，研究者みずからの生き方，人との関わり方と無関係にあり，むしろそれが研究と解されるふしがあった。しかし，著者はひとりの父親としてわが子との関係での意見表明，大人の人権感性を問い，また福祉現場との関係においてもみずからの人権感覚，人権行動を問うている。

私がとくに示唆を受けた点をいくつか摘記しておこう。

①湘南学園の中澤実践との出会い，そして実践の分析と学びは興味深い。子どもの尊厳とは何かを具体的に考えさせる。②子どもの人権から民法を点検し，わが国の協議離婚制度に対し，「子どもの権利保障のためのチェックを法制度化する必要」を提起する。すなわち，「離婚に至る経過の中で，相談という形で夫婦に面接し，夫婦の問題のみならず子どもの問題も考えさせるという援助システムも必要であろう」。③社会的子育てという観念が弱い日本。子育ての私事性からの解放と機能する社会システムの構築が重要である。子どもの権利条約は，まず里親ケアと養子制度，そして必要な場合に施設ケアとしているが，わが国は施設中心である。わが国の家族観・家庭観がそれを阻害していないか。④「措置という職権主義が福祉サービス利用を阻害している」という矛盾はどのように克服されるのか。これは，「自由化と社会保障」という問題でもある。とりわけ保育サービスをめぐっては大きな課題となろう。⑤「自由と勝手気ままとの違い」をどう子どもたちに日常の生活の中で理解させるか。権利の主体性は厳しいものであるが，わが国の権利は「わがまま」としてきた。子どもに関

第Ⅱ部　子どもの権利と社会的子育てを考える

わることには「子ども自身による不服申立のシステムの構築」が大切であるが，同時にそれを使用しうる主体的な力，自己決定力の育成こそ重要であるまいか。⑥カナダの子どもの弁護士事務所における弁護士とソーシャルワーカの協働には学ぶべきものがある。それは，実質的連携とは何かということを教えてくれる。⑦子ども権利擁護にある「人権救済機能，権利代弁機能，権利調整機能」の三つの機能とそれらの意義については，子どもの人権研究がさらに実践的に深めなくてはならない課題であろう。

●おわりに

著者は現在カナダに留学中である。帰国後のさらなる活躍を期待したい。

最後に，私からいくつかのお願いを記して評を閉じたい。一つは，「児童福祉法と法社会学」というテーマである。法制度の成立，発展，課題，社会的機能，事件・紛争と裁判など，法社会学の視点からの研究の一層の深化と方法の確立を期待したい。二つは，民法と児童福祉法の総合的な研究を進めて欲しいと思う。三つは，子どもの権利条約が現実的に機能するため現状の解明とその保障の道筋を提示していただきたい。さらに，総合的な，いわば「子ども法」構築にも寄与していただきたいと思う。

付録 2　読者との対話

付録 2
読者との対話 ［インタビュアー・大和田叙奈］

2000年10月24日

Q　今日はこの本の著者の許斐有先生に，読者を代表してお話を伺うことになりました大和田叙奈と申します。現在，駒澤大学で許斐先生のご指導を頂いています。

　もともとは，成蹊大学法学部の出身で，野田愛子先生の民法（親族法）の講義を受講したことがきっかけとなり，親子の権利，そして児童福祉に関心を持ち日本福祉大学大学院に進学しました。相談援助活動を行うとともに措置という権限を行使する児童相談所について研究するなかで，児童福祉法など法の意義について学びたいと思いました。しかし，法の立場から福祉実践を検証することは私にとって難しく，研究の方向性をどう位置づけたらよいのかわからず悩んでいました。その時，許斐先生の著書に出会い，その考えに共鳴し感銘を受けたのです。

　まず，許斐先生のご経歴についてお話しをお聞かせいただけますか。

271

第II部　子どもの権利と社会的子育てを考える

　高校生の頃からボランティア活動に参加し，大学進学のときには，将来は弁護士になって社会の役に立ちたいと考えていました。そんなこともあって，中央大学の法学部に入学したのです。
　ところが，司法試験用の勉強が自分には全く合わないと言うことがあとでよくわかりました。そこで，学部のときには，家族法・法社会学の田村五郎先生のゼミに参加させていただいて，身近な家族法の問題について勉強しました。伝統的な法解釈学というものにあまり興味は持てなかったですね。
　その後，中央大学の大学院に進学しましたが，法解釈学中心の雰囲気にはなじめず，大学院では社会学の研究室に出入りをし，森岡清美先生の家族社会学のゼミに参加したりしていました。そして，横山実先生，米川茂信先生などの法学部出身で社会学に移られた先輩方に出会うことが出来ました。
　社会学専攻の方々とのお付き合いはとても楽しいものでしたし，また，目が開かれる思いのするものでした。
　そして，自分の将来の方向性を考えるときに，子どもとか家族の問題に関心があったので，従来の解釈学ではない方法でそれらの問題にアプローチできないかと考えました。自分なりにはそれを「法社会学」ないし「法と社会」研究だと考え，いろいろなことをやってみました。
　中央大学では，自分で考えていたような方向で研究を続けることはむずかしいのではないかと思えましたので，社会福祉のある大学であり，かつ山根常男という家族社会学の先生がいらっしゃる駒澤大学の大学院に移ったのです。

　　　　　　　　　　Q　家族法から児童福祉法へ，そして，子どもの権利・
　　　　　　　　　　　親権へとご研究が進まれたようですが，そのあたりのこ
　　　　　　　　　　　とについて伺わせていただけますか。
　家族法は大きく夫婦の問題と親子の問題に分かれます。学部のときは夫婦（男女）の問題に興味を持っていました。その後，大学院に入ってから，子どもの問題にも関心を持つようになりました。きっかけは1977年ごろEL研＝教育法研究会という若手の自主的研究会にたまたま参加したことです。

研究会では，教育法とか憲法とかの研究者はいたのですが，家族法がいないということで声を掛けられました。当時は親子の問題にも興味を持っていたので，結局メンバーになりました。ちょうど1979年が国際児童年であったので，学際的に子どもの権利の研究をしようという気運が若手にあったのだと思います。

これが子どもの権利の研究を始めたきっかけです。子どもの権利に関する当時の研究状況は，家族法分野では石川稔先生がほとんど一人でやっておられたという印象を持っています。石川先生のご研究にはとても刺激を受けました。

同じ頃，おそらく，1978年頃だと思いますが，児童福祉法研究会という研究会があることを知り，家族法出身で社会福祉に興味を持っているものとしては児童福祉法は避けてはならない領域であると考えて，こちらにも参加させていただくことにしました。ここでは，現場の方たちとの出会いがあり，今日に至るまで現場の方たちとのお付き合いをすることの大切さを知るきっかけになりました。

そういうことですので，子どもの権利と家族というのが私の研究の中心的テーマとなり，なかでも一番関心を持ったのは親権だったように思います。親権が家族法の中だけで完結することはできず，児童福祉法にまで広がっているということにあらためて気がついたのです。

この点については，学部のときから沼正也先生の講義を聴き，また，著作集に馴染んでいたこともあり，そこでそのような基礎が出来ていたのかも知れません。当時児童福祉法まで射程に入れておられる家族法学者は沼先生の外にはいなかったのではないかと思います。

　　　　　　　　　　　Q　最近，児童虐待等で親権がクローズアップされてきています。許斐先生は親権喪失，児童福祉施設長の親権代行権等を議論されていらっしゃいますが，これはどのような流れの中で出てきたのでしょうか。

現場の方たちとのお付き合いも多く，施設に直接伺う機会もたびたびありました。そのような経験から言わせていただくと，児童福祉施設長は「親代わり」だから何をしてもよいという考え方をもっておられる方が，今

第II部　子どもの権利と社会的子育てを考える

でもかなり多いことに気がつきました。もちろん善意でそう思っておられるのですが、そのような考え方から問題が出てきていると思います。最近になってやっと施設長の親権代行権というものについて現場でも問題意識が芽生えてきていました。

他方、実の親との関係では、児童相談所の権限があまりに弱いために、子どもを保護をしようにも何もできなかったという事実もあります。

そのような中で、なぜこのようになっているのかということについて歴史的な経緯について調べることとなり、随分学ぶところがありました。

児童福祉法は戦前来の考え方を無批判に受け継いでいるところが多かったのですが、それを断ち切ろうとしたことがありました。それが、児童福祉法第5次改正です。当時、カナダ人のキャロルという方が児童相談所などを指導して影響力が大きかったのですが、親権の問題についても児童福祉施設の長が自動的に親権者になることに対して批判をし、そのような背景があって法改正がなされたのです。

この第5次改正は当初予定されたもの（全面改正）よりは限定されたものにとどまったのですが、かなり大幅な改正となりました。このあたりのことは本文でも触れたとおりです。

> **Q** 許斐先生のご活動をみますと共同研究、そして、現場の方たちとの交流という点が積極的な面をもたらしているように見受けられますが、その点について伺わせていただけますか。

お付き合いということもあると思いますが、最初が教育法研究会（EL研）、そして児童福祉法研究会、大阪に行ってからは児童養護研究会、全国児童養護問題研究会などに積極的に参加したということで、そう言われる点があるかも知れません。少し考え方の違う方々と一緒に共同研究するということはとても大切なことだと思っています。

私の書いた論文で学会で多少とも評価されるようになったのは、鈴木さん・藪本さんとともに執筆した山根先生の古稀記念論文集のものが最初でした。

私の場合、とくに伝統的な分野とは違い、学際的な分野で活動しようと

する場合には共同研究の必要性は大であると感じています。とくに，福祉の現場の方々との共同研究がとても刺激になりました。自分なりに「法社会学」ないし「法と社会」研究ということで理解していますが，自分にあった研究手法をずっと模索し続けてきました。

> **Q** 許斐先生のご活動の中で大阪時代というものはとても大きな意味を持っているように感じられ，また，大阪府の「子どもの権利ノート」にも関わられ，当時自治体の関係者の間でも注目されていたと思いますが，その当たりのことについてお話しいただけますか。

もともと高校生のときに，ボランティア活動，当時は「奉仕活動」といっていましたが，養護施設，母子寮などを訪問しました。大学生時代には障害者施設，淑徳大学の教員になってからは実習先訪問ということで千葉や東京の児童施設の多くを回りました。

実習のマニュアルづくりというのがあったのですが，児童関係のマニュアルづくりには随分関わりました。東京育成園という施設ではかなり自由に見せていただき，またはじめて現場の方と一緒に活動することが出来ました。そのような経験がありましたので，1990年に大阪に行ったときも現場との関係を持ちたいと考えました。

その年，全国児童養護問題研究会が神戸で大会を開くということがありましたので，自分から押し掛けていって，実行委員として現場の方々との関係が持てるようになりました。

また，それとは別ですが，子どもの人権研究会で児童虐待防止の研究会を大阪で立ちあげようということになり，そのおかげで大阪の児童福祉の現場の方々と出会うことができました。大阪府立大学の近くにあった清心寮という施設がかなり開放的な運営をされていていましたので，時間があるとよく出かけていって，職員や子どもたちと一緒に話しをしたりして，現場の実情を理解することができました。

大阪での研究活動も，今までの経験を踏まえ，現場の方々との出会い・交流の中から生まれたものですが，大阪での活動で最も印象に残っているのはやはり「子どもの権利ノート」のことです。また，大阪府の「子ども

第II部　子どもの権利と社会的子育てを考える

総合ビジョン」にもわずかですが関わることが出来たのは幸運だったと思っています。

当時も大阪府本庁には専門職採用された職員の方々がいらしてとても熱心に活動されていました。行政というものは人によってずいぶん変わるものであるということをつくづく思い知らされました。

当時，私は子どもの権利条約の考え方を行政および児童福祉現場に導入したいと考えていました。また，本気になってアドボカシーシステムを作らなくてはと考えていました。しかし，これらのことを積極的に推進してきた女性の課長が異動してからこれらの点での歩みが止まってしまいました。私はたまたま積極的な動きのあるときに偶然大阪府の大学にいたこともあって，なにがしかの寄与をすることが出来たことをとても嬉しく思っています。

Q 「子どもの権利ノート」は大阪府が出発点であったと思いますが，何がきっかけであったのでしょうか。

直接のきっかけになったのは大阪府が「子ども総合ビジョン」を作ろうとしていたことがあります。また，当時大きな問題になっていたこととして，少子化対策，出生率の低下に対して子育て・家庭支援をする必要があり，その問題については全国の自治体で取り組まざるを得ない問題だと認識されてきていたことがあると思います。

大阪府の児童福祉課は，この際，子育て家庭支援だけでなく，子どもの権利条約の考え方を導入することをもう一本の柱にしようと考えていたのです。

この点については，大阪府の上層部でも理解されていて，具体的施策についてヒントを得るために，カナダから帰国されたばかりの高橋重宏さんをお呼びして意見を聴きました。それが91年頃であったかと思います。

高橋さんがカナダの「子どもの権利ハンドブック」を持ってきて，こういうものを作ったらどうかとアドバイスしてくれました。それを受けて，当時の課長が是非やりたいと引き取り，予算を付けてくれた，そのような中で出来上がったものだと記憶しています。

「子どもの権利ノート」の持っているメッセージは，子どもたちに対し

て，施設とは決して暗いところではない，嫌なところではない，安心して暮らせるところであると伝えたかった。子どもたちに，「子どもの権利」を言葉の上だけでなく，本当の意味を理解して欲しいと思っていました。

同時に，大人たちに対しても，子どもを単に管理・保護の対象と捉えるのではなく，子どもたちが権利の主体であり，施設生活の主人公であることを理解してもらいたかったということもあります。

そして，私が特にこだわったのは体罰の禁止ということでした。当時，子ども自身もある程度の体罰はやむを得ないと考えていました。それはおかしいと子ども自身が，また，現場の職員が思うようにならなければと考えました。

> **Q** 許斐先生の書かれたものの中で許斐先生のカナダへの思い入れは特別のものがありそうなので逸するわけにはいかないと思います。どのような点を学ばれ，どのような点に惹かれるのでしょうか。

学んだことがたくさんありすぎて言い尽くせないのですが，ものの考え方・人生観に関わるところがありますし，具体的な研究に関わるところもあります。

大きな点で言えば，多民族社会ということから来るのでしょうか，違いは違いとして認めながら一人一人を大切にして共存する，お互いを大切にする社会であるということだと思います。別の言葉で言えばお互いの権利を尊重するということですが，その中には子どもの権利を尊重するということも含まれているわけですね。子どもたちも，肌の色，言葉，文化的背景，年齢等の違いにもかかわらずお互いを尊重し合うと言うことを学びながら成長することが出来るということがあると思います。

子どもの権利については，その権利をどうやって護るのかという具体的な点についてかなり綿密にシステムが用意されているという点に感銘を受けました。福祉の分野でも子どもの権利擁護のシステムに関してでもそうです。問題がないはずはないのですが，それを隠さないで，真正面から取り組んでいこうとしている点が見られます。彼らに言わせれば，子どもの権利条約成立以前からそのような取り組みは始められていたということです。

第II部　子どもの権利と社会的子育てを考える

　特にカナダでは，right to be heard，聴いてもらう権利と言うことが強調されています。そのようなことが法律にも書かれていますし，実際の制度でも保障されています。その点は驚きでしたね。

　高橋重宏さんから「ハンドブック」を一ついただいたのですが，私はカナダに実際に行ってみて，カナダではいろいろな機関がそれぞれの立場で「子どもの権利ハンドブック」を作っているのだということがわかりました。私はカナダで，半年ばかりアドボカシー事務所に滞在して研究の機会，実際には観察する機会を与えていただきましたが，そのアドボカシー事務所のハンドブックがとてもよくできているということがよくわかりました。

　それから，最近は財政の問題があり変わってきているということも言われていますが，カナダは福祉国家だということです。また，よく言われることですが，人権大国でもあります。

　カナダでの子どもの人権保障には，一人ひとりを大切にするというそのような考え方が背景にあるのだということにも興味をもちました。

　私としては，理念・考え方を学ぶとともに，具体的な制度としても行き届いた権利擁護のシステムを可能としているカナダのあり方に学び，日本でも何とかアドボカシー事務所のような機関を作り上げたいと考えています。

　　　　　　　　Q　最後に若い読者の方たちに何かメッセージを頂けますか。

　「子どもの権利」といってもなかなか若い人たちに伝わらない点があって歯がゆい思いをすることがよくあるのですが，この点は児童福祉論の基本でもあると思っています。また，一人ひとりの人間が大切にされる社会ということを考えた場合の基本でもあると思うのです。私はそのような点から語り続けなければならないと思っています。

事項索引

あ 行

アイデンティティ ………………… 61
遊ぶ権利 ………………… 56, 153, 155
アドボカシー事務所（Office of
　Child and Family Service
　Advocacy）………… 146, 242, 248
アメリカ教育使節団報告書 ……… 18
意見表明権
　……… 54, 58, 62, 158, 199, 225, 246
石川稔 ……………………… 77, 136
一時保護 ……………… 123, 145, 148
1.57ショック ………………… 2, 221
一般児童対策 ……………………… 24
稲子宣子 ………… 77, 137, 139, 214
ウェルビーイング ……… 6, 143, 222
右田紀久恵 ………………… 100, 101
援助 ………………………… 94, 97
援助サービス …………………… 156
大阪府子ども総合ビジョン
　………………………… 8, 160, 236
小川利夫 ………………………… 44
親 ……………………… 60, 66, 207
親子不分離の原則 …………… 68, 73
親子分離 ……………………… 71, 73
親としての権利 … 118, 125, 128, 130
親と接触を保つ権利 ………… 61, 74
親によって養育される権利 ……… 60
親の権利 ……………………… 67, 68
親の責任 ………… 67, 68, 87, 89, 154
親を選ぶ権利 ………… 131, 182, 183
親を知る権利 …………………… 60

オンブズマン ……………… 144, 244

か 行

家族 ……………… 66, 173, 217, 221
家族環境 ……………… 67, 70, 72, 78
家族政策 ……………………… 81, 222
家族崩壊 ……………………… 173, 174
家庭 ………………………………… 208
　――の機能 ……………………… 210
家庭環境（⇒家族環境） ………… 78
家庭裁判所
　…… 97, 118, 120, 123, 124, 129, 180
神奈川県「子ども未来計画」
　……………………………… 236, 245
感性 …………………………… 171, 195
協議離婚制度 …………………… 179
教護院（⇒児童自立支援施設）… 56
行政的児童観 …………………… 41
健全育成 ………………………… 150
後見 ……………………………… 98
公的後見制度 …………………… 139
公的責任
　………… 87, 88, 92, 99, 103, 154, 182
国際家族年 ………………… 4, 221
子育て（家庭）支援 ………… 8, 99
子どもが健やかに生まれ育つ環境づ
　くり ……………………… 158, 237
子ども家庭サービス
　………… 11, 75, 99, 143, 155, 235
　――法
　……………… 146, 153, 158, 161, 248
子ども家庭センター　10, 120, 236, 245

事項索引

子ども青年法律扶助事務所（Justice for Children and Youth）
.... 244,249
子どもと家庭電話相談室 246
子どものアドボケイト委員会 10
子どもの虐待（⇨児童虐待）...... 108
子どもの権利委員会 145,147
子どもの権利条約 53,54,223
子どもの権利代弁機能 144,243
子どもの権利調整機能
.... 59,144,146,244
子どもの権利ノート 237,245
子どもの権利保障法 158
子どもの権利擁護システム
.... 144,240,246
子どもの最善の利益
...... 53,55,59,61,63,68,70,72,73,
74,85,86,114,131,147,170,
206,225,227,241,244
子どもの人権救済機能 242
子どもの人権侵害行為 ...109,116,144
「子どもの弁護士」事務所（Office of the Children's Lawyer）
.... 146,241,249
子供の未来21プラン研究会報告書
.... 5,104,160,222,236
子ども法 159
子のための養子制度 72
コルチャック，ヤヌシュ ... 167,172

さ 行

里親 129,139
　──の権利 137
里親制度 72,188
GHQ 18,33
支援 94,97

支援サービス 156
自己決定 65
自己決定権 225,227
施設養護
...... 72,181,184,188,208,210,217
次善の利益 63
児童観の総合 42
児童虐待 108,113,116,168
児童虐待防止法 24,109
児童憲章 21,33,52,161
児童憲章制定会議 37
児童憲章草案準備会 37,43
児童健全育成施策 151
児童自立支援施設（⇨教護院）
.... 56,63,227
児童相談所
...... 63,109,117,118,147,148,227
児童相談所運営指針 63
児童相談所長 122,149
児童の権利に関する条約（⇨子ども
の権利条約） 3,223
児童福祉 49,50
児童福祉施設最低基準 ... 55,169,189
児童福祉施設入所措置 ... 63,117,123
児童福祉の基本法 23,42,44,157
児童福祉法（⇨条文索引・後掲）
児童福祉法案 21,23
児童福祉法改正試案（1950年）
.... 28,31
児童福祉法第5次改正 29
児童福祉法要綱案 21,49
児童保護 49
児童養護施設⇨養護施設 79
私物的わが子観 51
市民的自由 53,57,158
市民法的責任 90,104

280

事項索引

社会的子育て ……… 82, 184, 186, 187
　──システム ………… 11, 158, 191
社会的存在 … 52, 80, 83, 125, 154, 181
社会的養護 …………………………… 181
社会的わが子観 ……………………… 52
社会の子ども ………… 52, 129, 191
社会の責任 ……… 7, 38, 83, 85, 91, 104, 122, 126, 155, 182
社会法 ………………………………… 158
社会法的責任 ………………… 90, 104
自由 …………………………………… 198
集団養護 ………………… 185, 210
湘南学園 ………………… 192, 197
少年教護法 ………………………… 24
自律 …………………………………… 78
親権 … 97, 110, 116, 117, 126, 128, 205
人権感覚 ………………… 172, 233
親権者の職務執行停止 ………… 120
親権制度改革 ……………………… 127
親権喪失宣告の請求 ……… 122, 206
親権喪失宣告の申立て …… 112, 120
親権の職務代行者 ………… 120, 123
親権の制限 … 118, 121, 123, 125, 128
親権廃止論 ………………………… 136
親権剥奪 …………………… 98, 121
人権擁護機能 ……………… 144, 148
親権濫用 …………………… 116, 121
身体的虐待 ………………… 113, 134
心理的虐待 ………………………… 113
健やかに子どもを生み育てる環境づくり ………………………… 3, 237
生存権 … 19, 55, 89, 102, 124, 158, 169
性的虐待 …………………………… 113
潜在的家庭崩壊 …………………… 174
促進サービス ……………………… 155
ソーシャルワーク機関 ………… 119

措置制度 …………………………… 190
尊属殺違憲判決 …………………… 111

た 行

第1次的養育責任 …………… 67, 85
代替的養護システム … 71, 72, 188, 207
体罰 ………………………… 109, 238
代弁システム（⇒子どもの権利代弁機能）……………………………… 145
代弁者 ………………… 95, 98, 146, 161
出村一二 ………………… 194, 201, 229
中央社会事業委員会答申（1947年）
　……………………………………… 21
懲戒権 ………………… 110, 117, 127
調整機能（⇒子どもの権利調整機能）……………………………… 244
チルドレンズ・エイド・ソサエティ
　（Children's Aid Society）… 240
附添人制度 ………………………… 145
津崎哲郎 ………………… 119, 132
定期的審査 ………………… 64, 96, 98
適正手続きの保障 ……… 74, 96, 129
手続的権利 ………………… 59, 63, 228
手続的保障 ………………… 74, 154
留岡清男 …………………………… 41

な・は 行

中澤弘幸 ………………… 192, 204
日本子どもの虐待防止研究会 … 132
沼正也 ………………… 84, 100, 105, 138
ネグレクト ………………… 113, 135
発達 ………… 54, 65, 68, 84, 124, 226
パートナーシップ ……… 7, 9, 90, 232
比較法研究 ………………… 162, 214
非嫡出子 …………………………… 224
不服申立て ………… 64, 95, 96, 227

281

法律条文索引

プライバシー権 …………………… 58
法解釈的研究 ……………………… 162
法社会学的研究 …………… 162,247
法定代理人 ………………………… 53
保護者 …………………………… 90,103
「保護者とともに」 … 88,90,92,101
保全処分 ………………………… 120

ま行〜

松崎芳伸 ……………………… 22,87
面接交渉権 ………………………… 61
山根常男 …………………… 78,82,182
養育支援サービス ………………… 94

養育代替 ………………………… 96,97
養育代替システム（⇨代替的養護シ
　ステム） ………………………… 98
養育補完 ………………………… 96
養護施設 ………… 79,97,109,174,
　　　　　　　　186,206,208,217
養子制度 ……………………… 72,188
要保護児童 ………………………… 58
要養護児童 ………………………… 72
吉田恒雄 …………………… 132,134
立法論的研究 …………………… 162
劣等処遇 ………………………… 1,55

法律条文索引

子どもの権利条約

前文第5段 ……………………… 66,67
前文第6段 ………………………… 67
1条 ……………………………… 54
2条 ……………………………… 6,54
3条 ………… 53,55,69,86,225
5条 ……………………………… 68,86
6条 ……………………………… 54
7条 ………………… 54,60,68,131
8条 ………………………… 55,60,68
9条 …………………… 61,68,86,114
10条 …………………………… 62
12条 ………………… 54,58,199,224
13条 …………………………… 57
14条 …………………………… 57
15条 …………………………… 57

16条 ……………………………… 58
17条 ……………………………… 58
18条 …………… 61,67,69,114,152
19条 ………………… 70,114,115,116
20条 ……… 56,70,78,86,114,131,188
24条 ……………………………… 55
25条 ……………………………… 56
26条 ……………………………… 55
27条 ………………………… 55,61,189
28条 ……………………………… 56
29条 ……………………………… 56
31条 ………………………… 56,153
37条 ……………………………… 62

児童福祉法

1条 ………… 27,50,83,105,151,169
2条 ……………… 27,84,89,92,103

法律条文索引

3条	27
6条	90, 105
25条	145
27条1項3号	123, 130
27条4項	117, 123
28条	120, 121, 123, 124
30条	149
33条	123, 148
33条の6	120, 122, 206
33条の7	139
34条	149
41条	174
47条1項	129
47条2項	122

憲　法

24条	19
25条	19, 89, 103
26条	19
27条3項	19

民　法

820条	87, 117
826条	159
834条	121
835条	122
836条	121
837条	122

その他

家事審判規則74条1項	120, 123
家事審判法15条の3	120
少年法10条	159

著者紹介

許 斐 有（このみ　ゆう）

駒澤大学文学部社会学科社会福祉学専攻教員
児童福祉法研究，家族・福祉法制研究，「法と社会」研究専攻
長崎市生まれ
1975年　中央大学法学部卒業。中央大学大学院，駒澤大学大学院をへて，淑徳大学社会福祉学部講師，大阪府立大学社会福祉学部講師，同助教授
1996年7月より1997年10月まで，カナダ・トロントにて在外研究に従事
1999年9月より現職（駒澤大学文学部教授）
主要著書
『解説・子どもの権利条約』（永井憲一・寺脇隆夫編，共著），『養護施設と子どもたち』（児童養護研究会編，共編著），『社会福祉のための法入門』（小林弘人編，分担執筆），ほか
E-mailアドレス　yukon@komazawa-u.ac.jp

子どもの権利と児童福祉法
社会的子育てシステムを考える

1996年12月20日　初　版第1刷発行
2001年3月20日　増補版第1刷発行

著　者　許斐　有
発行者　袖山　貴＝村岡俞衛
発行所　信山社出版株式会社
　　　　〒113-0033　東京都文京区本郷6-2-9-102
　　　　TEL 03-3818-1019　FAX 03-3818-0344

Printed in Japan. © 許斐有, 2001
印刷・勝美印刷　製本・渋谷文泉閣　発売・大学図書
ISBN4-7972-5242-1 C3032 Y2700E

信 山 社

明治学院大学立法研究会 編
子どもの権利　四六判　本体 4,500円
児童虐待　四六判　本体 4,500円
セクシュアル・ハラスメント　四六判　本体 5,000円

作間忠雄 編集代表
イジメブックス［全6巻］　A5判　本体 1,800円

1　神保信一 編
　　イジメはなぜ起きるのか
2　中田洋二郎 編
　　イジメと家族関係
3　宇井治郎 編
　　学校はイジメにどう対応するか
4　中川　明 編
　　イジメと子どもの人権
5　佐藤順一 編
　　イジメは社会問題である
6　清永賢二 編
　　世界のイジメ

山村恒年 編
環境NGO　A5判　本体 2,900円

野村好弘＝小賀野昌一 編
人口法学のすすめ　A5判　本体 3,800円

浅野直人 著
環境影響評価の制度と法　A5判　本体 2,600円

松尾浩也＝塩野　宏 編
立法の平易化　A5判　本体 3,000円

三木義一 著
受益者負担制度の法的研究　A5判　本体 5,800円
＊日本不動産学会著作賞受賞／藤田賞受賞＊